互联网金融：模式与风险防范

邱菊　张亚欣／著

中国农业出版社
北　京

图书在版编目（CIP）数据

互联网金融：模式与风险防范/邱菊，张亚欣著
.—北京：中国农业出版社，2024.5
ISBN 978-7-109-32009-3

Ⅰ.①互… Ⅱ.①邱… ②张… Ⅲ.①互联网络－应
用－金融－研究 Ⅳ.①F830.49

中国国家版本馆 CIP 数据核字（2024）第 110008 号

互联网金融：模式与风险防范
HULIANWANG JINRONG：MOSHI YU FENGXIAN FANGFAN

中国农业出版社出版
地址：北京市朝阳区麦子店街 18 号楼
邮编：100125
责任编辑：姚 佳　　文字编辑：王佳欣
版式设计：杨 婧　　责任校对：周丽芳
印刷：北京印刷集团有限责任公司
版次：2024 年 5 月第 1 版
印次：2024 年 5 月北京第 1 次印刷
发行：新华书店北京发行所
开本：720mm×960mm　1/16
印张：17.25
字数：330 千字
定价：88.00 元

前言

互联网金融是互联网与金融深度融合，是传统金融机构和互联网企业利用互联网技术和信息通信技术实现资金融通、支付、投资和信息中介服务的新型金融业务模式。

2013 年被称为“互联网金融元年”，由于进入互联网金融的门槛低于传统金融机构，导致大量企业涌入互联网金融领域，第三方支付、网络借贷、众筹融资等新业态不断出现并迅猛发展，传统金融业务也加速拥抱互联网。凭借着自身低成本、高效率、覆盖广的优势，互联网金融逐渐渗透到社会生活的各个领域，深刻影响与改变着人们的生活方式。但由于金融创新层出不穷和监管的缺失，早期的互联网金融处于野蛮生长时期，机遇与风险并存。2015 年 7 月中国人民银行等十部委发布的《关于促进互联网金融健康发展的指导意见》（以下简称《指导意见》）和各部委监管细则的相继出台，互联网金融迎来了规范有序发展的新时代。

2014—2018 年，互联网金融连续五年被写入政府工作报告，从 2014 年首次提到“促进互联网金融发展”到 2016 年的“规范发展”，再到 2017 年的“高度警惕互联网金融风险”，直到 2018 年的“健全互联网金融监管”，从措辞上我们可以看出国家对行业发展的态度，也反映了互联网金融行业五年来从高速发展到规范整治的历程。2020 年是互联网金融风险专项整治的收官之年，P2P 平台的全部清零预示着未来监管层要彻底化解互联网金融风险的决心。2020 年 11 月，金融管理部门开始对大型互联网平台金融业务进行全面整改。2023 年 7 月，整改基本完成。互联网金融监管以分业监管、机构监管为主，需要着力防范跨市场、跨行业、跨领域的交叉性金融风险。2023 年 3 月，我国金融监管领域迎来重磅改革，形成了“一行一局一会”的金融监管新格局。可以预见，未来所有的合法金融行为和非法金融行为、新出现的金融机构和金融业务都将纳入监管，将形成全覆盖、全流程、全行为的金融监管体系。

在互联网金融规范发展的大背景下，本书从理论与现实相结合的角度，阐明互联网金融的基本原理，并在此基础上，通过引入国内外典型事例，对互联网金融的模式、风险以及防范对策等内容进行详细阐述。

参照《指导意见》，结合我国互联网金融发展中出现的新情况、新特点，本书将互联网金融业态归纳为两大类：一类是互联网金融新兴业态，包括第三方支付、网络借贷、众筹融资；另一类是传统金融的互联网转型，包括互联网银行、互联网证券、互联网保险和互联网消费金融等。按此思路，全书共分为九章：第一章介绍互联网金融一般原理；第二至四章介绍互联网金融新兴业态；第五至八章介绍传统金融业务的互联网转型；第九章介绍互联网金融监管。这些内容基本上涵盖了互联网金融的主要业态及发展特点，形成了较为完整的体系架构。但由于互联网金融是一种新兴事物，处于不断发展和创新之中，加之本人水平有限，难免存在一些不足之处，敬请批评指正。

著　者

2023年10月

目　录

1

第一章 互联网金融概览

互联网技术的发展和应用已经被公认为是改变人类社会的“第三次革命”。互联网与传统金融行业的深度融合，不仅改变了传统金融的运作模式，而且催生出了新的金融业态。什么是互联网金融？本章通过界定互联网金融的定义，分析互联网金融的特征以及与传统金融的区别，对互联网金融的主要业态和互联网金融在我国的发展进行概述，使读者对互联网金融有一个概括性的了解。

第一节　互联网金融界定

互联网金融作为一个新的领域，目前在理论界尚未形成非常明确的能够被广泛接受的权威界定。人们对互联网金融内涵的认识和理解仍然处于不断发展之中。

一、互联网金融的定义

在国外，没有明确的互联网金融概念，同类概念称为数字金融（digital finance），它包括互联网支付、移动支付、网上银行、网上贷款、网上保险、网上基金等金融服务。

国内对互联网金融的理解也有分歧，主要有两种观点。一种观点认为，凡是互联网企业借助互联网技术开展的金融服务才能称之为互联网金融，而传统金融机构运用互联网技术开展金融业务的，则应称之为金融互联网。例如，2012 年，有人将互联网金融和金融互联网进行了区分：前者是互联网机构用互联网的思想和技术来做金融，让金融回归服务本质；后者是金融行业的互联网化。另一种观点认为，凡是利用互联网技术，运用互联网金融平台开展金融业务的都可称之为互联网金融。例如，2014 年 6 月，中国人民银行原副行长、国家外汇管理局原局长、清华大学五道口金融学院院长吴晓灵出席第一届新金融联盟峰会所作的《从互联网金融看新金融的发展空间》报告中指出，“互联网金融是利用互联网技术和移动通信技术为客户提供服务的新型金融业务模式，既包括传统金融机构利用互联网开展的金融业务，也包括互联网企业利用互联网技术开展的跨界金融业务”。

2014 年 4 月，中国人民银行发布的《中国金融稳定报告（2014）》中指出，“互联网金融是借助于互联网技术和移动通信技术实现资金融通、支付和信息中介功能的新兴金融模式”，这是首次在官方报告中对互联网金融的概念进行描述。同时，该报告还提出了广义和狭义的互联网金融概念。其中，前者既包括金融机构通过互联网开展的金融业务，也包括作为非金融机构的互联网企业从事的金融业务；后者仅指互联网企业开展的、基于互联网技术的金融业务。

2015 年 7 月 18 日，中国人民银行等十部委发布的《关于促进互联网金融健康发展的指导意见》（以下简称《指导意见》）指出，“互联网金融是传统金融机构与互联网企业利用互联网技术和信息通信技术实现资金融通、支付、投资和信息中介服务的新型金融业务模式。互联网金融的主要业态包括互联网支付、网络借贷、股权众筹融资、互联网基金销售、互联网保险、互联网信托和互联网消费金融”。

本书采纳官方的定义，即互联网金融是利用互联网技术和信息通信技术实现资金融通、支付、投资和信息中介服务的新型金融业务模式。它包括两部分：一是金融机构通过互联网开展的金融业务，如互联网银行、互联网证券和互联网保险等，这属于传统金融的互联网转型；二是互联网企业从事的金融业务，即互联网金融新型业态，如第三方支付、网络借贷、众筹融资等。

总之，互联网之于金融，不是颠覆，而是融合。互联网金融本质上仍是金融，它并没有改变金融本身的功能和使命，其核心功能仍是资源配置、支付清算、管理风险和价格发现等，根本使命仍是服务实体经济和为客户创造价值；而以互联网（特别是云计算、大数据、搜索引擎、社交网络和移动支付等）为代表的现代信息通信技术是互联网金融的技术基础。

二、互联网金融的特征

互联网金融是一种创新型金融形式，具有不同于传统金融的特征。同时，随着互联网技术的不断发展及其对金融的不断渗透，互联网金融的新模式层出不穷，业务范围不断扩大，表现出发展的动态性和阶段性。

（一）互联网金融是一种创新型金融服务模式

1. 支付结算工具的创新

第三方支付是我国互联网金融发展最早、最为成熟的模式。第三方支付是伴随着电子商务的发展而发展起来的，最初是为了解决电子商务企业与各银行之间的结算，以及消费者与卖家之间的支付问题。随着电子商务快速增长，互联网企业获得海量数据，借助大数据和云计算技术分析和挖掘这些数据隐藏的金融需求，逐渐向转账支付、小额信贷、供应链金融、理财产品销售等传统金融领域渗透和扩张。随着互联网技术和移动互联网技术的发展，支付结算工具从银行柜台发展到计算机，再延伸到移动终端。在这个工具创新的过程中，伴随着交易成本的降低，以及支付结算效率的提升，提高了金融服务实体经济的能力，极大地促进了第三方支付的发展。

2. 投融资模式的创新

互联网金融通过互联网平台将资金需求方和资金供给方连接起来，实现金融“脱媒化”，即摆脱传统的金融中介而进行资金融通。互联网金融借助大数据、云计算等技术拥有快速处理海量信息的能力，能够更快捷地获取资金供求双方的信息，实现更有效的资金期限匹配和风险匹配，提高资源配置效率。

（二）互联网金融是一种普惠金融

普惠金融也称包容性金融，其核心是为社会所有阶层和群体提供有效和全方位的金融服务，尤其是那些被传统金融所忽视的农村地区、城乡贫困群体以及小微企业。互联网金融是普惠金融理念下具有代表性的金融创新，是“开放、平等、分享、协作”的互联网精神与传统金融服务业相结合产生的一个新兴领域，体现了金融的民主化进程。

从金融服务主体角度看，互联网金融的普惠性表现在增加了金融服务提供者的数量，打破了传统金融体系的垄断，使越来越多的电子商务平台和互联网企业进入金融行业，增加了市场竞争主体，提升了市场竞争程度。

从金融服务客体角度看，互联网金融的普惠性主要表现为金融服务的多样性、金融服务对象的广泛性以及金融交易地理范围的拓展等方面。

1. 金融服务的多样性

随着互联网技术和移动互联网技术的发展，及其对传统经济活动的渗透和颠覆，涌现出越来越多的新型产品和新兴行业。支付结算与互联网结合产生了支付宝、财付通等第三方网络支付；货币基金与互联网结合产生了“余额宝”等各类“宝”；民间借贷与互联网结合产生了人人贷等 P2P 网络借贷。凡此种种，金融产品和服务均是借助互联网技术而产生，也借助互联网平台而进行传播。

2. 服务对象的广泛性

互联网金融服务对象涵盖了被传统金融所排斥的众多中小微企业和小额投资者。互联网金融以计算机网络、网络平台为载体，通过分布式协作，为用户提供低成本、高效率、便捷性的金融产品和服务，覆盖传统金融业服务不到的范围。

3. 金融交易地理范围的拓展

互联网金融通过互联网基础设施的普遍覆盖性，使金融覆盖地理范围大大扩展。传统金融机构网点虽然很多，但还无法达到覆盖每个村、镇的数量。移动互联网技术的成熟和终端设备的普及极大地拓展了互联网金融服务的地理边界，无线信号覆盖之处皆可开展互联网金融业务。

专栏 1-1

普惠金融

普惠金融是指立足机会平等的要求和商业可持续原则，通过加大政策引导扶持、加强金融体系建设、健全金融基础设施，以可负担的成本为有金融服务需求的社会各阶层和群体提供适当的、有效的金融服务。农民、小微企业、城镇低收入人群和残疾人、老年人等其他特殊群体是普惠金融的服务对象。普惠金融能够有效、全方位地为社会所有阶层和群体提供服务的金融体系，实际上就是让所有老百姓享受更多的金融服务，更好地支持实体经济发展。

“普惠金融”源于英文“inclusive financial system”，始用于联合国 2005 年宣传小额信贷年，后被联合国和世界银行大力推行。2013 年 11 月 12 日，党的十八届三中全会明确提出发展普惠金融。2015 年《政府工作报告》提出，要大力发展普惠金融，让所有市场主体都能分享金融服务的雨露甘霖。

《推进普惠金融发展规划（2016—2020 年）》（国发〔2015〕74 号）指出，“促进互联网金融组织规范健康发展，加快制定行业准入标准和从业行为规范，建立信息披露制度，提高普惠金融服务水平，降低市场风险和道德风险”。

（三）互联网金融更加注重用户体验

1. 互联网金融提高了金融运行效率

在互联网金融模式下，客户能够突破时间和地域的约束，使金融服务更直接。随着平板电脑、手机的普及，其随时上网、携带方便、易于操作的特点，使客户可以随时随地享用互联网金融提供的金融服务。

2. 互联网金融降低了交易成本

无论是传统金融机构通过互联网、移动互联网等开展金融业务，还是互联网企业通过自身已有的平台开展金融业务，都是将一部分或全部业务放在网络上进行，从而降低了金融服务的提供成本。

3. 互联网金融凸显需求推动的金融创新

在传统金融模式下，金融创新的主体是金融机构自身，产品与服务的创新模式单一化、同质化、标准化，这是一种明显的供给型金融创新。在互联网金融模式下，来自用户、消费者的个性化、细分化、非标准化的金融需求成为金融创新的新动力，互联网金融企业根据消费者的消费习惯、风险偏好、信用情况、支付能力等来设计开发个性化金融产品和服务，使消费者选择的范围更加广泛。

（四）互联网金融具有特殊风险

互联网金融的本质仍是金融，具有与传统金融业相同的金融服务功能，因而也具有传统金融所面临的一般风险，如信用风险、流动性风险、操作风险、市场风险等。同时，互联网特性决定了互联网金融的风险因素更加复杂、多变，具有一些特殊的风险。

1. 技术风险

互联网金融体现了金融业与互联网技术的高度耦合。因此，技术风险与互联网金融可谓是相生相伴。技术风险也称网络安全风险，是指互联网平台或服务器存在系统漏洞、缺陷或者受到黑客攻击等导致系统无法正常运营及客户信息泄露的风险。互联网金融作为一种线上交易方式，信息交换和资金处置都是在网络上完成，其本身置于网络环境中，时刻都面临着网络安全风险。

2. 法律及合规风险

法律风险主要体现为互联网金融的创新性与现行法律制度的滞后性冲突造成的风险。我国金融方面法律法规的规制对象主要是传统金融领域，由于难以涵盖发展很快的互联网金融的众多方面，互联网金融企业的业务活动极易游走于法律盲区和监管漏洞之间，甚至可能触及非法集资、非法经营等“底线”。随着近年互联网金融风险专项整治进入攻坚阶段，监管政策和自律规则逐步落地，一些互联网从业机构面临合规风险，如擅自扩大经营范围、在未取得牌照或资质的情况下违规开展业务等。

三、互联网金融与传统金融的比较

（一）互联网金融的本质与传统金融相同

传统金融主要是指具备存款、贷款和结算三大传统业务的金融活动。作为一种金融创新，互联网金融改变的只是金融业务技术和经营模式，而并没有改变金融的本质和功能。

互联网金融的产生和发展对传统金融的影响更多是补充而不是颠覆或者替代。互联网金融只是在传统金融体系中发展较慢或空白的领域中找到了创新空间，填补了传统金融难以覆盖的业务领域。相对于传统金融而言，互联网金融在降低交易成本、缓解信息不对称、提升资源配置效率和金融服务质量等方面具有显著的优势。在互联网金融中，交易可能性边界大大拓展，交易成本和信息不对称程度大幅下降。与此同时，互联网金融的民主化、普惠化特征又有助于满足中小微企业、中低收入阶层和农民的金融需求，有效地补充了传统金融模式的不足。

（二）互联网金融与传统金融的区别

互联网金融与传统金融的差异主要体现在定位、驱动因素、经营模式、治理机制、竞争优势等五个方面：

1. 定位不同

互联网金融主要聚焦于传统金融业服务不到的或者是不够重视的长尾客户，利用信息技术革命带来的规模效应和较低的边际成本，使长尾客户在小额交易、细分市场等领域能够获得有效的金融服务。目前，互联网金融与传统金融业的客户交叉还比较少，但是未来相向而行、交叉渗透一定会逐渐增加。

2. 驱动的因素不同

传统金融业是过程驱动的，注重与客户面对面的直接沟通，在此过程中搜集信息、管控风险、交付服务。互联网金融是数据驱动需求，客户的各种结构化的信息都可以成为营销的来源和风控的依据。

3. 经营模式不同

传统金融机构与互联网金融机构都在积极地运用互联网技术，但是模式设计上是有差别的。前者具有深厚的实体服务的基础，线下向线上进行拓展，努力把原有的基础更充分地利用起来，提升服务的便捷度。互联网金融多数是以线上服务为主，同时也注重从线上向线下进行拓展，利用便捷的服务手段，把业务做深、做实。

4. 治理机制不同

传统金融机构受到较为严格的监管，需要担保抵押登记、贷后管理等。互联网金融企业的市场化程度更高，通过制定透明的规则，建立公众监督的机制来赢得信任，不需要担保和抵押。这种机制的治理成本较低，但缺乏统一的监管体系和规范的业务标准。

5. 竞争优势不同

传统金融机构具有资金、资本、风险管理、客户与网点方面的显著优势。互联网金融机构则具有获客渠道不同、客户体验好、业务推广快、边际成本低以及规模效益显著等优势。

随着互联网技术的发展和金融市场客户多样诉求的推动，互联网金融逐渐开始挑战传统的银行业务，互联网金融优势的日益显现，对传统银行的支付领域、小额贷款领域和中间业务领域均产生冲击。然而在伴随着互联网金融创新变化的同时，传统银行同样也有着相应的机遇。银行有着丰富的产品和从业的经验，有完善的风险管理体系，也积累了一批优秀人才，这些都是互联网金融机构短时间内难以达到的优势。

专栏 1-2

互联网金融的十大哲学

1. 开放（openness）：互联网和互联网金融不仅改变了金融业的形态和金融机构获取信息的方式，而且也在潜移默化地改变这个社会的运行规则，从而以更有效的方式塑造一种以个人决策为基础的、透明的、开放的社会形态，它使社会在良性的基础上进行边际的改善（即帕累托改善）。

2. 共享（share）：在互联网金融时代，信息的传递和扩散更加便捷，信息的生产成本更为低廉，信息的利用渠道和方式也越来越多元化，从而更有可能实现信息的共享。

3. 合作（cooperation）：互联网和互联网金融促进了人与人之间的合作。互联网的出现降低了人们交流信息和寻找合作对象的成本，使人们之间更容易实现合作。

4. 整合（integration）：互联网已经渗透到所有的产业形态，正在以极快的速度推动不同业态之间的融汇、互补和整合。

5. 信任（trust）：随着互联网的发展和信任机制的不断完善，互联网金融有可能比传统金融更能增加信任，从而降低道德风险。

6. 共同体（community）：互联网的最大功能是创建了网络上的各个“共同体”，虚拟化的社区或共同体的构建是互联网金融兴起和发展的社会结构基础。

7. 云（cloud）：“云”是互联网时代的最基本的象征符号，也是互联网金融的核心哲学。云计算、大数据已经解构了整个世界的运行秩序和方式，同时也在构建新的运行秩序和方式，成为我们发现世界和建构行为的基础。

8. 普惠（inclusiveness）：互联网金融的核心哲学之一是“普惠”，互联网金融的发展对于构建普惠金融体系是非常有益的，互联网金融使得普惠金融体系的构建具备了新的可能性和新的途径。

9. 解构（deconstruction）：互联网金融的核心思想之一是通过互联网技术对传统金融业的商业模式和运作机制进行重构或者解构。

10. 创新（innovation）：互联网金融的核心特征是无处不在、无时不有的创新。可以说，在互联网时代，金融创新是全天候的、全方位的创新。这种创新主要体现在互联网金融通过迅速的时空转换，实现金融产品创新、金融业务流程创新和金融机构创新。

第二节　互联网金融主要业态

《指导意见》明确了互联网金融的主要业态，包括互联网支付、网络借贷、股权众筹融资、互联网基金销售、互联网保险、互联网信托和互联网消费金融等，同时还明确了各业态的监管职责分工，落实了监管责任。参照《指导意见》以及我国互联网金融发展的特点，本书将互联网金融业态归纳为两大类：互联网金融新兴业态和传统金融的互联网转型。

一、互联网金融新兴业态

（一）第三方支付

狭义上的第三方支付是指具备一定实力和信誉保障的非银行机构，借助通信、计算机和信息安全技术，采用与各大银行签约的方式，在用户与银行支付结算系统之间建立连接的电子支付模式。

根据2010年中国人民银行发布的《非金融机构支付服务管理办法》中给出的非金融机构支付服务的定义，从广义上讲，第三方支付是指非金融机构作为收、付款人的支付中介所提供的网络支付、预付卡、银行卡收单以及中国人民银行确定的其他支付服务。在这里，第三方支付已不仅仅局限于最初的互联网支付，而是成为线上线下全面覆盖、应用场景更为丰富的综合支付工具。

目前，第三方支付方式的主流模式是第三方网络支付和移动支付。

（二）网络借贷

网络借贷包括个体网络借贷和网络小额贷款。个体网络借贷是指网络个体和个体之间通过互联网平台实现的直接借贷。网络小额贷款是指互联网企业通过其控制的小额贷款公司，利用互联网向客户提供的小额贷款。

个体网络借贷，是P2P网络借贷（peer-to-peer lending），即点对点信贷，或称个人对个人信贷，是通过P2P公司搭建的第三方互联网平台进行资金借、贷双方的匹配，是一种“个人对个人”的直接信贷模式。

网络小额贷款，是指小额贷款公司利用大数据、云计算、移动互联网等技术手段，运用互联网平台积累的客户经营、网络消费、网络交易等内生数据信息以及通过合法渠道获取的其他数据信息，分析评定借款客户信用风险，确定贷款方式和额度，并在线上完成贷款申请、风险审核、贷款审批、贷款发放和贷款回收等流程的小额贷款业务。网络小额贷款的模式主要有三种，即平台金融模式、供应链金融模式和消费金融模式。

（三）众筹融资

众筹融资是指通过互联网方式发布筹款项目并募集资金。相对于传统的融资方式，众筹更为开放，能否获得资金也不再以项目的商业价值作为唯一标准。只要是有创意的项目，都可以通过众筹方式获得项目启动的第一笔资金，为更多小本经营或进行创作的人提供了无限的可能。

按回报方式，众筹的模式可以分为产品众筹、公益众筹、股权众筹、债权众筹等。

本书第二至四章分别对上述互联网金融的三大新兴业态进行探讨。

二、传统金融的互联网转型

（一）互联网银行

互联网金融的兴起为传统商业银行带来了许多新的机遇、挑战和启发。众多商业银行都开始重新规划战略，利用其独有的金融基础设施优势和业务牌照资源，借助互联网银行这一金融创新模式进行业务拓展；新兴的互联网公司也借助技术优势积极发展银行业务，纯互联网银行开始出现。

根据与传统银行的关系，互联网银行可以划分为网上银行、手机银行（移动银行）、直销银行和纯网络银行四种模式，前三种是传统商业银行线下业务向线上的迁移，它仍然是传统银行的一部分，是对物理网点的补充；纯互联网银行是完全与传统机构分离的独立法人，仅以互联网作为交易媒介，它不需要设置物理网点，主要依靠网络、通信、云计算和大数据等技术，将传统银行服务搬到互联网上。

（二）互联网证券

互联网证券是证券业以互联网等信息网络为媒介，为客户提供的一种全新的商业服务模式。互联网证券将证券业务搬到网上，包括市场资讯发布、产品营销、证券发行、证券交易和投资咨询等多种服务。

国内互联网证券的模式主要包括传统券商互联网转型——券商 O2O 模式、纯互联网券商和拥有券商牌照的互联网企业。

（三）互联网保险

2020 年 12 月中国银行保险监督管理委员会（以下简称银保监会，现为国家金融监督管理总局）发布的《互联网保险业务监管办法》中，明确互联网保险是“保险机构依托互联网订立保险合同、提供保险服务的保险经营活动”“同时满足以下三个条件的保险业务，即为互联网保险业务：保险机构通过互联网和自助终端设备销售保险产品或提供保险经纪服务；消费者能够通过保险机构自营网络平台的销售页面独立了解产品信息；消费者能够自主完成投保行为”。

国内互联网保险的主要模式包括官网自营模式、第三方平台合作模式、网络兼业代理模式、专业中介代理模式和专业互联网保险公司模式。

（四）互联网基金

互联网基金就是利用互联网的云计算、大数据、社交网络等技术，对传统的基金交易过程进行变革。互联网减少了基金市场的信息不对称，使得基金交易更为高效率、低成本的同时，也降低了基金的购买门槛。

《指导意见》中规定，基金销售机构与其他机构通过互联网合作销售基金等理财产品的，要切实履行风险披露义务，不得通过违规承诺收益方式吸引客户；基金管理人应当采取有效措施防范资产配置中的期限错配和流动性风险。

（五）互联网信托

互联网信托是将信托活动进行互联网化，即在网上运作信托业务，如通过网络签订合同、查询信托信息、转让信托产品等。

《指导意见》中规定，信托公司通过互联网进行产品销售及开展其他信托业务的，要遵守合格投资者等监管规定，审慎甄别客户身份和评估客户风险承受能力，不能将产品销售给予风险承受能力不相匹配的客户。

（六）互联网消费金融

互联网消费金融是将传统的消费金融实现了线上化，通过“线下＋线上”的方式来为居民个人提供以消费为目的的贷款，这是传统的消费金融在互联网金融大背景下的又一实践创新。

《指导意见》中规定，消费金融公司通过互联网开展业务的，要严格遵循监管规定，加强风险管理，确保交易合法合规，并保守客户信息。

本书选择传统金融的互联网转型的主要业态——互联网银行、互联网保险、互联网证券和互联网消费金融进行研究，详见第五至八章。

第三节　我国互联网金融的发展

互联网与金融的结合源于欧美发达国家，20 世纪 90 年代互联网技术的高速发展渗入了金融业，欧美的金融企业开始广泛利用现代信息技术开展金融业务。步入 21 世纪，伴随着金融创新，大量新型的互联网金融企业逐渐出现并取得了较大发展。从互联网金融的模式来看，欧美发达国家的互联网金融可以用四个模式概括：新型的互联网融资模式（如 P2P 网络借贷、众筹等），互联网服务方式（如第三方支付、移动支付等），虚拟货币（如比特币和脸谱网站提供的虚拟货币等）和互联网在传统金融业的应用。与我国蓬勃发展的互联网金融相比，互联网金融对欧美发达国家传统融资体系和金融服务方式的冲击并不大。在我国，由于大量的金融需求得不到满足，为互联网金融的快速发展提供了强大的动力。本节立足国内，分析互联网金融发展现状、发展环境及发展趋势。

一、互联网金融的发展历程

纵观互联网金融在我国的发展历程，大致可以分为以下 5 个阶段：

（一）萌芽阶段（2005 年以前）

在 2005 年之前，互联网金融主要体现在为金融机构提供网络技术服务。银行业开始建立网上银行始于 1997 年招商银行开通自己的网站，金融电子服务从此进入了“一网通”时代。1998 年“一网通”推出“网上企业银行”，为互联网时代银企关系进一步向纵深发展构筑了全新的高科技平台。

2003 年和 2004 年淘宝网和支付宝相继出现，淘宝网为了解决电子商务中支付形式单一、买卖双方不信任等问题，推出支付宝的“担保交易”，电子商务在国内作为全新的商业运作模式应运而生，象征着国内全面进入电子化时代。银行等传统金融机构为了在未来的竞争中胜出，开始探索金融创新，转变传统的经营观念、支付方式和运营模式以迎合金融业网络化的发展趋势。

自此，网上转账、网上开设证券账户、互联网保险等互联网金融业务也相继诞生，预示着互联网金融时代全面到来。

（二）起步阶段（2005—2012 年）

随着支付宝等第三方支付平台的诞生，互联网金融逐渐从技术领域深入到业务领域，第三方支付、网络借贷、众筹等互联网新兴业态相继出现。

2007 年互联网金融的一个标志性业务形态——P2P 网贷诞生，中国第一家 P2P 网络借贷平台“拍拍贷”成立。2011 年 5 月 18 日人民银行正式发放第三方支付牌照，共向27家第三方支付公司发放了支付牌照，这标志着互联网与金融结合的开始。同时，众筹也从国外引入国内，经过不断与我国经济情况与法律相结合，逐渐被人们所接受。2012年，平安陆金所推出P2P网贷业务，网贷平台迅速发展，互联网金融进入一个新的发展阶段。

（三）快速发展阶段（2013—2015年）

2013年被称为“互联网金融元年”。2013—2015年，由于互联网金融有着低于传统金融机构的门槛，导致大量企业涌入互联网金融领域。第三方支付发展也逐渐成熟，P2P网贷平台爆发式增长，众筹也被运用到不同的领域中去，首家互联网保险、首家互联网银行相继获批成立。此外，信托、券商、基金等金融机构也开始布局互联网金融，为客户提供更便捷的一站式金融服务。互联网金融开启了高速发展模式。

2013年6月，支付宝联手天弘基金，推出余额宝服务，推动互联网基金模式铺开。随后12306网站正式支持支付宝购票，全国各家便利店也支持支付宝条形码支付。以宝宝类理财为起点，P2P、第三方支付、众筹、消费金融等各类互联网金融业态均实现跨越式的发展。同年9月，由蚂蚁金服、腾讯、中国平安等企业发起设立了国内首家互联网保险公司“众安保险”。

2014年延续了上一年的风口之势，互联网金融首次被写入政府工作报告，“促进互联网金融健康发展，完善金融监管协调机制”。1月，微信理财通公开测试，随后推出微信红包业务；4月，百度钱包上线；12月，中国首家互联网银行“微众银行”经监管机构批准开业。2014年也是众筹的发展元年，在11月召开的国务院常务会议上，首次提出“建立资本市场小额再融资快速机制，开展股权众筹融资试点”，为众筹行业的发展提供了政策支持。

2015年政府工作报告中提出“大众创业、万众创新”的号召，驱动了互联网金融创新的步伐。4月，蚂蚁小贷旗下个人信贷产品“花呗”宣布正式上线；6月，浙江网商银行宣布正式开业。

2015年7月18日，中国人民银行等十部委联合印发《关于促进互联网金融健康发展的指导意见》，该指导意见不仅给出了互联网金融的定义及七大业态，而且从金融业健康发展全局出发，提出了健全制度、规范互联网金融市场秩序的具体要求。

（四）风险整治阶段（2016—2019年）

在互联网金融快速发展的同时，风险也不断聚集。P2P平台风险累计爆发，尤其是总成交量超过740亿元的“e租宝”平台涉嫌非法集资等问题被警方调查，引发行业震动。随后的P2P网贷平台跑路等恶性事件频频发生，校园贷也引起了社会的关注。

2016 年 4 月，教育部办公厅和中国银行业监督管理委员会（以下简称银监会）办公厅联手发布《关于加强校园不良网络借贷风险防范和教育引导工作的通知》，要求加强不良网络借贷监管，加强学生消费观教育，加强金融、网络安全知识普及，加大学生资助信贷建设力度。

2016 年 10 月起，全国互联网金融风险专项整治开始。监管政策密集出台，如《互联网金融风险专项整治工作实施方案》《非银行支付机构风险专项整治工作实施方案》《通过互联网开展资产管理及跨界从事金融业务风险专项整治工作实施方案要点》《P2P 网络借贷风险专项整治工作实施方案》《股权众筹风险专项整治工作实施方案》《互联网保险风险专项整治工作实施方案》《关于进一步加强校园网贷整治工作的通知》《网络借贷信息中介机构备案登记管理指引》《网络借贷资金存管业务指引》等，旨在终结互联网金融的野蛮生长状态，使行业疯狂扩张的步伐放缓，以实现规范发展。截至 2020 年末，互联网金融风险专项整治取得良好成效，实际运营的 P2P 网络借贷机构全部清零。

2014—2018 年，互联网金融连续五年被写入政府工作报告，从 2014 年首次提到“促进互联网金融发展”到 2016 年的“规范发展”，再到 2017 年的“高度警惕互联网金融风险”，直到 2018 年的“健全互联网金融监管”，从措辞上我们可以看出国家对行业发展的态度，也反映了互联网金融行业五年来经历的从高速发展到规范整治的历程。

（五）专项整改阶段（2020 年至今）

近年，我国平台经济快速发展，平台企业不断向金融领域拓展，对于发展金融科技、提升金融体系普惠性、降低交易成本等方面发挥了积极作用。但是在从事金融活动时，一些大型互联网平台企业也存在着一些违法违规问题，如无牌或超许可范围从事金融业务、公司治理机制不健全、监管套利、不公平竞争、损害消费者合法权益等。从 2020 年 11 月起，金融管理部门对大型互联网平台金融业务进行全面整改，整改其金融活动中存在的违法违规问题。

2020 年 12 月，中国人民银行、银保监会、中国证券监督管理委员会（以下简称证监会）、国家外汇管理局等约谈某大型互联网平台企业实控人、董事长和总裁，指出其目前经营中存在公司治理机制不健全、法律意识淡漠、损害消费者合法权益等问题，并对该企业提出了整改要求。2021 年 4 月，金融管理部门指导督促 14 家大型平台企业，全面整改金融活动中存在的违法违规问题。2023 年 7 月 7 日，四部门联合发布《金融管理部门善始善终推进平台企业金融业务整改　着力提升平台企业常态化金融监管水平》，指出互联网平台金融业务的大部分问题基本完成整改，金融管理部门的工作重点转入常态化监管，下一步是提升常态化监管水平。与此同时，中国人民银行、国家金融监督管理总局、中国证监会同时披露了一批罚单，被处罚对象涉及两家平台企业以及个别银行、保险机构。

本轮整改中，涉及某大型互联网平台企业及旗下机构的罚单共计 10 张，被处罚金额合计 71.23 亿元，包括该企业因侵害消费者合法权益、违规参与银行保险机构业务活动被国家金融监督管理总局处以罚款 37.62 亿元，某宝被罚约 30 亿元等。某大型互联网平台企业的整改方案主要包括：①纠正支付业务不正当竞争行为，纠正在支付链路中嵌套信贷业务等违规行为。②打破信息垄断，严格落实《征信业管理条例》要求，依法持牌经营个人征信业务。③该企业整体申设为金融控股公司。④严格落实审慎监管要求，完善公司治理，控制高杠杆和风险传染。⑤管控重要基金产品流动性风险，主动压降某宝余额。2023 年以来，某大型互联网平台企业消费金融增资落地，该企业股权结构完成调整，对该企业和旗下机构的处罚落实。

通过本轮整改，互联网金融机构的金融属性得以明确，互联网平台金融业务监管框架基本确立。2020 年 11 月以来，国家监管部门密集出台了一系列针对互联网金融业务的监管文件和征求意见稿，覆盖了互联网金融的四个主要领域，即成立金融控股公司、支付业务、信贷和征信业务以及消费者保护。申请设立金融控股公司要求满足一定条件的非金融机构设立金融控股公司，金融牌照将更加重要。支付业务的监管核心是回归支付本源，在打破支付与信贷产品的嵌套方面已取得了一定进展。信贷和征信业务监管明确了平台企业参与贷款出资和承担信用风险属于金融业务，应满足杠杆率要求。

专栏 1-3

互联网金融相关行政许可

按照国家相关监管政策要求，我国需要审批和备案的金融业务资质有 30 多种，包括银行、证券、保险、信托、金融租赁、期货、基金、基金子公司、基金销售、第三方支付、小额贷款、典当等，互联网金融机构应按照其从事的金融业务获取相应的行政许可（表 1－1）。

表 1－1　互联网金融相关行政许可

业态	行政许可	审批机关	依据
互联网支付	支付业务许可证	中国人民银行	《非金融机构支付服务管理办法》
互联网贷款	银行牌照（金融许可证）	银保监会	《中华人民共和国商业银行法》《中国银监会中资商业银行行政许可事项实施办法》

（续）

业态	行政许可	审批机关	依据
网络小额贷款	网络小额贷款业务经营许可证	银保监会、地方金融监管部门	《网络小额贷款业务管理暂行办法（征求意见稿）》
互联网直销银行	银行牌照（金融许可证）	银保监会	《中华人民共和国商业银行法》 《中国银监会中资商业银行行政许可事项实施办法》
互联网证券	经营证券业务许可证	证监会	《中华人民共和国证券法》 《证券公司监督管理条例》
互联网基金销售	基金销售业务资格证书	证监会地方派出机构	《证券投资基金销售管理办法》
互联网保险	经营保险业务许可证	银保监会	《中华人民共和国保险法》
互联网信托	信托牌照（金融许可证）	银保监会	《信托公司管理办法》 《非银行金融机构行政许可事项实施办法》
互联网消费金融	消费金融牌照（金融许可证）	银保监会	《消费金融公司试点管理办法》

注：2023 年 3 月金融监管改革后，中国银保监会的职责被划入国家金融监督管理总局。

二、互联网金融的发展环境

近年，互联网金融风险整治和大型互联网平台金融业务整改取得成效，我国互联网金融风险得到全面治理，长效监管机制建设取得积极进展，互联网金融各业态步入规范发展的轨道。

（一）互联网金融监管政策和规则持续完善

2020 年以来，国家金融监管部门陆续发布多项监管政策文件，涉及商业银行互联网贷款、网络小额贷款、互联网保险、非银行支付、平台金融等诸多互联网金融领域，引导互联网金融规范健康发展。

2020 年 7 月，银保监会印发《商业银行互联网贷款管理暂行办法》（中国银保监会令〔2020〕9 号）。该办法从商业银行、助贷平台、借款人等多个层面规范商业银行互联网贷款业务经营行为，以促进互联网贷款业务获客、产品设计、风控、催收等环节合规发展；明确互联网贷款应遵循小额、短期、高效和风险可控原则，规范合作机构管理，强化消费者保护，加强事中事后监管，促进互联网贷款业务平稳健康发展。

2020 年 9 月，中国人民银行印发《中国人民银行金融消费者权益保护实施办法》（中国人民银行令〔2020〕5 号）。该办法要求银行、支付机构向金融消费者提供金融产品或者服务，应当遵循自愿、平等、公平、诚实信用的原则，切实承担金融消费者合法权益保护的主体责任，履行金融消费者权益保护的法定义务。同时，对金融机构建立监管金融消费者保护机制、加强个人信息保护、规范产品营销、金融消费争议解决等方面都提出了明确要求。

2020 年 9 月，中国人民银行发布《金融控股公司监督管理试行办法》（中国人民银行令〔2020〕4 号）。该办法遵循宏观审慎管理理念，对非金融企业投资形成的金融控股公司依法准入实施监管。

2020 年 11 月，银保监会、中国人民银行印发《网络小额贷款业务管理暂行办法（征求意见稿）》。该征求意见稿从网络小额贷款业务开展区域、注册资本、控股股东、互联网平台、贷款金额、贷款用途、资金管理、消费者保护等方面作出明确要求，旨在规范小额贷款公司网络小额贷款业务，统一监管规则和经营规则，促进网络小额贷款业务规范健康发展。

2020 年 12 月，银保监会正式发布《互联网保险业务监管办法》（中国银行保险监督管理委员会令〔2020〕13 号），要求机构持牌、人员持证，从产品、销售、服务、运营等方面进一步厘清业务和监管的边界，对于规范互联网保险业务发展、有效防范金融风险、保护消费者合法权益、提升保险业服务实体经济和社会民生的水平具有重要意义。

2021 年 2 月，银保监会发布《中国银保监会办公厅关于进一步规范商业银行互联网贷款业务的通知》（银保监办发〔2021〕24 号），提出了更加审慎的要求，包括互联网贷款的杠杆与余额限制，叫停地方法人银行的跨区互联网贷款业务，同时规范联合贷出资比例，防止商业银行互联网贷款业务对互联网巨头的过度依赖，也强调了商业银行必须实现互联网贷款贷前、贷中、贷后的关键环节风险管控。

2021 年 2 月，中国人民银行发布《非银行支付机构客户备付金存管办法》（中国人民银行令〔2021〕1 号），并于同年 3 月 1 日起正式施行，此前中国人民银行已于 2019 年 1 月 14 日组织非银行支付机构完成客户备付金集中交存工作。该办法规范了备付金集中交存后的客户备付金集中存管业务，进一步细化了备付金存放、使用、划转规定，明确了中国人民银行及其分支机构、清算机构、备付金银行相应备付金管理职责，设定了客户备付金违规行为处罚标准，强化客户备付金监管，促进行业健康发展。

2021 年 3 月，针对部分互联网金融平台以大学校园为目标，通过诱导性营销，发放互联网消费贷款，诱导大学生过度超前消费，导致部分学生陷入高额贷款陷阱的现象，银保监会等五部委联合印发《关于进一步规范大学生互联网消费贷款监督管理工作的通知》，从四个方面规范大学生互联网消费贷款监督管理，切实维护大学生合法权益。

2022 年 1 月，国家发展改革委等部门联合印发《关于推动平台经济规范健康持续发展的若干意见》，聚焦平台经济领域中面临的突出问题，明确规则，划清底线，加强监管，着重完善平台经济治理体系。提出修订《中华人民共和国反垄断法》，完善数据安全法、个人信息保护法配套规则。制定出台禁止网络不正当竞争行为的规定。细化平台企业数据处理规则。制定出台平台经济领域价格行为规则，坚持金融活动全部纳入金融监管，金融业务必须持牌经营。

（二）网络基础设施建设日益完善

根据中国互联网络信息中心（CNNIC）发布的第 51 次《中国互联网络发展状况统计报告》显示，截至 2022 年末，我国网民规模达 10.67 亿，较 2021 年 12 月增长 3 549 万，互联网普及率达 75.6%。在网络基础资源方面，截至 2022 年末，我国域名总数达 3 440 万个，IPv6 地址数量达 67 369 块/32，较 2021 年 12 月增长 6.8%；我国 IPv6 活跃用户数达 7.28 亿；在信息通信业方面，我国 5G 基站总数达 231 万个，占移动基站总数的 21.3%，较 2021 年 12 月提高 7 个百分点；在物联网发展方面，我国移动网络的终端连接总数已达 35.28 亿户，移动物联网连接数达到 18.45 亿户，万物互联基础不断夯实。

（三）新一代信息技术高速发展，应用场景不断拓展

新一代信息技术与金融不断进行深入融合，金融应用场景不断拓宽。其中，大数据技术持续应用于客户营销、风险管理、信用评估等方面，提高业务拓展精准性，增强对逾期违约或欺诈的预警时效性。人工智能在业务咨询、投资顾问、保险理赔等方面与金融业深度融合，推动金融服务流程自动化、智能化水平持续提升，帮助从业机构形成覆盖前、中、后台的全生命周期智能金融体系。云计算架构以其降低 IT 成本、高可靠性和高可扩展性、自动化程度高等特点，日益成为金融领域 IT 基础设施的主流选择，“云会议”“云协作”等也逐渐进入越来越多从业机构的常备工具箱。区块链技术在供应链金融、贸易金融、保险科技、跨境支付、资产证券化等场景的应用不断丰富和落地，其在防篡改、可追溯、多方协同等方面的优势进一步彰显。

（四）社会信用体系建设和个人信息保护进一步加强

2020 年 12 月，国务院办公厅印发《国务院办公厅关于进一步完善失信约束制度构建诚信建设长效机制的指导意见》（国办发〔2020〕9 号），指出要着力构建诚信建设长效机制，进一步规范和健全失信行为认定、记录、归集、共享、公开、惩戒和信用修复等机制，推动社会信用体系迈入高质量发展的新阶段，主要包括科学界定公共信用信息的纳入范围和程序、规范公共信用信息共享公开范围和程序、规范严重失信主体名单认定标准和程序、依法依规开展失

信惩戒、健全和完善信用修复机制等方面内容。

在个人信息保护方面，国家先后出台相关政策法规和标准规范，对侵犯个人信息行为的打击治理程度不断加大。

2019 年 1 月 25 日，中共中央网络安全和信息化委员会办公室、工业和信息化部、公安部、市场监督管理总局联合发布《关于开展 App 违法违规收集使用个人信息专项治理的公告》，明确 App 运营者在收集使用个人信息时应履行的责任义务，对 App 专项治理工作进行统筹安排。

2019 年 3 月 4 日，十三届全国人大二次会议将“个人信息保护法”列入本届立法规划。2021 年 8 月 20 日，第十三届全国人民代表大会常务委员会第三十次会议通过了《中华人民共和国个人信息保护法》，该法自 2021 年 11 月 1 日起施行。

2020 年 2 月 13 日，《个人金融信息保护技术规范》（JR/T 0171—2020）实施，从安全技术和安全管理两个方面规定了个人金融信息在收集、传输、存储、使用、删除、销毁等生命周期环节的安全防护要求。

2020 年 5 月，为保障个人金融信息安全、提升金融 App 安全防护能力，根据《中国人民银行关于发布金融行业标准加强移动金融客户端应用软件安全管理的通知》（银发〔2019〕237 号）、《移动金融客户端应用软件安全管理规范》（JR/T 0092—2019）等内容要求，金融机构对金融 App 进行整改，并向中国互联网金融协会进行备案。

2020 年 9 月 18 日，全国信息安全标准化技术委员会发布《网络安全标准实践指南——移动互联网应用程序（App）个人信息保护常见问题及处置指南》（TC 260-PG-2020 3A），帮助 App 运营者了解和重视个人信息保护常见问题，采取相应措施持续提升 App 个人信息保护水平。

三、互联网金融的发展趋势

（一）互联网金融转入常态化监管，将形成全覆盖、全流程、全行为的金融监管体系

多年的野蛮生长令整个互联网金融行业乱象丛生，2016 年起国家监管部门强势介入，掀起了一场整治风暴。截至 2020 年末，互联网金融风险专项整治取得积极成效，P2P 网络借贷、股权众筹、互联网保险、第三方支付等领域整治取得良好成效，实际运营的 P2P 网络借贷机构全部清零，网络借贷存量风险大幅下降。2020 年 11 月以来，金融管理部门督促指导大型平台企业全面整改金融活动中存在的违法违规问题。在此期间，平台企业对照监管制度和相关整改要求，有序关停违规业务、纠正违规行为，监管部门也密集出台了一系

列针对互联网金融业务的监管文件和征求意见稿，覆盖了互联网金融的四个主要领域，即成立金融控股公司、支付业务、信贷和征信业务以及消费者保护。经过两年多的集中整改，平台企业金融业务存在的大部分突出问题已经完成整改，金融管理部门的工作重点从推动平台企业金融业务的集中整改转入常态化监管。

互联网金融的监管以分业监管、机构监管为主，需要着力防范跨市场、跨行业、跨领域的交叉性金融风险。2023 年 3 月，我国金融监管领域迎来重磅改革，形成了“一行一局一会”的金融监管新格局。可以预见，未来所有的合法金融行为和非法金融行为都将纳入监管，新出现的金融机构和金融业务也都难逃监管，全覆盖、全流程、全行为的金融监管体系必将形成。

（二）金融科技与传统金融深度合作成为必然趋势，金融机构数字化转型步伐加快

伴随着互联网金融监管格局的变化，金融行业内的生态格局也将发生转变。强牌照时代，持牌金融机构再次站在主流位置，曾经的互联网金融尤其是平台金融要么积极获取牌照进入“体制内”，要么发挥自身优势，同传统持牌金融机构合作，成为后者的科技补充。

互联网金融行业未来的发展趋势是采用金融科技公司携手传统金融机构的形式。传统金融机构的优势在于拥有相关业务的金融牌照和健全的网络体系，具备先天的获客优势；金融科技公司的优势在于其强大的技术实力和数据资源，具备降低服务成本和优化风险控制的特点。综观近年发展趋势，以银行为代表的传统金融机构在行业竞争中也在积极学习互联网产品的设计理念，力图以互联网思维提升用户体验，客观造就了“金融产品日渐丰富、用户体验持续提升”的良好态势。未来，金融领域内的科技助力与持牌金融机构之间的合作有望加深，进一步推进金融机构的数字化转型与业务升级。

当前，世界处于百年未有之大变局，数字化浪潮正深刻改变着经济社会各领域，金融业正加速迈入一个与数字经济相对应的数字化新时代，日益呈现出“无科技不金融、无移动不金融、无数据不金融”的特征，互联网金融应用正从新兴业态主体向主流金融机构渗透融合，一些主流金融机构将结合自身资源禀赋和市场定位，积极制定数字化转型战略，优化管理模式和组织架构，加强线上线下渠道一体化建设，通过“练内功”和“借外力”相结合的方式加快布局金融科技，加快推进数字化转型。

（三）互联网金融监管的数字化智能化水平不断提升

互联网金融作为数字化时代的金融创新，对金融服务、风险管理和金融体系都带来了深远的影响。它提供了便利、高效、低成本、创新的金融服务，改

善了金融服务的体验和可及性。同时，互联网金融利用大数据和人工智能等技术改进了风险管理和评估，提高了风险控制的准确性和效率。然而，互联网金融也面临一些挑战，如数据安全和隐私保护、网络风险和合规风险等。这就迫使国家监管部门要加强监管科技手段的创新，不断提高互联网金融监管的数字化智能化水平，通过打造数字化监管平台，利用人工智能和大数据等技术手段，实时监控并发现金融违法行为，及时采取措施，确保金融安全。

随着互联网金融业务在各类场景中的深度嵌入等业务范围的多元化拓展，不可避免地会带来新型金融风险，对监管科技提出了更高要求。同时，作为市场主体的各类互联网金融机构，在业务创新方面往往会忽视风险或很难控制风险，甚至出现为了自身利益而损害客户利益、躲避监管等问题。而且这些创新存在的违规和风险问题具有一定的隐蔽性和滞后性，这就需要监管部门通过科技手段对风险做到早发现、早识别、早处置，防止风险的积累和蔓延，避免更大更严重的风险事件的发生。

提升监管数字化智能化水平也是促进经济金融稳健发展的需要。监管部门有效利用云计算、区块链、大数据、人工智能等数字技术，通过科技赋能，有效提高金融数据资源的利用效率，提升监管质量、水平和效能，能够推动监管工作更好地服务经济社会高质量发展。

（四）金融消费者教育任重道远

互联网金融本质上仍是金融，互联网金融投资与消费也应当遵循基本的经济规律。互联网金融领域发生的案例显示，追求高收益、盲从夸大宣传、对相关产品和服务疏于鉴别等，是互联网金融风险发生的第一步。近几年我国不断加大金融风险的提示教育，各类互联网金融事件仍时有发生，并呈上升趋势。因此，金融消费者教育是一项长期的任务，事关行业发展，也关系到金融消费者的权益保护。政府监管部门、各互联网金融行业协会应当发挥金融消费者教育的主渠道作用，加强对互联网金融的正面舆论引导，及时开展行业培训、风险提示和金融消费者教育，强化从业人员职业素养和金融消费者风险意识，使互联网金融经营者和消费者都能正确理性地参与互联网金融活动。

（五）互联网金融国际交流合作更加密切

随着金融与科技的深度融合，互联网金融从业机构和关键驱动技术发展空前活跃，有望成为全球包容性增长和金融创新发展的新动力。全球主要国家和地区在数字银行、网络支付、网络借贷等互联网金融业务监管以及人工智能、区块链等驱动技术应用监管方面的政策举措将陆续出台，监管沙箱、监管科技等创新监管工具和跨国监管协作有望呈现新的格局，更加适应于数字化时代的监管规则体系将逐渐建立。互联网金融领域的国际交流合作将更加充分，持续推动金融与科技融合创新成果在全球范围内落地生根、开花结果。

延伸阅读

潘功胜：防范金融科技风险的中国监管路径

近年，随着大数据、人工智能、区块链、云计算等新兴信息技术的兴起，金融与科技加速融合，移动支付等互联网金融新业态持续涌现，不仅改变了人们的生活方式，同时也重塑了金融生态格局。金融科技渗透到支付、借贷、证券、保险、理财等各类金融服务领域，提升了金融服务效率，降低了交易成本，金融体系普惠性得以提升。

金融科技未改变金融的风险属性。由于金融科技跨界、混业、跨区域经营的特征，相关风险的扩散速度更快、波及面更广、溢出效应更强；而且由于网络效应的存在，通常会形成“赢家通吃”，造成市场垄断和不公平竞争。部分大型科技公司可以通过“烧钱”进行直接补贴或利用其他业务盈利进行交叉补贴等不公平竞争方式，抢占市场份额使自己成为“赢家”，然后再把其他竞争者打掉或兼并掉，最终形成垄断。此外，金融科技公司对于数据的渴求，可能导致其过度采集客户数据，侵犯客户隐私。

面对金融科技发展带来的这些新问题，主要经济体监管当局及时作出响应，不断加大对垄断行为的处罚力度，通过立法加强数据信息保护，完善金融科技监管框架，防止监管套利和风险交叉感染。例如，欧盟在2017—2019年连续三年对谷歌开出天价罚单，金额达82.5亿欧元，并于2018年实施了《通用数据保护条例》，加强数据治理；美国在近些年连续发起对脸谱、苹果、亚马逊等大型科技公司的反垄断调查，并于2020年实施了《加利福尼亚州消费者隐私保护法》，加强用户隐私保护；德国在2020年通过《反对限制竞争法》第十次修正案，加强对大型科技公司的监管。

中国金融管理部门一直在密切跟踪金融科技对监管带来的挑战，并及时与国际监管同行加强沟通、分享经验。在金融科技兴起之初，中国的金融管理部门坚持公正、宽容的原则，打造审慎包容的监管环境，积极推动中国金融科技发展。以支付宝、微信支付为代表的非银行移动支付业务在2015—2019年实现了爆发式增长，复合增长率高达75%，移动支付普及率达86%。同时，中国金融管理部门在金融科技监管方面也持续进行制度的“补短板”。包括对金融科技和互联网平台公司的金融活动实施审慎监管，出台实施《金融控股公司监督管理试行办法》；通过中国人民银行集中存管客户备付金，防止非银行支付机构占用、挪用客户备付金；剥离非银行支付机构清算职能至新设金融基础设施，推动非银行支付机构回归支付主业；开展互联网金融风险整治等。

中国金融管理部门致力于在鼓励金融科技发展和防范金融风险积聚之间求得平衡，制定并实施较为审慎的监管政策，取得了积极的成效。毕马威发布的2019年全球金融科技公司100强中，中国有三家公司位列前十；致力于在监管政策取向上对外资、民营等不同市场主体一视同仁，推动金融领域高水平对内对外开放，成绩斐然。截至2020年上半年，在华营业的外资银行（包括法人机构及分行）总数116家，外资保险机构57家，外资券商15家。美国运通（AMEX）已获中国境内银行卡清算业务许可，支付巨头贝宝（PayPal）已全资控股中国境内子公司。民营股东发起设立的银行已有19家，总资产超过1万亿元。

鉴于金融科技的本质是金融，就应该遵循“同样业务同样监管”原则，按照实质重于形式，落实穿透式监管，保持监管政策取向、业务规则和标准的大体一致，坚决防止监管套利。展望未来，中国金融管理部门愿进一步加强与全球金融监管当局的交流，在反垄断、数据管理、运营管理、消费者保护等方面加强国际合作，确保对金融科技的监管有效、适度，防范跨境监管套利和金融风险跨境传染。我们相信，在公正监管、平等准入、公平竞争的市场环境下，金融科技必能在资本合理扩张、保持创新活力和保护公众权利之间获得更好的平衡，实现科技向善。

资料来源：时任中国人民银行副行长、国家外汇管理局局长潘功胜于2021年1月27日在英国《金融时报》发表的署名评论文章。

2

第二章 第三方支付

第三方支付是最先发展的互联网金融模式。随着互联网的快速发展，电子商务迅速崛起。相关数据显示，2008 年中国电子商务交易总额仅为 3.4 万亿元。截至 2021 年末，中国电子商务交易总额已达到 42.3 万亿元，增长了 10 余倍。电子商务运作主要包括信息流、资金流和物流三个环节，其中资金流，即支付方式是电子商务流程中交易双方最为关心的环节。

传统的金融业在支付方式上不能满足电子商务的要求，随着信息技术的升级和演进，第三方支付应运而生，促进了电子商务的发展，并发展成为金融支付体系的重要组成部分，并始终处于互联网金融的基础和核心位置。

第一节 第三方支付概述

通过支付制度的演变过程，我们发现第三方支付是支付制度发展的高级阶段，是以电子货币为基础的支付制度。广义上第三方支付是指非金融机构支付，它有助于解决贸易结算中货物流与资金流不同步所带来的信用风险问题，具有成本低廉、快捷高效等优势。

一、支付制度的演变

支付制度是指经济社会中进行交易的方法。自从商品交换产生以来，支付制度一直在发生变化。从贝壳、金银、纸币、存款货币，到现在的银行卡和第三方支付，支付从最初的“物物交换”到网络化的演变史就是从复杂到简单、从现场到异地的变迁史。

原始经济的交易方式是“物物交换”，这是至今在偏远地区和货币短缺的情况下仍然存在的交换方式，即人们用各自所拥有的货物去直接换取想要的货物。这种交易方式具有诸多缺点，并产生一定的交易成本。随着商品交换的发展，货币产生了，并且成为商品交换中支付的载体。随着货币形式的发展，支付制度也在不断地演变。

（一）以贵金属为基础的支付制度

最早期的货币是实物货币，但实物货币不是理想的支付手段，在商品交换发展中逐渐被金属货币所替代，因为金属所具有的天然属性最适宜充当货币。贵金属黄金和白银具有体积小、价值大、质地均匀、容易分割、便于携带等优点，在相当长的历史时期内，世界大部分地区都使用贵金属充当货币，金银成为重要的支付手段。

（二）以纸币为基础的支付制度

纸制货币简称纸币，包括国家发行的纸制货币符号和银行发行的纸制信用货币等。与金属货币相比，纸币的印制成本低，运送的成本和风险也较小。最初的银行券是通过资本主义银行的存贷款等信用业务发行的，并以随时可兑现成金属货币为保证。中央银行产生以后，银行券集中由中央银行垄断发行。随着金属货币制度的崩溃，中央银行发行的银行券成为不能兑现的信用货币。在现代中央银行体制下，各国流通中使用的货币现钞几乎全都是由各国中央银行发行的纸制信用货币，它成为经济生活中必不可少的一种支付手段。

（三）以存款货币为基础的支付制度

存款货币是指能够发挥货币交易媒介和资产职能的银行存款，包括可以直接进行转账支付的活期存款和企业定期存款、居民储蓄存款等。现代银行的一项重要业务是为客户办理结算业务，充当支付中介。人们先把一部分款项存入银行，设立活期存款账户，客户根据存款余额可签发支票，凭支票进行转账结算，通过存款账户之间存款的转移来完成支付行为。在这个过程中，可签发支票的存款发挥着货币的作用，故称为“存款货币”，它属于信用货币。用存款货币取代现金进行支付，具有快速、安全、方便的优点，特别是在大额异地交易中，很难用现金进行即时交易。因此，在发达的商品经济中，转账结算是一种重要的支付手段，绝大部分的交易都通过存款货币的转移实现支付。

（四）以电子货币为基础的支付制度

随着互联网技术的普及应用，一种新型的货币——电子货币产生了。电子货币是通过计算机网络系统，以传输电子信息的方式实现支付功能的电子数据。这些电子数据的取得基于持有人的存款，因此电子货币可以视为信用货币的一种存在形式。电子货币可以像现金和存款货币一样，进行汇兑、存款、贷款和满足消费，并且能够方便地实现与现金的转换。电子货币的支付，即电子支付，2015 年 10 月中国人民银行发布的《电子支付指引（第一号）》（中国人民银行公告〔2005〕23 号）规定，电子支付是指单位、个人直接或授权他人通过电子终端发出支付指令，实现货币支付与资金转移的行为。所谓电子终端，是指用户可用以发起电子支付指令的计算机、电话、销售点终端、自动柜员机、移动通信工具或其他电子设备。

电子支付实质是将银行“电子化”，将需要用现金支付的模式转变为通过电子媒介与银行清算。其中，既可以直接通过网上银行进行支付，也可以借助第三方平台进行支付。因此，不能将第三方支付直接视作为电子支付。

在数字经济时代，金融创新活动更加活跃，数字货币在多种因素的催化下应运而生。近年，各主要国家和地区中央银行及货币当局均在对发行中央银行数字货币开展研究。中央银行数字货币（简称 CBDC），是中央银行基于新兴信息技术发行的、承担传统法定货币本质属性的数字货币。2014 年，中国人民银行开始研究法定数字货币，目前正处于试点测试阶段，其本质是法定货币和电子货币的结合体，是现金的替代或补充。数字人民币的诞生，是法定货币形态的一次革命，它将引领未来数字金融新时代，意义十分重大。

二、电子支付的类型

（一）按支付指令划分

按支付指令可将电子支付划分为 POS 机支付、网上银行支付、手机银行支付、电话银行支付、银联在线支付、快捷支付等类型。

1. POS 机支付

POS，是 point of sales 的缩写，意思是“销售点”，是一种销售多功能终端。POS 机支付就是用 POS 机处理银行卡的电子资金自动转账以代替现金支付的一种支付方式。

2. 网上银行支付

网上银行支付就是指银行通过互联网向签约用户提供的支付服务，用户足不出户就能够进行支付。

3. 手机银行支付

手机银行支付就是利用银行 App、移动通信网络及手机终端进行转账、支付业务。

4. 电话银行支付

电话银行支付是银行提供的一种线下支付方式，是银行的签约用户使用固定电话、手机等通话设备，通过银行客服电话，从个人银行账户中完成付款的支付方式。

5. 银联在线支付

银联在线支付是由中国银联联合各家商业银行共同打造的银行卡网上交易转接清算平台，涵盖多种支付方式，无须开通网络银行即可为银联持卡人提供便利、安全的网上支付服务。

6. 快捷支付

移动快捷支付经过最近几年的快速发展，呈现爆发式的增长，其中 NFC 支付、闪付、扫码付、声波支付、指纹支付、刷脸支付、虹膜支付等移动快捷支付方式正悄然走进人们的生活。所谓移动快捷支付是支付机构和银行通过协议与客户约定，由支付机构代其向银行发送支付指令，直接扣划客户绑定的银行账户资金的支付方式。快捷支付一般分为移动快捷支付和网上快捷支付两种。下面我们介绍几种快捷支付方式。

（1）NFC 支付。NFC 支付是将用户日常生活中使用的各种卡片应用（如银行卡、公交卡、校园一卡通、会员卡等）装载在具有 NFC 功能的手机中（用户需办理 NFC 手机卡并开通该业务），用户将手机靠近相应的业务受理终端，即可实现刷手机消费，进而实现手机变钱包的一种新兴支付方式。

（2）闪付。闪付是用户持有印有“quick pass”标识的金融 IC 卡靠近支持银联“闪付”的非接触式支付终端即可快速完成支付，无须签名和输入密码（一般单笔金额不超过 1 000 元）。目前，全国支持金融 IC 卡闪付功能的非接触式支付终端已覆盖超市、药房、快餐连锁店、便利店等零售场所，以及加油站、停车场、旅游景点等。

（3）扫码付。扫码付是用户在与支持扫码付的商户进行交易时，使用手机登录相关软件（如微信、支付宝），在联网状态下，打开扫码支付功能，扫描商户提供的收款二维码，从而完成付款的一种支付方式。作为一种线下收付款业务，在小额支付领域，扫码付以其便利性、通用性而迅速占领线下支付市场份额。

（二）按组织类型划分

按照组织类型，电子支付可分为金融机构支付和非金融机构支付。

1. 金融机构支付

金融机构支付，即电子银行支付。网上银行支付是最早被人们接受的电子支付方式，它由用户向网上银行发出申请，将银行里的资金直接划到商家名下的账户完成交易，这是将传统的“一手交钱一手交货”式的交易模式照搬至互联网上进行。

早期的网上银行服务促进了电子商务的发展，随着电子商务市场的不断发展，在网络零售业中普通用户更加倾向具有公信力的第三方参与交易从而起到监督的作用。目前，在数额较大的B2B交易（企业与企业之间的电子商务交易）中，仍然普遍使用此种支付模式，主要原因是B2B交易最看重的是交易资金的安全，随着交易金额的增大，对第三方机构信誉的要求也越来越高，且B2B支付要求有很高的资金收付速度，安全性和即时到账要求高。

2. 非金融机构支付

非金融机构支付，即第三方支付，是指借助第三方支付机构进行网关选择，其代表主要有支付宝、财付通、快钱、银联在线等。在支付方式上可分为两种：第三方辅助支付和第三方平台支付。

（1）第三方辅助支付。第三方辅助支付方式除了用户、商户和银行外还会经过第三方的参与，但是与第三方支付平台不同的是，在此种支付方式中，用户无须在第三方机构拥有独立的账户，第三方机构所起到的作用是更注重为了使双方交易更方便快捷而存在。以超级网银为例，超级网银是2009年中国人民银行研发的标准化跨银行网上金融服务产品，通过统一的操作界面，可查询管理多家商业银行开立的结算账户的资金余额和交易明细，登录银行的界面可以完成所有银行网银登录，可直接向各家银行发送交易指令并完成汇款操作。超级网银还有强大的资金归集功能，可在母公司结算账户与子公司的结算账户之间建立上划下拨关系。通过构建“一点接入、多点对接”的系统架构，实现企业一站式网上跨银行财务管理，以方便企业金融理财操作。

（2）第三方平台支付。第三方平台是指与各大银行签约，并具备一定实力和信誉保障的第三方独立机构提供的交易支持平台。在通过第三方平台进行支付的交易中，买方选购商品后，使用第三方平台提供的账户支付货款，由第三方通知卖家货款到达，卖家进行发货；买方检验物品后，通知付款给卖家，第三方再将款项转至卖家账户。第三方平台支付能够为买卖双方的交易提供足够的安全保障。

在第三方支付机构阵营中，银联在线具有非常特殊的地位。银联在线是由中国银联控股的子公司，成立于2002年3月，它归结了多家银行的支付接口，当客户在网上进行支付时，通过银联的支付网关直接跳转至相应银行的支付接口，进而完成资金支付。从形态上看，银联在线符合第三方支付的某些特点，但由于其特殊性将其单独列出来。

三、第三方支付的定义及其分类

狭义上的第三方支付是指具备一定实力和信誉保障的独立机构，借助通信、计算机和信息安全技术，采取与各大银行签约的方式，在用户与银行支付结算系统之间建立连接的电子支付模式。所谓“第三方”，主要是区别银行的支付职能，其官方称呼一般是非金融（银行）支付机构。之所以称为“第三方”，是因为这些平台并不涉及资金的所有权而只是起到中转作用，本质上是一种资金的托管代付，通过提供线上和线下支付渠道，完成从消费者到商户以及金融机构之间的货币支付、资金清算、查询统计等系列过程，以此解决消费者与商家之间的“支付信任”问题。

在广义上，根据中国人民银行2010年6月发布的《非金融机构支付服务管理办法》（以下简称《管理办法》）的规定，非金融机构支付（即第三方支付）服务是指非金融机构在收付款人之间作为中介机构提供下列部分或全部货币资金转移服务，包括网络支付、预付卡的发行与受理、银行卡收单、中国人民银行确定的其他支付服务。

（一）网络支付

网络支付是指收款人或付款人通过计算机、移动终端等电子设备，依托公共网络信息系统远程发起支付指令，且付款人电子设备不与收款人特定专属设备交互，由支付机构为收付款人提供货币资金转移服务的活动。

从具体牌照的角度，包括互联网支付、移动电话支付、固定电话支付、数字电视支付四个细分业态。

互联网支付是指通过电脑、手机或平板电脑等，依托互联网发起支付指令，实现用户和商户、商户和商户之间的在线货币支付、资金清算等行为。

移动电话支付是以手机等移动终端作为工具，以移动通信网络为通道的支付方式。

固定电话支付是通过增加安全加密和刷卡功能，使普通电话机变成金融终端，用户通过“刷卡电话机＋银联卡”，办理各种银行业务。

数字电视支付系统将电视和银行支付业务有机结合起来，用户可以通过“电视＋遥控器”的方式进行银行卡支付，包括基础类业务（数字电视、数据宽带、数字电视交互业务等）及第三方业务（如公共事业费、电子商城等）支付等。相对于网络支付和移动支付，固定电话支付和数字电视支付并没有发展起来。

（二）银行卡收单

银行卡收单是以POS机为介质，通过销售点（POS）终端为银行卡特约商户代收货币资金的行为。持卡人在商户刷卡消费时，先由银行结算给第三方支付服务机构，最终支付给商户。

（三）预付卡的发行与受理

预付卡是指以营利为目的发行的、在发行机构之外购买商品或服务的预付价值，包括采取磁条、芯片等技术以卡片、密码等形式发行的储值卡、消费卡、积分卡等，如购物卡、会员卡、公交卡等。

可见，第三方支付已不仅仅局限于最初的网络支付，而是成为线上线下全面覆盖，应用场景更为丰富的综合支付工具，如图 2－1 所示。本章重点讨论第三方支付中的网络支付。

图 2－1　我国第三方支付业务模式

第三方支付机构主要有三种盈利模式：一是网络支付业务不仅可以赚取交易佣金，而且可以获取用户的支付数据、分析用户的消费行为，进而以此为切入点开展互联网金融产业链各环节的衍生业务，提供精准营销等增值服务；二是持卡人通过 POS 机进行交易，收单业务的参与方可以收取手续费方式盈利；三是预付卡业务可以赚取手续费和沉淀资金的利息。

自 2011 年 5 月起，中国人民银行开始发放第三方支付牌照，即支付业务许可证，五年为一个周期，五年续展一次。先后分 8 批发放 271 张牌照，包括网络支付、移动电话支付、银行卡收单、预付卡受理、预付卡发行、固定电话支付和数字电视支付 7 个类别。2016 年以来，监管机构暂停了第三方支付牌照的发放，后来因为违规吊销了 3 张牌照，之后鼓励同一集团法人进行牌照的合并，2022 年剩余有效支付牌照为 201 张。

四、第三方支付的特点和优势

（一）第三方支付的特点

首先，第三方支付机构是一个为网络交易提供保障的独立机构。第三方支付机构本身依附于大型的门户网站，且以与其合作的银行的信用作为信用依托，因此第三方支付能够较好地突破网上交易中的信用问题，有利于推动电子商务的快速发展。

其次，第三方支付机构对交易双方进行约束和监督。第三方支付机构不仅具有资金传递功能，而且可以对交易双方进行约束和监督。

再次，第三方支付的手段灵活多样。用户可使用网络、电话、手机短信等多种方式进行支付。

最后，第三方支付方便快捷。第三方支付平台提供一系列的应用接口程序，将多种银行卡支付方式整合到一个界面上，负责交易结算中与银行的对接，使网上购物更加快捷、便利。

（二）第三方支付的优势

1. 降低运营成本

第三方支付机构作为中介方，可以促成商家和银行的合作，对商家而言，第三方支付平台可以降低企业运营成本，满足了企业专注发展在线业务的收付要求；对银行而言，可以直接利用第三方的服务系统提供的服务，节省了为大量中小企业提供网关接口的开发和维护费用，为银行带来了潜在的利润；对支付中介而言，大量的小额电子交易集中形成规模效应、降低了支付成本。

2. 打破银行卡壁垒

由于目前我国实现在线支付的银行卡各自为政，每家银行都有自己的银行卡，这些自成体系的银行卡纷纷与网站联盟推出在线支付业务，客观上造成消费者要自由地完成网上购物，手里面必须有多张卡。同时，商家网站也必须装有各个银行的认证软件，这样就会制约网上支付业务的发展。第三方支付服务系统可以很好地解决这个问题。

3. 提供增值服务

第三方支付平台提供的交易动态、物流状态、交易处理状态等，可以使电子商务中买卖双方及时了解交易的相关信息，也为售后可能出现的纠纷提供了相应的证据，从而维护交易各方的权益。

4. 保障交易安全

一方面，第三方电子支付平台可以提供资金和货物的风险防范机制，确保交易双方的利益；另一方面，第三方电子支付平台借助一系列安全技术（数字证书、数字签名）与银行的网关相连接，实现互联网上银行系统之间数据的加密传输，以确保客户账户安全。信用卡信息或账户信息仅需要告知支付中介，而无须告知收款人，大大减少了信用卡信息和账户信息失密的风险。

第二节　第三方支付的发展

国外第三方支付产业的起源早于我国，由于各国制度以及市场条件不同，不同国家与地区第三方支付产业发展存在一定差异。1996 年美国诞生全球首家第三方支付公司，1998 年 PayPal 公司成立。最初第三方支付公司的出现主要是为了解决电子商务中的支付问题，那时商业银行并不能覆盖个人支付业务。随着 2002 年 PayPal 被全球最大的个人与个人之间的电子商务（C2C）网上交易平台 eBay 收购，第三方支付开始逐渐显示出自身的优势，PayPal 也成为全球最大的第三方支付平台。根据 PayPal 官方网站的数据，其活跃用户超过 1 亿，并在世界上 190 个国家及地区开展相关业务，支持币种高达 24 种。但是，PayPal 在中国的发展并不顺利，更多是被用作国际支付工具，这就为国内的第三方支付工具留下了广阔的发展空间。

一、我国第三方支付的发展历程

随着电子商务世界发展大潮，国内许多商家开始进入第三方支付领域。总的来说，国内第三方支付的发展大体经历了以下几个阶段。

（一）起步阶段（1998—2001 年）

国内率先推行互联网化的金融机构就是银行业，并且在相当长的一段时间内银行业一直是互联网化程度最高的行业之一。1997 年，招商银行率先推出了一网通业务，成为首家开通网络业务的商业银行。此后，中国建设银行、中信银行等也纷纷开通网上渠道。1999 年，以易趣网和当当网为代表的电子商务企业开始出现，这标志着我国正式进入电商时代。同年，上海环迅和北京首信的成立，意味着中国本土的第三方支付开始萌芽。至此，第三方支付所涉及的三个角色——商业银行、电商平台和第三方支付正式集结完毕。

在这一阶段，一方面，由于商业银行系统安全建设和硬件设施等技术原因，网上银行业务单一，只能提供账户查询等简单信息类服务，并不能真正实现网上支付的功能；另一方面，由于各家商业银行系统相对独立，无法实现跨行资金的迅速清算。所以，第三方支付只能整合不同银行的网关接口，在客户进行支付时，通过第三方支付平台进入其维护的银行支付页面，并没有真正从事第三方支付的业务，而只是充当了一个网银接入口的角色。

（二）成长阶段（2002—2004 年）

随着国内互联网用户的不断增加，服务单一的网上银行和不完善的第三方支付平台已经不能满足人们对电子商务和网上支付的需求。国内部分大型商业银行在市场的驱动下开始重视网上银行建设，各类型的电子商务平台迅速成长。与此同时，银行卡组织和第三方支付机构也大批进入网上支付领域，并且在银行、银行卡组织和第三方支付公司之间出现了广泛的合作。2002 年 3 月中国银联成立，旨在实现银行卡全国范围内的联网通用，推动了我国银行卡产业的迅速发展。同年 6 月，银联电子支付服务有限公司正式成立，从此国内出现了面向全国的统一支付平台。

随着电子商务交易额的迅速增长，淘宝网在 2003 年适时推出了支付宝并创造性地采用了信用担保机制，解决了电子商务网上支付最为关键的问题，即买卖双方互不信任的问题，从而使第三方支付的作用得到用户的认同，第三方支付市场规模迅速扩张。此后，第三方支付公司纷纷效仿，第三方支付业务进入了爆炸式发展阶段，电子商务业务量也突飞猛进，以易趣、阿里巴巴、淘宝网、当当网等为代表的具有较大交易规模的电子商务产业初步形成。

（三）快速发展阶段（2005—2009 年）

随着网络支付用户规模的壮大，整个互联网市场的发展势头强劲，网络支付市场也实现了快速增长。2005 年腾讯旗下的支付公司“财付通”成立。随后又出现了多家网络支付服务公司，如银联在线、快钱在线等。2005 年中国网民首次突破 1 亿，2008 年中国以 2.53 亿网民数量跃居世界第一，互联网覆盖范围广阔，用户规模剧增，同时网络支付用户也随之增加。由于支付宝的推出解决了电子商务网上支付的关键问题，第三方支付市场规模迅速扩张，从 2005 年起，第三方支付市场规模迅速扩张，每年增长幅度都在 100％以上。

为满足用户的多样支付需求，网上支付平台在各应用领域积极拓展，为用户提供了更加全面、便捷的生活服务，用户满意度也随之上升。这时期银行最大的转变是真正以客户为中心，因需而变，网上银行业务不断创新，盈利能力增强。

（四）规范发展阶段（2010—2016 年）

2010 年 6 月，中国人民银行发布的《非金融机构支付服务管理办法》中规定，从事支付业务需要获得第三方支付牌照，也称“支付业务许可证”，是中国人民银行为规范第三方支付行业发展秩序而设立的行业准入制度。2011 年 5 月，中国人民银行发放了首批共 27 张支付牌照，主要以从事全国业务的支付企业为主，包括支付宝、财付通、汇付天下等以网络支付为主营业务的第一梯队，获批经营预付费卡发行与受理业务的企业仅为 7 家。之后中国人民银行共发出了 9 批共 271 张支付牌照。支付牌照颁发后，我国第三方支付企业的运作日益趋于规范化。自 2016 年起，中国人民银行通过建立支付牌照续展审查制度，完善市场准入和退出机制，对经营能力欠缺、经营业绩不佳或存在严重违规经营行为的支付机构，通过业务调整、业务合并、不予续展等方式，促使其退出支付市场。

2015 年 7 月 18 日，中国人民银行等十部委联合发布的《关于促进互联网金融健康发展的指导意见》中指出，银行业金融机构和第三方支付机构从事网络支付，应遵守现行法律法规和监管规定。网络支付机构与其他机构开展合作的，应清晰界定各方的权利义务关系，建立有效的风险隔离机制和客户权益保障机制。要向客户充分披露服务信息，清晰地提示业务风险，不得夸大支付服务中介的性质和职能。

2015 年 12 月，中国人民银行发布《非银行支付机构网络支付业务管理办法》（以下简称《办法》），并于 2016 年 7 月 1 日正式实施。《办法》使用差异化监管原则，对支付账户管理和支付机构实行了分类管理，将个人支付账户分为三类，如表 2-1 所示。《办法》也从风险管理角度对支付机构提出了明确要求。账户实名制是支付交易顺利完成的保障，也是反洗钱和遏制违法犯罪活动的基础。针对网络支付非面对面开户的特征，强化支付机构通过外部多渠道交叉验证识别客户身份信息的监管要求。

表 2-1　个人支付账户分类

账户类别	余额付款功能	余额付款限额	身份核实方式
Ⅰ类账户	消费、转账	自账户开立起累计 1 000 元	以非面对面方式，通过至少一个外部渠道验证身份
Ⅱ类账户	消费、转账	年累计 10 万元	面对面验证身份，或以非面对面方式，通过至少三个外部渠道验证身份
Ⅲ类账户	消费、转账、投资理财	年累计 20 万元	面对面验证身份，或以非面对面方式，通过至少五个外部渠道验证身份

资料来源：根据《非银行支付机构网络支付业务管理办法》整理。

（五）全面监管阶段（2017 年至今）

自 2017 年起，“断直连”及备付金集中存管政策正式出台，第三方支付监管逐步趋严。

在直连模式下，支付机构在商业银行多头开户、多头连接，监管部门无法监控资金流向，让诈骗、洗钱等犯罪行为有了可乘之机。2017 年 8 月，中国人民银行支付结算司印发《关于将非银行支付机构网络支付业务由直连模式迁移至网联平台处理的通知》，自 2018 年 6 月 30 日起，支付机构受理的涉及银行账户的网络支付业务全部通过网联平台处理。这就是所谓的“断直连”，如图 2－2 所示。

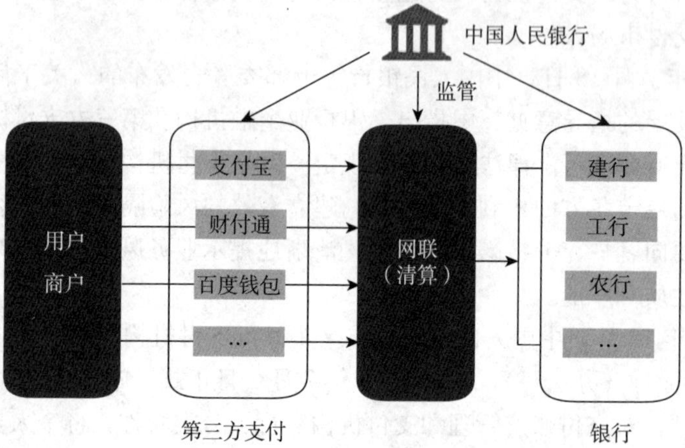

图 2－2　第三方支付接入网联平台

专栏 2-1

第三方支付机构接入网联平台

网联平台全名为“非银行支付机构网络支付清算平台”，主要处理非银行支付机构发起的涉及银行账户的网络支付服务。根据中国人民银行支付结算司发布的《关于将非银行支付机构网络支付业务由直连模式迁移至网联平台处理的通知》要求，各银行和支付机构要在 2017 年 10 月 15 日前完成接入网联平台和业务迁移准备工作，自 2018 年 6 月 30 日起，支付机构的网络支付业务必须全部通过网联平台处理。

网联平台一端连接持有网络支付牌照的支付机构，另一端对接银行系统。在平台统一技术标准和业务规则，第三方网络支付机构只需要接入网联平台即可。此前，一些第三方支付机构与银行是直连模式，绕开了中国人民银行的清算系统，中国人民银行无法掌握具体交易信息，无法掌握准确的资金流向。网联平台被称为“网络版银联”，即线上支付统一清算平台，是在中国人民银行指导下，中国支付清算协会组织支付机构共同发起筹建的。目前，网联有 45 个股东，中国人民银行旗下 7 家单位持股 37%，包括支付宝、财付通在内的第三方支付机构共持有 63%的股份。

一直以来，中国人民银行将支付机构挪用客户备付金列为“监管红线”。所谓客户备付金，是指非银行支付机构为办理客户委托的支付业务而实际收到的预收待付货币资金，不属于支付机构的自有财产。在备付金的集中存管规定出台之前，第三方支付机构将客户备付金以自身名义在多家银行开立账户分散存放，平均每家支付机构开立客户备付金账户 13 个，最多的开立客户备付金账户达 70 个。这些规模巨大且存放分散的备付金，存在被挪用的风险。2017 年 1 月，中国人民银行下发《中国人民银行办公厅关于实施支付机构客户备付金集中存管有关事项的通知》（银办发〔2017〕10 号），明确规定自 2017 年 4 月 17 日起，支付机构应将客户备付金按照一定比例交存至指定机构专用存款账户，该账户资金暂不计付利息。支付机构应该以 10%～24%不等的比例交存客户备付金。2017 年 12 月，中国人民银行发文，要求非银行支付机构将客户备付金交存至在中国人民银行开立的专用存款账户，备付金交存比例从 20%左右逐渐提高至不低于 50%。之后中国人民银行又下发通知，要求到 2019 年 1 月 14 日实现 100%集中交存。客户备付金集中存管制度的出台和逐步落地实施，从根本上防范了资金挪用风险，保障了消费者资金安全，有利于引导支付机构逐渐摆脱对备付金利息收入的依赖心理，加大支付主业投入创新力度。2021 年 1 月，中国人民银行发布《非银行支付机构客户备付金存管办法》，并于 2021 年 3 月 1 日起正式实施。2020 年 10 月 13 日，中国人民银行发布《非银行支付机构行业保障基金管理办法（征求意见稿）》。建立非银行支付机构行业保障基金，是中国人民银行在对支付机构备付金实施集中存管后，在非银行支付行业探索建立的又一制度。给支付行业再上一份“保险”，旨在保障支付机构客户的合法权益，维护金融稳定，促进支付行业持续健康发展。

2021 年 1 月 20 日，为加强对非银行支付机构的监督管理，规范非银行支付机构行为，防范支付风险，保障当事人合法权益，促进支付服务市场健康发展，中国人民银行会同有关部门研究起草了《非银行支付机构条例（征求意见稿）》（以下简称《征求意见稿》）并公开征求意见。可以预见，非银行支付行业即将告别 2010 年 6 月发布的《非金融机构支付服务管理办法》（以下简称《办法》）的监管阶段，步入“强监管”的新时代。相较于原来的《办法》，《征求意见稿》的内容发生了较大的变动。一是《征求意见稿》改变了原来第三方支付关于“网络支付、预付卡的发行与受理、银行卡收单”的业务分类口径，重新划分为储值账户运营业务和支付交易处理业务两类。二是明确了“双罚要求”，设置了“双罚条款”，处罚范围大幅扩大，处罚标准大大提高。三是创新性地提出了反垄断条款。《征求意见稿》明确提出，“禁止采用滥用市场支配地位等方式开展不正当竞争”，要服从“公平竞争要求”，并明确了市场支配地位的预警措施、市场支配地位的情形认定、市场支配地位的监管措施等。

二、我国第三方支付的发展现状

2000年中国掀起了电子商务的探索热潮，电子商务的起步孕育了商户线上收款需求，从而为第三方支付机构创造了企业服务契机。2017年开始线下扫码支付规模全面爆发增长，线下场景的支付增速远高于线上场景支付的增速，引领移动支付经历了由线上驱动阶段到线下驱动阶段的转变。经过多年的发展，我国第三方支付用户规模快速增长，交易规模持续扩大。据咨询机构艾瑞发布的《2021年中国第三方支付行业研究报告》，2020年第三方移动支付与第三方互联网支付总规模达271万亿元支付交易规模，不同支付机构在企业端细分领域精耕细作，以微信、支付宝等为代表的头部支付机构，依托场景、技术、资源等优势，提升服务体验，为行业赋能等。现阶段，我国的支付市场已成为国际领先的支付市场之一。

（一）第三方移动支付稳定增长，第三方互联网支付增速呈下降趋势

随着第三方支付交易规模的快速增长，我国第三方移动支付渗透率逐步提升，行业规模增速趋于稳定。截至2020年底，中国第三方移动支付交易规模为249.2万亿元，较上年增加23.1万亿元，同比增长10.2%，如图2-3所示。

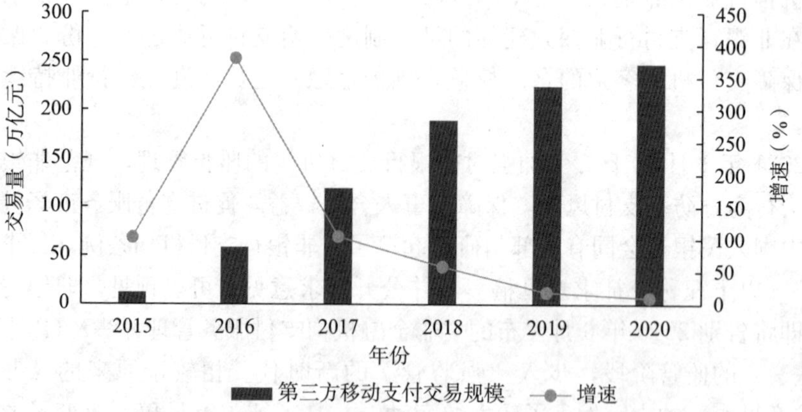

图2-3　2015—2020年第三方移动支付交易规模及增速

数据来源：艾瑞咨询，《2020年中国第三方支付行业研究报告》。

从第三方移动支付市场的发展过程来看，不同时期的主要增长点不同。2015—2016年是线上场景驱动阶段，电商、互金、转账的先后爆发持续推动

了移动支付的快速增长。2017—2019 年是线下场景驱动阶段，从 2017 年开始线下扫码支付规模全面爆发增长，线下场景的支付增速远高于线上场景支付的增速，引领移动支付向线下驱动阶段的转变。2019 年起，伴随互联网快速崛起的产业支付逐渐成为移动支付新的增长。

截至 2020 年底，第三方互联网支付交易规模 21.8 万亿元，较上年减少 3.2 万亿元，同比下降 12.8%，如图 2-4 所示。

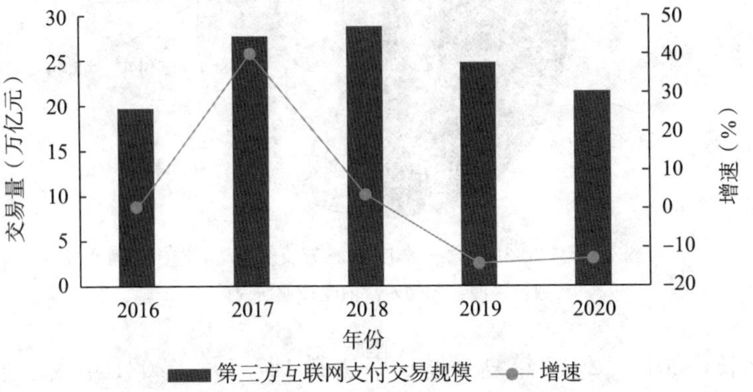

图 2-4　2016—2020 年我国第三方互联网支付交易规模及增速

数据来源：智研咨询。

（二）市场份额集中，呈现寡头垄断局面

目前，第三方支付竞争格局已基本形成，微信支付（腾讯金融）和支付宝等机构凭借着二维码支付，抢占线下市场，在第三方支付市场占据较大的份额。

2020 年第一季度，支付宝、腾讯金融和银联商务分别以 48.44%、33.59%和 7.19%的市场份额位居前三位，三者市场份额总和达到 89.22%，行业集中度较高，如图 2-5 所示。

（三）网络支付及移动支付业务用户数量稳步增长，市场基础持续夯实

根据 CNNIC 发布的第 46 次《中国互联网络发展状况统计报告》，截至 2020 年 6 月，我国网络支付用户规模达 8.05 亿，占网民整体的 85.7%；我国移动支付用户规模达 8.02 亿人，占手机网民的 86.0%。

（四）跨境支付业务增长显著，第三方支付机构加速布局

随着跨境电商的快速发展，跨境支付需求不断增长。随着国家监管部门在 2013 年对国内第三方支付机构放开，以支付宝为代表的支付机构开始发展跨境购物、汇款以及境外移动支付，国内第三方支付机构的跨境网络支付交易规

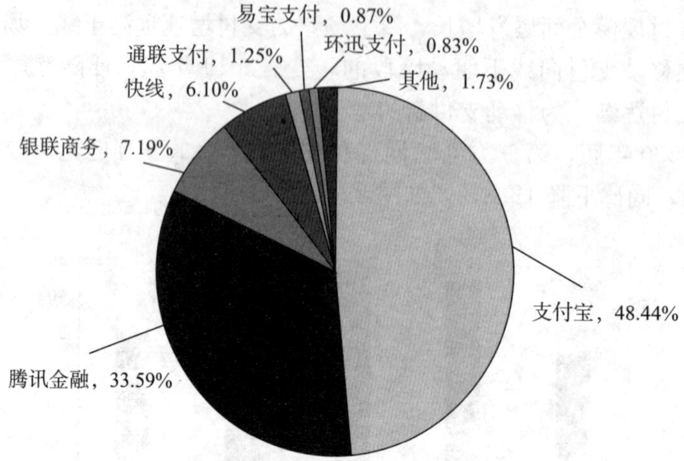

图 2-5　2020 年第一季度第三方支付市场竞争格局

数据来源：Analysys 前瞻产业研究院。

模迅速增长，2013—2017 年复合增长率达到 127.5%。2021 年我国第三方支付跨境业务交易规模为 11 247 万亿元，2022 年已接近 13 000 万亿元。

第三方支付机构积极布局跨境电商零售领域，主营跨境零售进出口的 B2C 业务，仅有支付宝等个别支付机构参与跨境 B2B 服务。中小支付机构面对境内 C 端市场头部垄断格局，转移重心向第三方跨境支付的收单、收款、结售汇业务发力。

专栏 2-2

国内互联网巨头布局跨境支付

第三方支付在国内一、二线城市相对饱和，支付竞争激烈，利润逐渐压缩；海外市场没有相对成熟的发展模式，费率更高。在内因和外因的双重驱动下，第三方支付巨头战场转移至海外，其中支付宝推出最早，先发优势明显；但微信后来者居上，布局速度快；银联利用渠道和合作优势，大拓疆土。

作为国内首屈一指的综合性互联网金融平台，支付宝的国际布局战略代表了我国跨境支付的出海路径。从目前来看，其战略布局包含三个举措，即服务国人出境游、搭建跨境电商以及构建海外金融平台。在服务国人出境游方面，支付宝通过与当地支付机构合作、与退税机构合作两种方式布局海外线下支付业务，前者凭借大量出国游客及支付宝的高渗透率，可以帮助当地商家吸引顾客，受国外商家及本土支付机构欢迎，后者通过与退税机构合作优化用户体验。在搭建跨境电商方面，建立“国际版天猫”全球速卖通，通过电商方式推动支付工具的推广。在构建海外金融平台方面，支付宝旨在成为其他国家的“支付宝”，而由于当地牌照限制，多采取收购当地支付机构的方式，并在后续持续提供技术、运营扶持。

目前，支付宝已经在英国、印度、菲律宾、印度尼西亚、马来西亚、巴基斯坦、孟加拉国、韩国、中国香港等国家和地区，落地了9个属于本地人的“支付宝”。截至2019年5月，支付宝已与全球250多个金融机构建立合作，一方面为海外商家和用户提供在线收付款服务，另一方面在全球54个国家和地区为中国消费者提供境外线下支付的服务。支付宝在境外的线下支付业务，集合了衣、食、住、行、玩、乐等各个领域的全球数十万商家，并且全球有超过80个机场，在使用支付宝进行即时退税。

腾讯在跨境支付业务的布局也不落后。目前，财付通的微信支付接入的国家和地区已增至40个、支持13种外币直接结算，有8亿用户绑定自己的银行卡账户，在全球范围具有大约10亿的用户。此外，腾讯提供的机场实时退税服务已覆盖全球80多个机场，回国退税服务覆盖韩国、德国、俄罗斯、意大利等27个国家和地区。2019年1月，微信支付和法国巴诗威百货公司合作打造智慧百货，引进微信支付智慧生态解决方案，并发布“智慧生活零时差”为主题的全球战略。2019年4月，微信与迪拜旅游局、EMAAR集团宣布推出“WeChat go欢迎计划”，推动“小程序＋微信支付”在迪拜及哈利法塔落地，中国游客可以用小程序购买门票。

第三节　第三方支付的模式

2013年之前，第三方支付主要以互联网支付为主，行业的增速由以淘宝为代表的电商引领。2013年之后，智能手机以及4G网络的快速普及大大推动了移动支付市场的发展，一方面，部分互联网端的支付规模转移至移动端；另一方面，人们在线下扫码支付、NFC支付的习惯养成推动了移动支付规模大幅增长。第三方互联网支付和移动支付是目前主流的第三方支付方式。

一、第三方互联网支付的模式

从第三方机构的功能及特色来看，第三方支付可分为支付网关模式和支付账户模式。从发展路径与用户积累途径来看，第三方支付的运营模式可以归为两大类：一类是独立第三方支付模式，如快钱、易宝支付；另一类是依托于自有的 B2C、C2C 电子商务网站，提供担保功能的第三方支付模式，如财付通、支付宝。两种模式的不同之处在于：第一类主要对接企业客户端，通过服务企业客户间接覆盖客户的用户群；第二类则主要对接个人客户端，利用用户资源的优势渗入行业之中。

（一）独立的第三方支付模式

独立的第三方支付模式是指第三方支付平台完全独立于电子商务网站，这类平台仅仅提供支付产品和支付系统解决方案，不负有担保功能。平台前端联系着各种支付方法供网上商户和消费者选择，同时平台后端连着众多银行（2017 年后第三方支付平台分批接入网联平台），由平台负责与各银行之间进行账务清算，同时提供商户的订单管理及账户查询等功能。

独立的第三方支付企业最初凭借支付网关模式立足。支付网关模式发展较早，是指其有独立的运营平台，为系统前端的网上商户和签约用户提供以订单支付为目的的增值服务运营平台，系统后端连着不同银行的专用网络，所以被称为“支付网关”，相当于商户到银行的通道。从整个过程来看，支付网关模式是一个把银行的签约用户连起来的虚拟通道，消费者通过第三方支付平台付款给商家，第三方支付为签约用户提供了一个可以兼容多家银行支付接口的平台。在支付网关模式中，支付平台是银行金融网络系统和互联网络之间的接口，为需要的商家提供网上支付通道，但不接触商家，这种模式起源于全球最大的支付公司 PayPal。其与支付网关模式所提供的服务相似度极高，只要攻破技术门槛，模式就很容易被复制，行业同质化竞争相当严重。第三方支付要树立起竞争壁垒，领先于行业，需要依靠“增值服务”为用户提供信用中介、商户客户关系管理（CRM）、营销推广等服务。这种增值服务的基础是用户信息，于是可以获得用户注册与登录信息的支付账户模式应运而生。这种模式国内以银联、快钱、易宝支付、汇付天下、拉卡拉、首信易支付等为典型代表。

独立的第三方支付模式的运营平台具有独立网关，灵活性强。主要面向 B2B、B2C 和 C2C 市场，为中小型商户或者有结算需求的政企单位提供支付解决方案。该模式能够根据不同企业、不同行业的个性化要求，面向大客户推出个性化的定制支付方案，从而方便行业上下游的资金周转，也使其客户能够便捷付款。虽然线上业务规模远比不上支付宝和财付通，但其线下业务规模不容小觑。独立的第三方支付的收益主要来自银行收益的分成，以及根据客户的不同提供不同的产品服务，根据不同的产品服务收取不同组合的年费和交易手续费。

专栏 2-3

易宝支付

易宝支付（YeePay.com）是主营B端业务的第三方支付公司，成立于2003年，专注于提供行业整体解决方案，使支付更加便捷、安全、智慧。易宝支付总部位于北京，全国设有30家分公司。

2006年，易宝支付首创行业支付模式，业内率先推出网上在线支付、信用卡无卡支付、POS支付、一键支付、电子钱包等产品，为航空旅游、行政教育、通信、保险、新零售、跨境、电力等众多行业提供了量身定制的行业解决方案。2011年，易宝支付首批获得中国人民银行颁发的支付业务许可证；2012年，易宝支付获得证监会颁发的基金销售支付结算许可；2013年，易宝支付首批获得国家外汇管理局批准的跨境外汇支付业务试点许可，并完成了全国第一笔跨境外汇支付交易；2016年，易宝支付成为首批苹果公司认证通过的安全支付服务提供商，支持商户App实现Apple pay服务；2018年，易宝支付独家支持国航电子钱包上线。

在"聚焦关键行业"的战略指导下，易宝支付不断创新，助力传统行业互联网升级。易宝支付以支付为入口和起点，深度把握行业客户的痛点和难点，通过定制化解决方案以及增值服务，解决支付、结算、账户等一系列问题，帮助客户提升效率、降低成本，推进普惠金融和数字科技发展。通过多年的持续深耕，易宝支付成为银联、网联、中行、农行、工行、建行等近百家金融机构的战略合作伙伴，服务的商家超过100万家。

随着经济全球化和数字金融时代的到来，易宝支付布局并实施全球化战略，与全球多个国家和地区开展不同形式的合作，全面拓展海外市场，赋能商业变革，领跑支付产业。

（二）有交易平台的担保支付模式

有交易平台的担保支付模式是指由第三方支付平台捆绑着大型电子商务网站，并同各大银行建立合作关系，凭借其公司的实力和信誉充当买卖双方的支付和信用中介，在商家与客户之间搭建安全、便捷、低成本的资金划拨通道。

在担保支付模式中，虚拟账户是核心。因为此类第三方支付平台需要暂时保存买卖双方的交易资金，而交易双方的交易资金记录是通过第三方支付的虚拟账号来实现的。第三方支付平台的每个用户都有一个虚拟账户，记录自己的资金余额，其背后对应的是该第三方支付平台的银行账户。达成付款的意向后，由买方将款项划至其在第三方支付平台的虚拟账户中，其实是将自己在银行的资金转到第三方支付平台在同一银行的账户，从而形成自己在虚拟账户中的资金。此时，卖家并不能拿到这笔钱，只有等买家收到所购买的商品或者服务，确认无误后，买方再次向第三方支付平台发出支付指令。第三方支付平台扣减买方虚拟账户资金，增加卖方的虚拟账户资金。最后，第三方支付平台将自己在银行账户中的资金向商户的银行账户划转以后，卖家才可以从账户中拿到这笔钱。这种模式实质上是第三方平台作为买卖双方的信用中介，以淘宝网的“支付宝”、腾讯的“财付通”为代表。

该模式拥有自身的客户资源，扮演担保中介角色，依据交易双方的交易记录建立交易主体的信誉档案，具有较高的可靠性。客户群体是面向 B2C、C2C 市场，向中小企业或者个人客户提供在线支付服务。网络购物的支付问题一直使买卖双方缺乏信任感，这就需要中立于买卖双方、既有技术实力又有担保信用的第三方来搭建这个桥梁，支付宝和财付通即在这种需求下应运而生，它们都是通过各自母公司的电商业务孕育而出的，本是作为自有支付工具出现。担保支付模式极大地促进了它们依附的电商网站的交易量，电商网站上的消费者也成为支付平台的使用者。担保交易模式所打造的信任环境为其带来了庞大的用户群，这些海量的用户资源为这类第三方支付平台创造了强大的优势地位，这是独立的第三方支付平台难以企及的。

二、第三方移动支付的模式

（一）移动支付的定义

根据 2012 年 12 月 14 日中国人民银行发布的《中国金融移动支付系列技术标准》中的定义，移动支付是允许用户使用移动终端对所消费的商品或服务进行账务支付的一种服务方式。具体地说，移动支付就是以智能手机等移动通信设备作为用户账户和应用等数据的存储载体和处理工具，利用线上无线通信设备和线下 POS 机、ATM 机等受理终端或线上无线通信网络，实现不同账户之间的资金转移与支付行为。移动支付不等于移动电话支付，移动支付的概念更为丰富。以中国人民银行对网络支付的业务定义为参照，移动支付包括了网络支付中的“移动电话支付”和基于移动通信终端的“互联网支付”。

移动支付的存在基础是移动终端（如手机）的普及和移动互联网的发展，可移动性是其最大的特点。移动支付在业务应用范围上和第三方支付相互交叉（如第三方移动支付），而近年我国移动支付发展迅速，移动支付的形式更加多样化，出现了短信支付、NFC 近场支付、语音支付、二维码扫描支付、手机银行支付、刷脸支付等移动支付形式。随着互联网技术的深入发展，移动支付因其方便快捷性已成为未来重要的支付趋势。

移动支付分为在线远程移动支付（远程支付）和线下近端移动支付（近场支付）两种。远程支付是指移动终端通过无线通信网络接入，直接与后台服务器进行交互，完成交易处理的支付方式。远程支付的典型代表如手机银行支付、微信支付、支付宝支付等。近场支付是指移动终端通过实体受理终端在交易现场以联机或脱机的方式完成交易处理的支付方式，或称之为现场支付。一般是指用户在购买商品或服务时，即时通过移动通信终端向商家进行支付，支付的处理在现场进行。支付方式有条码（二维码）支付、手机近场支付、声波支付、刷脸支付、无感支付等。

专栏 2-4

刷脸支付

近几年，金融科技迅猛发展，其中以刷脸支付为主的支付技术也在不断创新和升级。虽然刷脸支付在实现成本、场景搭建、数据安全等方面存在诸多困难，但仍被许多人认为，刷脸可能成为代替二维码的支付方式。

2018 年 12 月 13 日，蚂蚁金服在支付宝开放日活动上推出了刷脸支付新产品——“蜻蜓”。目前，“蜻蜓”已在北京首次落地，并接入多家线下门店，在降低商家接入成本的同时，提升收银效率。

相对支付宝，微信支付的刷脸支付推广则更加低调，并没有大规模地宣传。但在家乐福、天虹超市等零售商超均有相关产品落地。与此同时，银联也在 2018 年 12 月正式对外宣布，在北京和上海的多家商超推出刷脸支付服务。

总的来看，借助技术手段提升用户体验与保障支付安全是支付行业的必然出路，如何通过支付创新和技术创新，连接和整合客户、场景、数据等资源，将成为支付企业的核心竞争力。

（二）第三方移动支付的运营模式

按照运营主体不同，移动支付的运营模式分为以金融机构为主导的运营模式和以非金融机构（第三方）为主导的运营模式。本章介绍后者，主要包括三种：移动运营商模式、银联模式以及第三方支付机构模式。

1. 移动运营商模式

移动运营商模式由移动运营商在手机账户中设置专门的账户作为移动支付账户，直接从用户的话费中扣除移动支付所需的交易费用。这种商业模式的特点是运营商直接与用户和商家建立连接，无须银行等金融机构的参与，技术成本低。例如，用户下载手机铃声、游戏、小说等服务时，通过 SMS 或者 WAP 计费，将费用从用户的手机话费中直接扣除。这也是移动互联网行业中各公司（如新浪网和搜狐网等）进行业务收费时主要采取的模式。在这种模式下，收入主要来源于从商家获得的服务佣金和从消费者处获得的通信费，如果涉及金融机构的话，还需与金融机构按一定比例分成。该商业模式的优点是技术实现方便、操作简单；主要缺陷是不适用于对较大金额进行支付。

专栏 2-5

三大运营商发展移动支付业务

受移动终端普及和不断发展的影响，移动支付已经成为时下使用频次最高的支付手段。众多互联网公司开始建立自身的移动支付平台，其中支付宝和微信逐渐发展成为整个移动支付市场的领头羊。随着移动支付市场规模的进一步扩大，竞争逐渐激烈，三大运营商也纷纷建立起自己的移动支付平台，通过进一步延伸自身业务边界来提升客户价值，希望利用亿万客户资源的优势掀起移动支付市场的新一轮混战。

三大运营商的移动支付平台分别为中国移动的“和包支付”、中国电信的“翼支付”以及中国联通的“沃支付”。

“和包支付”。2017 年“和包支付”总交易额为 20 381 亿元，突破两万亿元大关，是 2016 年交易额的两倍，注册用户已达到 2.5 亿人，一跃成为央企电商领头羊。

“翼支付”。2011 年起，中国电信着手布局互联网金融板块，推出翼支付业务并获得中国人民银行颁发的第三方支付牌照。此后，电信进一步构建包括翼支付在内的“甜橙金融”品牌，探索、创新和实践“通信＋支付＋金融”差异化商业模式。经过 7 年的发展，现已拥有超 4.5 亿用户，其中月均活跃用户数近 4 000 万、商户数超 400 万，同时支持国内 1 800 多项水、电、煤、气等民生缴费服务，2017 年全年翼支付累计交易额近 1.6 万亿元，同比增长 53%。

“沃支付”。2016 年，联通支付有限公司支撑主业发展、打造“通信＋支付＋理财”一体化平台为目标的发展模式初见成效，当年沃支付实现了交易量翻番的目标。至 2018 年，沃支付年交易额将有望突破 5 000 亿元。

从交易额数据可以看出，“和包支付”和“翼支付”的发展规模远在“沃支付”之上，这主要因为“沃支付”建设发展时间较短，用户规模和合作商户规模均落后于“和包支付”和“翼支付”。

2. 银联模式

2002年3月，由85家金融机构联合组建的中国银联成立。中国银联是中国银行卡联合组织，通过银联跨行交易清算系统，实现商业银行系统之间的互联互通和资源共享，保证银行卡跨行、跨地区和跨境的使用。中国银联独立于银行和移动运营商，利用移动通信网络资源和金融机构的各种支付卡，实现支付的身份认证和支付确认，通过中国银联的交易平台，用户可以实现跨银行移动支付服务。

银联模式的优势在于银联发展规模大。作为我国银行卡信息交换网络的金融运营机构，已与境内外数百家机构展开广泛合作，全球银联卡发卡量超过46亿张，银联网络遍布中国城乡，并已延伸至亚洲、欧洲、北美洲、南美洲、大洋洲、非洲等150个国家和地区。银联运营模式的劣势是无法直接掌握客户这一关键资源，也无法直接控制客户的账户资源。

专栏2-6

银联“云闪付”

2017年12月11日，在中国人民银行的指导下，中国银联携手商业银行、支付机构等产业各方共同发布银行业统一App“云闪付”，按照统一接口标准、统一用户标识、统一用户体验的原则，整合了银行卡金融服务资源，提供了更有竞争力，更具差异化的支付新服务。

经过4年多的发展，云闪付App已迭代至最新的9.0版本，不断完善跨行银行卡账户管理能力，形成独特的核心优势。目前，云闪付App已支持757家银行借记卡余额一键查询，支持160余家银行信用卡还款和账单查询，转账、信用卡还款均零手续费。以“查、转、还”核心功能为基础，云闪付App还为用户提供68家银行的1 100余款信用卡产品申卡服务，累计核发卡超过60万张。截至目前，云闪付App累计注册用户已达到4.6亿。

目前，云闪付App已广泛渗透至公共交通、便民缴费、餐饮商户、高校等消费者日常生产生活场景，以支付服务链接商户与消费者，传递市场信息。通过云闪付小程序开放平台，云闪付App已实现小程序入驻、上线、经营的全面自助化，为商户提供支付、营销、资金、安全、基础、会员、资源7大类商户经营底层能力，目前云闪付App小程序数量已超过2 000个；推出跨机构营销资金清算服务和面向全行业服务的一站式活动运营服务平台，支撑了超过

240个地级市政府消费券发放，助力超200家银行开展用户及发卡经营活动，成为政府、银行、商家开展助商惠民、提振经济、客户经营的重要支撑。

3. 第三方支付机构模式

第三方支付机构指的是按照有关规定取得中国人民银行颁发的支付业务许可证，被允许从事移动支付的非金融机构。这里的第三方支付机构不包括中国银联，而且独立于移动运营商和银行，第三方支付机构利用移动通信网络资源，与银行或移动运营商开展合作，利用手机客户端软件来实现无线支付，从而提供综合性结算服务。

目前，以支付宝、财付通为主的第三方支付平台正在依靠庞大的用户群不断发展成为控制终端消费人群的支付工具。在这种商业模式下，第三方支付服务商的收益来源主要是用户的业务使用费和银行、移动运营商和商户的设备与技术使用许可费，其中收取的用户业务使用费还需与银行及移动运营商进行分成。相较于前两种运营模式，第三方支付机构模式最大的优点是能利用其支付平台，将移动运营商、服务提供商、金融机构和平台运营商进行明确分工，优化参与者之间错综复杂的关系从而提高整体运作效率；与各金融机构和运营商开展合作，能为消费者提供跨银行和运营商的移动支付服务。缺点是需要协调各方资源和利益关系，无形中增加了自身的运营成本和工作量，且在市场、资金、技术和能力等方面均对第三方有较高的要求。

专栏 2-7

微信支付

微信支付是由腾讯公司与腾讯旗下第三方支付平台财付通（Tenpay）联合推出的互联网创新支付产品，是集成在微信客户端的支付功能，用户通过手机可完成快速的支付流程。

微信支付以绑定银行卡的快捷支付为基础，向用户提供安全、快捷、高效的支付服务。从本质上来讲，微信是个前端渠道，后端业务走的是财付通。换言之，微信端完成的是业务场景，支付转移系统等后台处理则为财付通。

微信支付的操作流程是：微信用户首先要在个人资料里添加银行卡，完成与银行卡的绑定。绑定银行卡时需要填写银行卡卡号、身份证号、姓名、手机号，并通过手机号验证身份，如果以上信息准确无误，即可完成绑定。一般情况下，用户需要设定一个微信支付密码，并且这个密码必须与银行支付密码不同。完成银行卡的绑定之后就可以进行支付了。

微信支付主要有以下几种方式：

(1) 手机支付：用户可以使用微信 App 扫描商家提供的二维码，完成支付。

(2) 刷卡支付：商家可以使用微信支付的刷卡设备，让用户刷卡完成支付。

(3) 公众号支付：商家可以在自己的微信公众号中接入微信支付，让用户在公众号中完成支付。

(4) 小程序支付：商家可以在自己的小程序中接入微信支付，让用户在小程序中完成支付。

微信支付的优点是快速、方便、安全，用户可以随时随地完成支付和转账，同时微信支付也提供了多种安全保障措施，如指纹、人脸识别等，保护用户的资金安全。微信支付在中国已经得到广泛应用，成为人们日常消费和交易的主要方式之一。

第四节 第三方支付的风险与防范

第三方支付作为一种基于互联网的新兴支付方式，虽然具有快捷、方便、低成本、安全等优点，但它也是一把双刃剑，其蕴含的多种风险与隐患也不容忽视。本节主要探讨第三方支付的风险类型及防范措施。

一、第三方支付的风险

目前，第三方支付行业的风险主要包括法律风险、操作及合规风险、信用风险、经营风险和技术风险等。

(一) 法律风险

第三方支付机构是货币资金运行涉及的主体之一，作为金融创新的产物，会不可避免地遭遇法律风险，较为突出的是在反洗钱方面存在一些风险控制漏洞。

第三方支付的支付流程设计为套现、洗钱等非法交易活动提供了可乘之机，这使第三方支付平台极易成为资金非法转移和套现的工具。第三方支付公司的客户账户开立过程中，大部分是通过网络电子渠道完成，而非在传统金融机构的柜台办理，这种不需要柜台面签的开户方式对核查识别客户身份信息真实性的难度加大，容易出现不法分子利用虚假账户、自我交易等途径进行洗钱或者套现的风险。

1. 虚假交易引发的洗钱风险

支付机构普遍存在履行客户身份识别义务不到位的问题，假名账户、匿名账户大量存在，而这些匿名账户的背后，又关联着一些虚构的公司企业等各种经济组织。不法分子通过虚构交易，利用支付账户将资金归集、流转，隐蔽性极强，洗钱风险极大。

2. 自我交易与套现的洗钱风险

如今，利用支付工具（POS 机）套现已是业内公开的秘密，支付机构也为不法分子的自我交易提供了通道。支付机构对客户准入没有门槛，不法分子利用 POS 机进行自我交易、套现。由于资金流转过程中多了支付机构这层“中介”，自我交易很难发现。

3. 跨境支付中的洗钱风险

跨境支付平台作为支付中介，只对买卖双方选择的银行进行资金操作，再向合作银行、境内外买卖双方进行资金结算和信息反馈，存在一定的洗钱风险隐患，可能无法通过有效的渠道来验证客户的基本信息和核实客户交易的真实性。

4. 非法注资引发的洗钱风险

除了作为支付通道外，支付账户还可以像银行账户一样有理财、储值的功能。客户资金一旦从银行进入支付账户以后，就很难被追踪和监管。不法分子通过支付账户，以购买有价证券、虚拟产品的方式转移资金，监管难度较大，隐蔽性较强，洗钱风险很大。

专栏 2-8

第三方支付平台实名制管理存漏洞　沦为洗钱绿色通道

2018 年，深圳警方破获一起新型电信网络诈骗案，相关涉案团伙在 10 余天内骗取 700 多万元，而利用第三方支付渠道洗钱，是这个案件的最后一环。目前，部分第三方支付平台存在账户未实名注册、管理不规范等问题，致使一些账号可以在网络上直接买卖，部分平台沦为电信诈骗团伙套取、漂白非法资金的“绿色通道”。

1. 被用来转移赃款，沦为洗钱渠道

据深圳市反电信网络诈骗中心负责人介绍，诈骗团伙利用第三方支付平台转移赃款和洗钱的手段一般包括 3 种，即通过第三方支付平台发行的商户 POS 机虚构交易套现；将诈骗得手的资金转移到第三方支付平台账户，在线购买游戏点卡、比特币等物品后转卖套现；将赃款在银行账户和第三方支付平台之间多次转账切换，逃避公安追查。

“通过第三方支付平台洗钱，除了及时止付没有更好的办法。”该负责人说，以前诈骗分子是以银行卡对银行卡的方式转款，追查起来相对容易。但现在，诈骗分子先通过银行卡转到第三方支付平台，再从此平台分转至多张银行卡取现。一些第三方支付平台就像一个庞大的“资金池”，已成为电信诈骗团伙套取、漂白非法资金的“绿色通道”。

北京市公安局统计显示，2015 年以来，当地成立的打击防范电信犯罪领导小组，累计已经帮助受害人挽回十几亿元的损失。公安机关调查还发现，七成被骗资金是通过第三方支付平台转移走的。

2. 实名制管理存漏洞，账号可买卖

深圳等多地警方在侦查办案中发现，部分第三方支付平台在实名制等管理方面存在漏洞，增加了监管和追查的难度。

中国人民银行网站显示，目前我国有 243 家持牌支付机构。易观数据显示，2017 年第四季度我国非金融支付机构综合支付业务的总体交易规模已达 49.66 万亿元。

为数众多的支付机构鱼龙混杂。深圳警方在侦查办案中发现，一些第三方支付平台的账号可以在网络上直接买卖，第三方支付账号往往冒用身份信息就可以申请办理，在注册账户时未做到实名制，相关注册信息、手机号码、身份证号码、营业执照等信息没有尽到核查义务，导致侦查中资金流中断、线索灭失。

（二）操作及合规风险

操作风险是指由于不完善或失效的内部流程、人力和系统以及外部事件所引发的风险。第三方支付作为近几年才发展起来的新兴业态，具有支付场景丰富、支付方式快捷方便的特点，而相关监管政策也处在不断完善的过程。第三方支付公司普遍成立时间短，创新产品多，支付功能向多领域衍生，很多公司对业务发展与风险管理的关系认识不足，部分第三方支付企业存在自身管理机制不够健全，内部控制制度不成熟或者相对滞后等问题。在业务发展过程中“重发展、轻风险”，不是首先练好内功，主动加强风险防范，而是钻政策空子、打擦边球，甚至在利益驱使下不惜损害消费者权益，违法违规。

2020 年上半年，21CN 聚投诉受理全国消费者对第三方支付行业有效投诉量达 15 114 件，当期确认投诉解决量为 8 422 件，解决率为 55.7%。整体来看，第三方支付机构侵害用户权益的行为仍然屡禁不止。据统计，2020 年客户投诉及企业违规行为中，资金到账延迟、支付企业恶意克扣用户资金、未经用户允许确认交易等现象成为2020年新的投诉热点。

专栏 2-9

第三方支付机构违规被罚

2022年11月末，某第三方支付机构L公司被国家外汇管理局罚款1 095万元，原因是违反规定将境内外汇转移境外。

L公司是被罚界的常客，如2022年1月因违反外包管理规定等被罚608万元，同年3月被罚77万元；2021年7月因给身份不明的客户提供服务或与其进行交易被罚761万元。上一次第三方支付被罚这么重还是在2021年支付机构G公司因12项违法违规行为——违法所得只有261万元，但被罚了6 710万元。

中小支付机构被罚更是常事，2020年第三方支付机构合计罚没总金额4亿元，2021年约为1亿元。2022年前三季度，金额已经达到了约1.3亿元。

中国人民银行10余年来共发出271张支付牌照，目前还剩下有效支付牌照201张。从2011年5月开始发放支付牌照，五年为一个周期，五年续展一次。大多数支付机构成立于2011—2015年，2016年开始中国人民银行就不再发放新的支付牌照。2021年和2022年是多数支付机构续展的时候，而多数机构却倒在了这个时候。2021年90家牌照到期成功续期74家，意味着16家注销或清退，2022年以来又有23家支付机构被清退。

清退或注销，大多因为支付机构基于生存压力，铤而走险发展违规业务，继而在续展支付牌照时被中国人民银行除名。

（三）信用风险

信用风险也称违约风险，是指因交易对手不愿或不能履行合同而造成的风险。第三方支付机构起到了信用中介的作用，虽然在一定程度上填补了信贷市场的制度缺陷，但同时也增加了信用风险。第三方支付的信用风险又可分为第三方支付机构自身的风险和交易对手风险两种。

1. 第三方支付机构的风险

第三方支付机构自身的信用风险是指因经营不善、风险管理不充分，甚至违规操作，不能履行中介支付和担保作用而产生的风险。第三方网上支付机构掌握了大量买方和卖方的基本信息和交易数据，如果这些信息和数据被其泄露、挪作他用或进行交易，则会给交易双方带来潜在的风险，甚至造成经济损失。第三方的信用支持不仅仅来源于银行的参与和相关政府部门的监管，更为重要的在于平台所依附的企业“靠山”，如支付宝和阿里巴巴、PayPal 和 eBay、财付通和腾讯，对于独立第三方支付企业来说，没有可依靠的知名平台做信用背书，信用风险控制则存在一定的缺陷。

2. 交易对手风险

交易对手风险主要是指由于线上支付过程中买卖双方、第三方支付机构及银行各方之间没有完成义务而导致的风险。买方没有履行义务会增加第三方支付机构的运营和征信成本；卖方没有履行义务会导致买方资金、时间成本的损失，也会增加第三方支付机构的运营成本和征信成本，使得机构本身的信用度受损；银行违约会给第三方支付带来流动性风险。

（四）经营风险

过去几年，互联网巨头不断蚕食市场，以更低的价格、更好的服务、更多的增值服务占据了 90%以上市场，第三方支付机构受到影响纷纷降低支付服务的费率，以此确保自身的优势。但截至目前，第三方支付机构除牌照以及互联网巨头拥有的客户端流量优势外，并无其他明显优势。在此背景下，2017 年底“断直连”及备付金等相关政策出台，支付机构的基础支付服务利润空间进一步被挤压。

根据部分第三方支付公司 2020 年的业绩数据，从经营情况来看，诸多机构出现亏损，仅少数支付公司实现盈利或增长。未来第三方支付机构业绩仍将进一步分化，受转型不及时、频频被罚等因素影响，一些机构营收下降或成本上升，进而带来业绩亏损。在经营受压下，部分中小支付机构选择退出市场，将支付牌照及业务统一并购甚至注销。

专栏 2-10

中小第三方支付机构经营受压

在第三方支付市场上，一般支付业务面临的主要难题是支付宝和微信支付的寡头垄断。一方面，支付宝 App 和微信 App 所嵌入的支付业务都有完整的账户体系，并且不依赖手机，也就是所谓支付“破圈”。另一方面，线下业务支付宝和微信都有庞大的线下商户合作场景。

在中国，要像国际支付巨头 PayPal 那样挣支付手续费的钱，已经没有了市场基础。

PayPal 的商家手续费通常在 3.9%～4.5%。它像一架印钞机器，2020 年上半年营收 639 亿美元，净利润为 16.14 亿美元。同期，支付宝的费率只有 0.5%，营收约为 260 亿美元。

同期，支付宝的交易规模118万亿美元，PayPal全球支付总额约合人民币5.19万亿元，前者约是后者的22倍，营收却约为后者的40%。

所以在中国，C端支付要靠收手续费盈利，就拼不过支付宝和微信支付，只能靠规模挣钱，而这些又是中小支付机构没有的。除了头部的几家之外，大多第三方支付都是B端业务，即聚焦于商铺的银行收单等业务。2020年以来的三年疫情直接冲击线下商业也间接传导到支付机构的营收上。

（五）技术风险

技术风险是指电子信息系统（如通信设施、计算机设备、供电等）在网上交易支付过程中发生技术故障，或容量、运作不能保障支付业务高效、有序、顺利地进行，使交易不能正常进行，进而带来的损失。第三方支付平台的安全性始终是网上支付的首要课题。客户在第三方支付平台上进行商品交易时，客户的身份、交易情况等信息都会被保存在第三方支付信息系统中，如果支付平台出现安全漏洞，不法分子会利用这个漏洞植入木马病毒，盗取客户的交易密码等重要信息，利用非法手段擅自划转客户资金，导致客户的资金被盗用，带来严重的后果。一些第三方支付机构往往缺乏防范和应对风险的经验，在保护资金安全上缺乏有力的保障机制和保障手段。在新的服务功能上线时，往往只注重第三方作为支付中介功能的创新，忽视了对相关风险治理配套体系的创新，有可能会出现安全隐患。

专栏 2-11

第三方支付频现盗刷　风险漏洞敲警钟

近年，我国支付产品与服务尤其是移动支付不断推陈出新，快速发展，为我们的生活带来了方便快捷，但同时随之而来的风险也不容忽视。第三方支付客户遭遇盗刷案件频发，第三方支付的风险和漏洞再次引发各方关注。

“微信万余元被盗，如何能安心？”这是一个网友发的微博，该网友称，一夜之间，失去了微信零钱包以及所绑卡内的万余元。网友质疑，为什么这么大的交易金额不需要验证码，也没有短信通知就通过了呢？

同样，另一网民在《我用十天追回某宝盗刷款25 000元的奇葩经历》一文中自述，在其本人不知情的情况下，其绑定的手机保持某宝登录状态下，他人使用其他手机不仅顺利登录了其某宝账号，还发生了两笔大额消费，共计2.5万元。事件发生后，某宝回应称：“我们没有第一时间监测到这个风险，导致用户没有及时收到相关安全提醒。”

显然，某宝并不认为自身安全机制存在“漏洞”，更不认为自身需要为用户遭遇被“盗刷”而承担责任，也更别枉谈可能会“全额先行赔付”用户损失了。

根据2016年7月1日起施行的《非银行支付机构网络支付业务管理办法》第十六条规定，对于类似“登录和注销登录、身份识别和交易验证”等客户网络支付业务操作行为，支付机构应当在确认客户身份及真实意愿后及时办理。某宝在客户登录及支付等环节上对异常登录及支付验证风险提示不充分，对登录人的真实身份核验不严格，显然违反了上述规定。

某宝在用户非本人登录账号时未提示，以及登录设备为非常用设备并发生大额支付前未提示等环节上存在明显的“漏洞”，是致使用户某宝账户被他人成功“盗刷”的关键所在。

二、第三方支付的风险防范

第三方支付行业是一个新产业，和其他产业一样，发展过程中必将受到诸多阻碍，未来也不可避免地接受更多的风险挑战。第三方支付的风险防范离不开中国人民银行的监督和指导。2016年以来，为了整治第三方支付乱象，监管层密集下发了支付账户实名制、备付金存管、无证支付清查、“断直连”、条码支付规范等相关政策文件，整顿支付服务市场秩序，化解和防范支付领域风险，通过搭建网联集中清算平台，实施备付金集中存管等方式，引导市场主体回归业务本源，使我国第三方支付行业进入全面监管、规范创新的新阶段。

现阶段，第三方支付的风险防范主要从以下几个方面入手。

（一）提高第三方支付监管的法规层级

目前，第三方支付行业监管法规层级较低，惩戒力度不大，震慑力不足，多数以管理办法的规章及规范性文件形式体现。亟待出台法律位阶较强的行政法规对当前的违法违规现象予以更有效的规制，从第三方支付的使用范围、监管权力、风险防范与保障等方面做出界定，使监管部门在处罚第三方支付机构时有法可依，对于违法提供支付结算等行为予以严厉打击，以便维护支付市场秩序。

（二）健全第三方支付反洗钱制度

目前，我国反洗钱法律体系是以《中华人民共和国反洗钱法》为核心，该法的附则中对金融机构的范围进行了列举，由于第三方支付机构不属于金融机构，未将其纳入其中，未能有效地进行监管，使其存在着较大的洗钱风险。因此，需要国家制定相应管理办法、搭建管理平台引导第三方支付行业依照标准进行自我整治和调整，明晰其应尽的责任与义务。第一，要对用户资金来源实施金额审查。建立用户账户资金预警机制，当其账户资金往来超越合理限度，严格执行用户资金审查制度，一方面要求用户出具相关材料证明其资金来源合法，另一方面由平台的专门反洗钱部门进行调查，确保资金合法性。第二，建立洗钱风险评估制度。定期对所有客户开展反洗钱风险评估，对于反洗钱评级较高的客户，降低平台资金使用限额；并将风险评估报告定期提交给监管部门或者中国支付清算协会。

（三）合规经营，强化内部控制

第三方支付机构的业务经营要符合监管要求，不越红线，以合规为本。首先，监管部门在制度建设发挥引导作用的同时，向第三方支付机构传导正向激励与负面惩戒并重的监管理念，让第三方支付行业的守法守规自发化、常态化、常规化。其次，第三方支付机构要设立合规风控部门，当员工出现舞弊、操作不合规等行为时给予及时的预警和处理。最后，健全内部管理机制，树立合规经营理念，加强对从业人员合规意识、合规技巧的教育培训。

（四）加强网络安全，确保支付系统安全

第三方支付机构要在网络安全方面增加投入，加强技术研发，确保第三方支付系统安全可靠。一是可组建技术团队或委托专业安全服务机构对系统进行测评，对系统的安全隐患做到事前及时发现、事中有效修复、事后积极弥补，定期对网络平台进行漏洞排查，防止客户信息被盗取，确保客户信息的存储安全。二是强化身份认证环节技术应用，通过利用双因素认证、生物识别等手段提高客户身份验证的安全标准，以保证客户的基本信息和资金安全。

（五）创新产品和服务，打造多元化盈利模式

由于低费率、高度竞争和市场营销，第三方支付机构的直接利润被严重压缩。面对日趋激烈的市场竞争，第三方支付机构需通过产品创新、业务创新和服务创新来避免同质化，通过为商户提供增值业务解决方案来提升竞争优势。支付作为商业活动的最后闭环，掌握着信息流、资金流和物流，支付也成为第三方支付机构打造生态系统的核心基础设施。第三方支付机构可以对掌握的数据进行挖掘和应用，衍生出相关的信贷、账户、营销等增值服务，致力于为客户提供基于场景的无缝高效交易服务体验。支付的盈利模式需要多元化，可能来自广告营销、消费金融、财富管理等。

（六）加快第三方支付行业数字化转型

数字经济发展对支付行业数字化转型提出了新要求，第三方支付机构顺应发展新潮流，以推动高质量发展为目标，加快数字化转型步伐。目前，我国第三方支付行业数字化发展还处于初级阶段，发展战略和落地执行有待加强，数

据治理能力有待提升，新技术与机构自身系统的兼容程度、产品业务的融合程度还有待挖掘。

支付行业数字化转型是一项长期的系统性工程，需要多方协同推进。监管部门应及时出台数字化转型相关标准规范与发展指引，划定第三方支付数字化发展守正创新边界，为行业发展保驾护航。第三方支付机构应深刻把握经济社会数字化转型趋势，自上而下培育数字化理念，结合自身资源禀赋和市场定位，制定实施数字化转型发展战略，构建适应数字化发展的管理模式和组织架构，加强线上线下渠道一体化建设，打造数字化时代核心竞争力。行业协会可充分发挥前置性作用，联合政、产、学、研、用多方力量，推动数字化转型成果及时转化和共享，同时以支付行业安全风险防范、金融消费者保护为切入点，加强支付产业数字化创新业务自律管理。

三、第三方支付的发展趋势

（一）第三方移动支付规模将进一步扩大，支付场景持续拓展

由于第三方支付 App 的活跃，使得人们逐渐习惯于使用第三方移动支付进行支付，并成为移动支付中市场规模最大的一环。2023 年 2 月，中国银联发布了《2020 移动支付安全大调查报告》，根据调查数据，有 98%的受访者将移动支付视为最常用的支付方式，平均每人每天使用移动支付三次，其中条码支付最受欢迎。可以预见未来第三方移动支付市场规模还会进一步扩大。

随着新零售业务的发展，第三方支付机构大力推广线下移动支付，我国支付行业进入条码支付时代。条码支付的线下场景十分丰富，其中，支付宝和微信支付等支付机构占据了主要的 C 端消费者用户，其他支付机构在餐饮、休闲娱乐、商超、医疗等 B 端领域进行支付基础设施的投入和布局。随着移动支付的普及，支付场景也将持续拓展，扫码支付的应用领域将进一步下沉。

（二）服务生产制造的空间巨大，聚焦细分领域的产业支付将是大势所趋

第三方支付在继续深耕消费服务端的同时，生产服务端将迎来巨大空间。C 端市场格局基本形成，聚焦细分领域的产业支付将是大势所趋。在个人端支付市场中，支付宝和财付通两大第一梯队支付机构已和第二梯队支付机构形成较大差距，转向产业端寻求新的增量市场成为其他支付机构的关键突破点。2019 年以来，行业监管要求进一步提升，伴随“无证机构”的出清，整体行业规范性得以进一步提升，同时伴随行业多年发展，费率与模式的成熟化与统一性均表明产品能力已不再是最主要的竞争力。服务生产制造的潜在空间巨大，聚焦垂直细分领域，围绕核心场景构建服务优势，将是第三方支付机构的发展方向。第三方支付在产业端的应用，有助于实现供应链“商流、信息流、

物流、资金流”四流合一，而且随着交易数据的沉淀，逐渐形成垂直细分行业大数据，基于大数据进行风险建模，使得“用户、场景、风控、数据”交互印证，为垂直细分行业供应链链条上各个交易主体提供基于交易数据的征信，对传统的主体征信方式形成了有效补充，能够有效推动供应链金融和普惠金融在垂直细分领域的发展。

（三）生物识别技术应用于网络支付场景

指纹、人脸、虹膜等生物识别技术在网络支付领域已不再是陌生词汇。用户在支付环节不需要输入密码，通过对采集到的指纹、人脸、虹膜等生物特征与数据库中存储信息比对完成验证，简化了认证流程，节省了认证时间，也避免在输入密码时被盗取信息的风险。生物识别技术已应用于App登录时的身份验证环节，部分线下零售店也开始用此技术进行付款。目前，多家市场主体正在尝试将人脸、指纹、虹膜、语音、静脉等生物特征识别技术与其他安全有效的技术手段用于客户身份识别和交易验证，并研究相关信息采集、处理、应用、储存等环节的标准规范。生物识别技术的应用，无疑会提升支付便捷性与安全性。

（四）第三方支付机构加快国际化步伐

随着我国开放型经济逐步向纵深方向发展，金融领域双向开放不断深化，伴随着“一带一路”倡议带来的沿线政策沟通、设施联通、贸易畅通、资金融通、民心相通的稳步推进，第三方支付机构出海已成为历史发展的必然和自身国际化的重要机遇。事实上，随着国内支付市场趋于饱和，腾讯、阿里等互联网巨头早已将目光转向了跨境支付领域。第三方支付机构通过在海外布局，可以在更广的地域范围中满足用户的需求，扩展衍生业务。更重要的是，通过不断拓宽地域，支付宝、微信支付已不再定位是中国领先的支付机构，而是全球性的钱包，打通各国家和地区的用户、商户、合作机构、资金流和信息流，成为面向全球用户的金融服务提供商。未来的市场主体将整合全球支付＋消费者＋商户网络，为全球电商和消费者交易提供无缝、高效的支付服务，并参与和制定国际化的标准，不断提升我国第三方支付在国际社会中的核心竞争力。

延伸阅读

非银支付新规正式发布

2023年12月17日，《非银行支付机构监督管理条例》（以下简称《条例》）公布，自2024年5月1日起施行。这是非银行支付机构监管领域的首部行政法规，也是中央金融工作会议召开后出台的首部金融领域的行政法规。

中国支付清算协会指出，该《条例》加大了对支付机构功能定位和发展的指引，大幅增强了用户权益保护力度，在全面加强监管、防范和化解风险方面形成更有力的法律保障，对于行业发展的重点热点问题作出了回应，是非银行支付业务健康可持续发展的“基本法”。

具体来看，《条例》共六章六十条，在非银行支付机构的定义和设立许可、完善支付业务规则、保护用户合法权益以及明确监管职责和法律责任四方面作出重点规定。重点规定了以下内容：

一是明确非银行支付机构的定义和设立许可。将非银行支付机构定义为除银行业金融机构外，根据用户提交的电子支付指令转移货币资金的公司。规定设立非银行支付机构应当经中国人民银行批准，明确设立条件并严把准入关。明确非银行支付机构应当以提供小额、便民支付服务为宗旨，未经批准不得从事依法需经批准的其他业务，不得从事或者变相从事清算业务。

二是完善支付业务规则。适应支付业务发展需要，将支付业务分为储值账户运营和支付交易处理两类，并授权中国人民银行制定具体规则。明确支付业务管理要求，规定非银行支付机构应当健全业务管理等制度，具备符合要求的业务系统、设施和技术，确保支付业务连续、安全、可溯源。明确支付账户、备付金、支付指令等管理规定，要求支付账户以用户实名开立，非银行支付机构不得挪用、占用、借用备付金，不得伪造、变造支付指令，防范非银行支付行业风险。

三是保护用户合法权益。规定非银行支付机构与用户签订支付服务协议，其条款应当按照公平原则拟定。非银行支付机构应当保障用户资金安全和信息安全，不得将相关核心业务和技术服务委托第三方处理；妥善保存用户资料和交易记录，建立有效的尽职调查制度，加强风险管理；采取有效措施保障支付账户安全，防范支付账户被用于非法集资、电信网络诈骗、洗钱、赌博等违法犯罪活动。

四是明确监管职责和法律责任。规定非银行支付机构的监督管理应当贯彻落实党和国家路线方针政策、决策部署，围绕服务实体经济，统筹发展和安全，维护公平竞争秩序。明确中国人民银行的监管职责、监管措施及风险处置措施等，地方人民政府配合中国人民银行做好风险处置工作。《条例》还规定了违法行为的法律责任。

资料来源：证券之星，https://www.stockstar.com/，2023年12月18日。

3

第三章
网络借贷

随着互联网的蓬勃发展，通过网络进行借款逐渐成为趋势。网络借贷具有高效便捷、低成本等优势，借款人可以足不出户完成借款的各项步骤，使得金融服务变得更加普惠和简单。

网络借贷为排斥在传统融资渠道外的借款人提供了一个融资平台，在拓宽民间融资渠道、扩大民间借贷的资金供给量等方面发挥了积极的作用，但网络借贷的实质是贷款业务，其风险不容小觑。

网络借贷包括个体网络借贷（即 P2P 网络借贷）和网络小额贷款。鉴于 P2P 网贷平台已被清退，本章重点分析网络小额贷款。

第一节　网络借贷概述

网络借贷是指通过互联网平台完成资金借贷，实现资金融通的过程，包括 P2P 网络借贷和网络小额贷款。

一、P2P 网络借贷

（一）P2P 网络借贷的定义

P2P，即英文 peer to peer 的简称，是一个互联网概念，表示互联网的端对端信息交互方式和关系发生特征。该交互是在对等网络中实现的，不通过中间工作站平台。P2P 在互联网金融领域，常用来代表 P2P 网络借贷，即点对点（个人对个人）借贷，它是指资金需求方和供给方依托 P2P 网络借贷平台，将自己的投资或借贷需求发布在平台上进行匹配、确立借贷关系并完成相关交易手续。在P2P网络借贷中，借贷双方的信息获取和资金流向脱离了传统的资金媒介。从这个意义上讲，P2P网络借贷涵盖在“金融脱媒”的概念里，其本质与民间借贷一致，属于直接融资，其基本运作原理如图3-1所示。

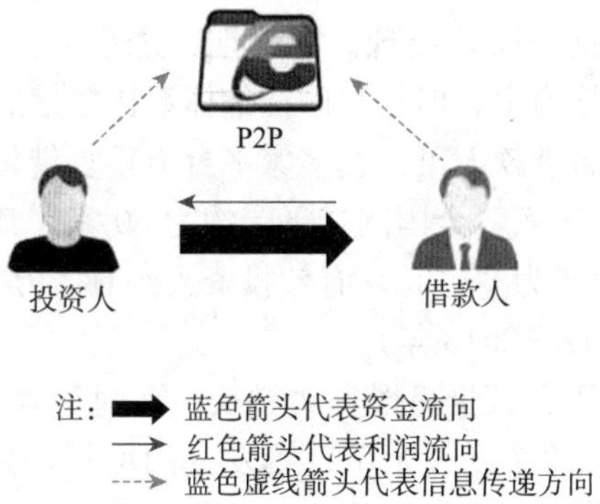

图3-1　P2P基本运作原理

在该模式中，存在一个中间服务方——P2P借贷平台，主要为网络借贷的双方提供信息流通交互、信息价值认定和其他促成交易完成的服务，但不作为借贷资金的债权债务方，即使有些P2P平台通过相关形式（银行或第三方支付平台账户）提供了资金的中间托管结算服务，也依然没有逾越“非债权债务方”的边界。

P2P网络借贷最早起源于英国。2005年3月，Zopa在英国开始运营。Zopa全称为英国Zopa网上互助借贷公司，Zopa是“可达成协议的空间（zone of possible agreement）”的缩写。Zopa的创立者为理查德·杜瓦（Richard Duvall）、詹姆斯·亚历山大（James Alexander）、萨拉·马休斯（Sarah Matthews）和大卫·尼克尔森（Dave Nicholson）四位年轻人，他们曾经发起组建了英国最大的网上银行——Egg银行。随后，这四位年轻人突发奇想，既然银行都可以无抵押给个人贷款，能不能撮合个人和个人之间直接借贷呢？于是他们创办了全球首个P2P网络借贷平台——Zopa。在Zopa网站上，投资者可列出金额、利率和想要借出款项的期限，而借款者则根据用途、金额搜索适合的贷款产品，Zopa向借贷双方收取一定的手续费。Zopa的成立标志着P2P网络信贷市场的正式出现，大大改变了信贷市场的面貌。网络借贷很快在科技发达的美国发展开来，2006年2月在美国成立的Prosper是目前世界上最大的P2P网络借贷公司。美国的Prosper和英国的Zopa作为全球P2P网络信贷的领军企业，在P2P网络借贷行业中享有很高的声誉。

（二）我国 P2P 网络借贷的发展历程

P2P 网贷行业在我国的发展历程大致可以分为四个阶段，即起步阶段、爆发阶段、规范发展阶段和整顿及清退阶段。

1. 起步阶段（2007—2011 年）

我国最早的 P2P 网络借贷平台（拍拍贷）成立于 2007 年，红岭创投、人人贷等平台也相继在这一阶段出现。在早期，这些平台基本借鉴国外 P2P 平台的模式，以信用借款为主。但是我国征信体系比较落后，同时平台之间数据并不共享，出现了一名借款人可以在多家平台上重复借贷的问题，最终以高坏账率收场。截至 2011 年底，全国网贷平台约为 50 家，其中活跃的平台只有不到 10 家，月成交金额约为 5 亿元，有效投资人约有 1 万人。

2. 爆发阶段（2012—2013 年）

这一时期的 P2P 平台数量呈爆发式增长。在两年内，P2P 平台从 2012 下半年开始几乎以 300%的速度开始呈现爆发式的增长，到了 2013 年底 P2P 平台达到 800 家。受民间借贷危机的影响，一些具有民间线下放贷经验又关注互联网发展的创业者开始涉足 P2P 行业。截至 2013 年底，P2P 行业的月成交额约为 110 亿元，活跃投资人约为 9 万～13 万人。

3. 规范发展阶段（2014—2015 年）

这一阶段的 P2P 行业大受风投青睐，仅 2014 年一年，就有 30 多家 P2P 平台获得风投融资，金额大多在数千万元级别，其中也不乏亿元融资。大量风投的进入在某种程度上表明了资本市场对 P2P 行业的认可。不过，在 P2P 平台数量激增的同时，跑路、诈骗平台也不断被曝出，仅 2014 年就被曝出 275 家问题平台。2014 年，中国人民银行发布《中国金融稳定报告（2014）》，要求 P2P 和众筹融资坚持平台功能，不得变相设立资金池，不得以互联网金融名义进行非法吸收存款、非法集资、非法从事证券业务等非法金融活动。2015 年，《关于促进互联网金融健康发展的指导意见》《最高人民法院关于审理民间借贷案件适用法律若干问题的规定》等一系列政策制度的出台，使 P2P 网贷平台运营有法可依，P2P 网贷行业走向阳光化。

4. 整顿及清退阶段（2016—2020 年）

2016 年之前由于 P2P 行业缺乏监管，滋生了大量非法经营的问题平台。随后监管政策出台，政策收紧，问题平台资金链断裂，P2P 网贷行业频频爆雷，大批投资人血本无归。在此背景下，监管部门开始系统性地对 P2P 网贷机构进行清退，陆续出台了针对网贷行业合规整顿的监管文件。2016 年 8 月，中国银行业监督管理委员会（以下简称银监会）发布《网络借贷信息中介机构业务活动管理暂行办法》。这一文件不仅明确了 P2P 的定位，同时也标志着行业进入监管时代。随后，监管部门陆续出台《网络借贷信息中介机构业务活动信息披露指引》《网络借贷信息中介机构备案登记管理指引》《网络借贷资金存管业务指引》，网贷行业的监管体系制度正式形成，也被行业人士统称为“一个办法三个指引”。

2017 年 12 月 8 日，P2P 网络借贷风险专项整治工作领导小组办公室下发《关于做好 P2P 网络借贷风险专项整治整改验收工作的通知》，通知要求，各地应在 2018 年 4 月底前完成辖内主要 P2P 机构的备案登记工作、6 月底之前全部完成。2018 年 P2P 网贷相关的监管工作几乎都是围绕这个“整改验收”主基调进行的。

2017—2019 年，许多曾是头部网贷平台不断“爆雷”，千亿庞氏骗局的轰然倒塌，市场的恐慌情绪也开始蔓延开来。此刻，监管机构已看见网贷行业将增加金融行业的风险，一个 P2P 平台倒下都涉及数千亿的资金，也为社会不安定因素埋下了隐患。

2019 年网贷行业专项整治进入深水区，头部平台纷纷离场，各省份的专项整治工作紧锣密鼓地进行，退出和转型逐渐成为行业的主旋律。2019 年互联网金融风险专项整治领导小组和网贷整治领导小组下发的《关于网络借贷信息中介机构转型为小额贷款公司试点的指导意见》规定，在合规、股东、转型方案等方面符合条件的网贷机构，可以按照经营范围选择申请转型为单一省级区域经营或全国经营的小额贷款公司。但从条件来看，仅有少数平台才能成功转型为小额贷款公司。2019 年底，全国正常运营的 P2P 平台数量从最高峰时的 5 000 家降至 343 家。

进入 2020 年，国家加大了对 P2P 网贷平台的专项整治力度，强调在 2020 年彻底化解互联网金融风险，建立完善互联网金融监管长效机制。全国各地也加快了对 P2P 网贷平台的专项整治和清退步伐。截至 2020 年 6 月末，全国实际运营的 P2P 网贷机构降至 29 家，并于同年 11 月中旬归零。

专栏 3-1

中国人民银行： P2P 平台已于 2020 年全部清零

2021 年 1 月 15 日，中国人民银行副行长陈雨露在国务院新闻办公室新闻发布会上表示，2020 年防范化解金融风险攻坚战取得了重要阶段性成果，P2P 平台已全部清零，各类高风险金融机构得到有序处置。

我国 P2P 网贷发展历史不过十几年，自 2007 年至今历经萌芽期、野蛮扩张期以及整顿规范和清退期。据统计，过去 13 年间先后有 1 万多家 P2P 上线，高峰时同时有5000多家运营，年交易规模约3万亿元，坏账损失率极高。

作为互联网金融创新的产品之一，P2P小额借贷的社会价值主要体现在满足个人资金需求、发展个人信用体系和提高社会闲散资金利用率等方面，但由于资产端乏力、监管端不足等原因，造成大量P2P平台暴雷，诈骗、高利贷、卷款跑路、套路贷、恐吓要债等乱象丛生。

2018年580家P2P网贷平台暴雷，投资者损失惨重。同年8月，互联网金融风险专项整治工作部署和P2P网络借贷风险专项整治工作领导小组办公室印发的《关于开展P2P网络借贷机构合规检查工作的通知》，要求以2018年12月末为限，所有P2P都须走完“机构自查、自律检查、行政核查”三道程序。

党的十九大报告提出，健全金融监管体系，守住不发生系统性金融风险的底线。如今，在国家的大力监管下，P2P行业最终以清退为结局退出历史舞台。

二、网络小额贷款

根据2020年中国银保监会和中国人民银行等部门发布的《网络小额贷款业务管理暂行办法（征求意见稿）》（以下简称“网络小贷新规”）中的规定：网络小额贷款（以下简称“网络小贷”）业务，是指小额贷款公司利用大数据、云计算、移动互联网等技术手段，运用互联网平台积累的客户经营、网络消费、网络交易等内生数据信息以及通过合法渠道获取的其他数据信息，分析评定借款客户信用风险，确定贷款方式和额度，并在线上完成贷款申请、风险审核、贷款审批、贷款发放和贷款回收等流程的小额贷款业务。

（一）网络小贷的由来及其发展

1. 网络小贷的由来

网络小贷源于传统小额贷款。小额贷款起源于20世纪70年代孟加拉国经济学家穆罕默德·尤努斯教授的小额贷款试验。尤努斯教授针对穷人很难获得银行贷款来摆脱贫穷现状的问题，成立了以互助组织的一种小额贷款模式。1994年，小额信贷的模式被引入我国。起初，只是国际援助机构和国内非政府组织（NGO）针对中国政府1986年开始的农村扶贫贴息贷款计划中存在的问题而进行的一种尝试。从1996年开始受到政府重视，进入以政府扶贫为导向的发展阶段。到1998年底，仅联合国系统的组织在华援助的小额贷款项目资金就达300万美元。2000年以来，以农村信用社为主体的正规金融机构开始试行并推广小额贷款，我国小额贷款发展开始进入以正规金融机构为导向的发展阶段。2005 年 10 月，我国在 5 个省份成立了小额贷款公司的试点。

2008 年 5 月，由银监会和中国人民银行出台的《关于小额贷款公司试点的指导意见》。该指导意见中定义小额贷款公司是由自然人、企业法人与其他社会组织投资设立，不吸收公众存款，经营小额贷款业务的有限责任公司或股份有限公司；小额贷款公司的主要资金来源为股东缴纳的资本金、捐赠资金，以及来自不超过两个银行业金融机构的融入资金；规定贷款利率由借贷双方在限定范围内自主协商，上限不得超过司法部门规定的上限。小额贷款公司在发展农村金融和中小企业、规范民间借贷以及促进金融市场多元化方面发挥了重要的作用。

2010 年阿里巴巴旗下浙江蚂蚁小微金融服务集团有限公司牵头在杭州设立浙江阿里巴巴小额贷款股份有限公司，该公司可为阿里巴巴体系内的所有电商用户提供小额贷款服务，自此，国内首家真正意义上的网络小额贷款公司诞生。随后，重庆、广州、北京、上海、西安等地纷纷允许具有网上消费场景或相应互联网技术的企业发起设立网络小贷公司。此后，京东、百度、腾讯、海尔、携程、唯品会等一大批头部互联网公司利用自身的数据和技术优势进入金融服务领域。

2. 网络小贷的初步发展

2015 年，《关于促进互联网金融健康发展的指导意见》（银发〔2015〕221 号）发布，明确网络小贷本质上属于小额贷款公司发放的小额贷款，要求其遵守现有小额贷款公司监管规定。由于该文件主要着眼于互联网金融整体规划发展，未对网络小额贷款监管细则作出具体安排，设立网络小贷公司所需的条件是由各地金融监管部门自行制定（表 3－1），资质要求较高，但政策标准不一，主要在于注册资本、实缴资本、发起人资质、持股比例等方面的差异，政策宽松的地区成为聚集地。由于网络小贷仍处试点阶段，数量较少，且呈扎堆现象，广州居于首位、重庆位列次席，数量明显高于其他城市，活跃度与当地鼓励政策和优惠政策有关，由此也引发多家注册在外地但营业主体和主要客户来源在别处的情况。

表 3－1　部分地区网络小额贷款监管规定

地区	年份	监管文件	部分监管规定
重庆	2015	《重庆市小额贷款公司开展网络贷款业务监管指引（试行）》	注册资本 3 亿元（含）人民币以上；公司开业经营一年（含）以上；网络小贷业务“十不准”

（续）

地区	年份	监管文件	部分监管规定
广州	2016	《广州民间金融街互联网小额贷款公司管理办法（试行）》	注册资本不得低于1亿元；主发起人与其关联方合计持股比例不得低于35%；网络小贷公司的十种违规情形
上海	2016	《上海市小额贷款公司互联网小额贷款业务专项监管指引（试行）》	放贷资金实施专户管理；借款人为自然人的，上限原则上不超过20万元；借款人为法人或其他组织的，上限原则上不超过100万元；网络小贷业务“六禁止”
江西	2016	《江西省网络小额贷款公司监管指引（试行）》	注册资本金不低于2亿元人民币；网络小贷公司严格执行“四严禁、四不准”

资料来源：根据上述地区网络小额贷款监管文件整理。

由于各地试点执法尺度不一，部分地区将网络小贷牌照当作招商引资工具，对网络小贷公司的资质条件审批不严，导致网络小贷业务风险事件频发。例如，趣店在江西省申请并持有2张网络小贷牌照：抚州高新区趣分期小额贷款有限公司、赣州快乐生活网络小额贷款有限公司，趣店发生校园贷风险事件后，江西省人民政府金融办公室于2017年1月发布《关于调整补充〈江西省网络小额贷款公司监管指引（试行）〉有关规定的通知》，将网络小贷牌照的审批权限上提至省金融办，不再由设区市金融办（局）负责；注册资本下限由2亿元提高至5亿元；限制同一企业或个人只可在省内发起设立或参股1家网络小贷公司。2016年11月，重庆市出台《关于调整重庆市小额贷款公司有关监管规定的通知》，在网络小贷业务“十不准”基础上新增了三大禁区：一是小额贷款公司除主要股东借款、公开发债和证券交易所融资外，不得面向社会公众个人融资和利用包括网络借贷信息中介机构在内的互联网平台融资；二是小额贷款公司不得投资基金类、投资类、担保类公司和网络借贷信息中介机构；三是小额贷款公司不得为网络借贷信息中介机构推荐借款客户，不得与网络借贷信息中介机构，相互开展资产（或债权）转让业务。

3. 网络小贷的规范发展

随着互联网科技水平的提高，网络小额贷款业务迅速发展，满足了一部分中小微企业和个人的融资需求，但也增加了一些新的风险，如高杠杆、违规营销、暴力催收、个人信息泄露、监管套利等，甚至出现无资质的放贷主体向社会公众发放现金贷的情况，严重扰乱了社会经济秩序。2017年，监管部门密集出台了一系列政策措施，对网络小额贷款业务进行规范整顿，包括《关于立即暂停批设网络小额贷款公司的通知》（以下简称“暂停通知”）、《关于规范整顿“现金贷”业务的通知》《小额贷款公司网络小额贷款业务风险专项整治实施方案》等。在“暂停通知”中，明确要求各级小额贷款公司监管部门一律不得新批设网络小贷公司，禁止新增批小贷公司跨省（自治区、直辖市）开展小额贷款业务。据统计，截至2017年11月网络小贷停止审批，市场上共有网络小贷牌照249张，其中完成工商注册的229张，已过公示期但尚未完成工商注册的网络小贷牌照20张。从地区来看，网络小贷牌照数量主要集中在广东、重庆、江西等地，这三个地区获得的牌照数量分别为54张、43张、20张。

2020年是网络小贷的“最严监管年”。2020年8月，最高人民法院发布《最高人民法院关于审理民间借贷案件适用法律若干问题的规定》，将民间借贷利率的司法保护上限调整为一年期的贷款市场报价利率（LPR）的4倍。最高LPR4倍的利率红线对大部分小贷公司而言，商业模式已经无以为继，在这样的红线下还能生存的，除了自带数据、场景与流量的互联网巨头们，就是地方大股东背景的小贷了。2020年9月，银保监会办公厅发布《中国银保监会办公厅关于加强小额贷款公司监督管理的通知》，提出贷款禁止用途、贷审分离，规范催收和跨区经营等，对包括网络小贷公司在内的小额贷款资金流向作出限制。2020年11月，银保监会、中国人民银行发布“网络小贷新规”，这是网络小额贷款风险监管制度建设进程中的一项重要举措，对促进行业良性发展具有重要意义。

专栏 3-2

“网贷之都”重庆加大对网络小贷公司业务的监管力度

2020年11月2日，银保监会、中国人民银行下发“网络小贷新规”，拟对网络小贷公司加强监管，在注册资本、杠杆率、贷款金额、联合贷款比例等多方面提出了监管要求。网络小额贷款从业机构要根据《办法》的总体要求和精神做好自查和整改。

2020年12月25日，重庆市地方金融监督管理局发布《重庆市小额贷款公司监管数据管理指引（征求意见稿）》，拟加强指导小额贷款公司规范监管数据管理，提高数据质量，提升经营管理能力。该文件提出，金融工作管理部门应通过非现场监管和现场检查对小额贷款公司的监管数据管理进行持续监管。同时，文件第十二条对开展网络贷款业务的小额贷款公司提出特别要求：应建立适应监管数据报送工作需要的信息系统，实现流程控制的程序化，提高监管数据报送的自动化程度。信息系统应当有完备的数据字典和维护流程，并具有可拓展性。

2021 年，重庆市政府工作报告提出，2021 年将加强地方金融机构监管，提高网络小贷业务监管能力，妥善处置单体企业风险，守住不发生系统性金融风险底线。

重庆市地方金融监督管理局网站显示，截至 2020 年 12 月 30 日，重庆市有运营资质的小额贷款公司共有 262 家，其中网络小额贷款公司 49 家，包括蚂蚁商城小贷、蚂蚁小微小贷、苏宁小贷、小米小贷、度小满小贷等知名互联网企业旗下的小贷公司。

（二）网络小贷的特征

1. 与传统小贷相比

网络小贷由传统小贷发展而来，但二者在以下几个方面存在一定区别。

（1）股东和注册资本。传统小贷公司需有两个（及）以上股东，要求发起人实力雄厚；网络小贷公司允许单一股东控股，发起人通常有大型互联网企业、上市公司、金融控股集团或产业集团参股，对股东资质及注册资本金要求更严格。根据“网络小贷新规”规定，小额贷款公司经营网络小额贷款业务，其注册资本不低于 10 亿元，且为一次性实缴货币资本；跨省级行政区域经营网络小额贷款业务的小额贷款公司注册资本不低于 50 亿元，且为一次性实缴货币资本。

（2）经营的地域范围。传统小贷公司属地化经营，即按照监管规定只允许在本省（自治区、直辖市）的县域范围等特定区域展业，个别经营良好的传统小贷公司可以获准在省级范围展业，但不得跨省经营；网络小贷牌照没有地域限制，网络小贷公司凭借其拥有的信息数据资源及政策优势，可在全国范围内从事放贷业务，范围更广，突破传统小贷的地域限制。

（3）服务对象。传统小贷业务主要服务于农民、农业和农村经济发展，向农户和微型企业提供信贷支持，服务范围聚焦于某一特定群体；网络小贷业务通过线上渠道可以为全国各地有资金需求的企业和个人提供信贷服务，服务范围更广，普惠金融属性更显著。

（4）放贷技术。传统小贷业务以线下经营为主，需对借款人进行人工信用调查、审批放贷、债务催收等，放贷流程时间较长且人工成本较高；网络小贷业务借助金融科技手段，可以实现大数据精准获客和批量化自动放贷，更方便快捷地满足资金需求，提升服务效能。

专栏 3-3

互联网巨头增资网络小贷

近年，大量不符合资质的机构被清出市场的同时，有多家互联网巨头，如携程、京东整合网络小贷牌照及业务，留下一张全国性网络小贷牌照，并接连增资，达到监管部门对全国性网络系小贷机构跨省经营设置的注册资本门槛。

字节跳动、腾讯、京东、美团、苏宁、百度等多家互联网公司旗下网络小贷公司，在达到“跨省展业50亿元注册资本门槛”后，选择进一步增资。注册资本最多的是蚂蚁小微小贷，注册资本达120亿元；腾讯财付通小贷注册资本105.26亿元，字节旗下的深圳中融小贷注册资本90亿元，南宁金通小贷注册资本89.89亿元，京东旗下的京东盛际小贷注册资本80亿元，美团旗下的美团三快小贷注册资本75亿元，度小满小贷注册资本74亿元，苏宁旗下的星雨小贷注册资本60亿元，隆携小贷注册资本50亿元。

小贷行业经历大浪淘沙的洗牌后，行业规范也在逐步落实，多地下发行业规范文件，行业进入高质量发展的关键时期。

2. 与消费金融公司相比

与同样开展互联网贷款业务的消费金融公司相比，网络小贷公司在客群、产品、场景、风控等方面有相似之处，但在资金来源和部分监管要求方面存在不同。

（1）共同点。一是依托消费场景，将贷款业务嵌入电商消费、家居租房、医疗健康、教育培训、社交网络等具体互联网业务中。二是有部分相同的产品，如现金分期和消费分期类产品。三是风控手段相似，均采用大数据建模分析客户信用风险并进行授信。四是贷款业务小额分散，由于与具体消费场景结合，贷款业务具有发生频率高、金额低的特点。

（2）不同点。一是资金来源及经营范围不同。网络小贷公司主要运用自有资金或通过银行融资、资产证券化等方式发放贷款，或者与银行联合发放贷款，资金来源较窄；而消费金融公司可以通过发行金融债券、同业拆借方式吸收资金。二是服务对象不同。消费金融公司的服务对象仅为个人；网络小贷公司的服务对象并没有限制，既可为个人，也可以是企业。网络小贷公司可面向企业发放贷款多以供应链场景为主，为处于互联网业务生态的中小企业提供应收账款融资、票据融资、仓单融资等服务。三是监管主体不同。消费金融公司由银保监会批设并统一监管，属于经营范围明确的持牌金融机构；而网络小贷公司则由银保监会和地方金融监管部门双重监管。银保监会制定网络小贷的监督管理制度和经营管理规则，各地金融监管部门负责网络小贷的审查批准、监督管理和风险处置。

（三）网络小额贷款的业务类型

1. 消费金融类

主要包括现金分期和消费分期。

现金分期产品属于个人消费类贷款的一种，与业务场景无关，也没有指定的贷款用途。现金分期类产品单笔额度低，借款期限灵活，放款效率极高，是一种纯信用类产品，如阿里巴巴的“借呗”、京东的“金条”等。

消费分期产品是指与电商平台或线下销售平台合作，为客户提供购买产品或服务时的分期付款服务。消费分期类贷款一般集成在支付流程中，操作简便，也是一种纯信用类的贷款，如蚂蚁“花呗”。消费分期类贷款与电商平台紧密结合，一般会将购物及贷款的业务流和信息流打通，让客户在支付时，很便捷地使用分期服务，客户体验较好。风险控制上，电商平台主要是根据对接的大数据以及平台上客户的历史交易记录，为客户计算授信额度。

2. 供应链金融类

供应链金融类产品是依托供应链业务的各个环节，为供应链上的各参与主体以各类方式提供融资的贷款产品。供应链金融类产品额度比现金分期和消费分期显著提高，借款期限和还款方式灵活，利率适中。供应链金融类产品既有信用类的，又有质押类的。网络小贷公司在做供应链金融方面，有极大的优势。供应链金融服务的对象一般是核心企业及其上下游、电商平台商户及其上下游以及物流公司的客户等。这些企业和商户分散在全国各地，传统金融机构以及传统小贷公司的区域经营限制，使其不适合开展链条式的业务，管理流程较为复杂。

3. 企业经营类

线上开展企业信用类的贷款难度较大，网络小贷公司根据企业的基本信息以及纳税信息等，进行企业风险评估，从而确定授信额度，为企业提供贷款。

其他类业务，如“工薪贷”“公积金贷”等，本质上都属于现金分期类产品，只是这类产品相当于对借款人的资质进行了审核。

（四）网络小额贷款在金融市场中的作用

网络小贷为排斥在传统融资渠道外的借款人提供了一个融资平台，在拓宽民间融资渠道、扩大民间借贷的资金供给量等方面发挥了积极的作用。

1. 拓宽了民间融资的渠道

借款人通过网络借贷模式，可以按照自己的实际需求借款，在借款金额、利率、期限、贷款方式、还款方式等方面提出个性化的要求。大多数的小贷平台也提供了种类繁多的贷款产品，如信用贷款、担保贷款、委托贷款、供应链金融、消费贷款等，借款人的选择性更多，自主性更强，可以根据自己的实际需求进行选择。相比于传统融资渠道，被动接受金融机构的借款金额和借款条件，借款人的融资自主性大大增强，改变了以往在融资过程中的消极被动为积极主动，拓宽了民间融资的渠道。

2. 扩大民间借贷的资金供给量

数据显示，截至 2018 年 3 月，全国互联网小额贷款公司贷款余额为 1 121.01 亿元，占全国小额贷款行业贷款余额的 11.64%。互联网小额贷款公司贷款余额最多的地区是广东省，为 226.72 亿元；其次是重庆市，为 192.47 亿元。全行业平均贷款余额 4.35 亿元。可以说，网络小贷进一步拓宽了民间借贷的资金供给量，为服务实体经济提供了资金条件。

3. 为民间借贷规范化提供了路径支持

网络借贷平台为借款人提供的短期小额贷款支持，实质上属于民间借贷性质。我国正规金融体系覆盖广度和深度的不足，导致民间借贷市场规模巨大。但长期以来，民间借贷资金缺乏高效、合规的投融资渠道，并游离于正规监管体系之外，民间高利贷盛行，易引发非法金融活动。网络借贷行业的规范发展为数额庞大的民间借贷资本提供了合法化、合规化、阳光化的投资途径，使其更好地服务小微实体经济。

第二节　网络小额贷款的模式

网络小贷的运营模式主要有平台金融模式、供应链金融模式和消费金融模式。

一、平台金融模式

平台金融模式通常是电商小额贷款采取的一种运营模式。在电商平台上聚集了大大小小众多商户，电商小贷公司凭借平台多年的交易数据积累，利用电商小微数据库和信用记录，完成对贷款客户的信用审核、放贷。该模式以网商贷为典型代表。

（一）网商贷简介

阿里巴巴旗下先后有四家从事网络小贷业务的机构。

2010 年和 2011 年，阿里巴巴先后成立了浙江阿里巴巴小额贷款股份有限公司及重庆市阿里巴巴小额贷款有限公司，这两家小贷公司又称“阿里小贷”，主要向部分城市的淘宝或阿里巴巴上的电商企业放贷。2013 年，阿里巴巴又在重庆成立了阿里小微小额贷款公司。

浙江阿里巴巴小额贷款股份有限公司是中国首个专门面向网商放贷的小额贷款公司，杭州市工商局为其颁发了营业执照，这是我国首张电子商务领域小额贷款公司营业执照，也是网商银行的前身。2014 年阿里巴巴获批筹建浙江网商银行，小贷业务与银行业务并存。2015 年 5 月，浙江网商银行股份有限公司开业，注册资本为 40 亿元。

2014 年 10 月，服务于小微企业的蚂蚁金融服务集团成立。2017 年，重庆市阿里巴巴小额贷款有限公司正式更名为重庆市蚂蚁商城小额贷款有限责任公司，简称“蚂蚁小贷”，是为用户提供“借呗”服务的主体；重庆市阿里小微小额贷款有限公司更名为重庆市蚂蚁小微小额贷款有限公司，简称“蚂蚁微贷”，是蚂蚁金服消费金融产品“花呗”的资金提供者。至此，蚂蚁集团旗下共有两家小贷公司，分别为重庆市蚂蚁小微小额贷款有限公司和重庆市蚂蚁商城小额贷款有限公司。

2023 年 7 月，蚂蚁商城小额贷款有限公司更名为蚂蚁商城信息技术有限公司，不再从事小额贷款相关业务，其业务由重庆蚂蚁消费金融公司等合作金融机构承接，小贷公司实现平稳有序市场退出。

目前，蚂蚁微贷、阿里小贷均已呈现为“网商贷”。

（二）网商贷的运营模式

网商贷是网商银行旗下的贷款平台，是网商银行针对小微企业和个人创业者推出的经营性贷款。网商银行利用其天然优势，即阿里巴巴 B2B、淘宝、支付宝等电子商务平台上客户积累的信用数据及行为数据，引入网络数据模型和在线资信调查模式，通过交叉检验技术辅以第三方验证确认客户信息的真实性，将客户在电子商务网络平台上的行为数据映射为企业和个人的信用评价，向这些通常无法在传统金融渠道获得贷款的弱势群体批量发放“金额小、期限短、随借随还”的小额贷款。

网商贷的运营模式可以概括为数据化、平台化和技术驱动。

1. 数据化

阿里巴巴海量数据主要来源于三个方面：一是电商平台数据。依托三大电子商务平台，即阿里巴巴、淘宝网以及支付宝每一次交易活动产生的各种数据，如交易情况、物流情况、店铺与商品评价情况和投诉纠纷解决情况等相关数据，这些电商交易数据成为阿里巴巴数据平台的最主要的数据。二是贷款申请数据。申请贷款时，小微企业需要提交包括企业经营业务、资产负债相关情况等信息。三是外部数据。主要指来源于社交网络平台数据、搜索引擎数据和对外网络平台采集和整合的数据。通过将上述来源数据反复进行大数据模型的推演和验证，网商贷建立了一套针对小微企业无须抵押和担保的“征信体系”和贷款风险控制机制，利用信息追踪技术和阿里巴巴微贷技术可实时获得和监控小微企业经营轨迹和贷款使用状况，这不仅降低了小微企业的融资成本和融资风险，还最大程度地消除了小微企业与网商贷信息不对称程度，从根本上杜绝了逆向选择与道德风险问题，解决了传统金融机构的信贷配给问题。

2. 平台化

网商银行贷款业务以自营平台为主，中介平台为辅，一方面为小微企业和个体经营者提供低价高效的金融产品和服务；另一方面也重视同业之间的合作，即把融资方、投资方集结在一个平台上。2018 年 6 月，网商银行对外宣布将与 1 000 家各类金融机构开展战略合作，共同服务 3 000 万个小微企业和个体经营者，并向行业开放所有技术，与传统金融机构形成优势互补的同业合作关系。

网商银行是依托小微的生态去进行获客，它有两种路径：一是电商，主要是阿里巴巴里面的各种小微商铺，使用店铺服务的线上商家是网商银行最初的业务，生态自身的数据比较完善。二是码商，就是线下扫的二维码，可以依托支付生态对于线下小微商户进行赋能。近年，网商银行逐渐进入线下实体产业的生态，包括县域农村、供应链，高新绿色产业等，如面向乡镇农村用户提供旺农贷产品。根据网商银行 2022 年报，网商银行服务的小微客户超过 5 000 万元。

3. 技术驱动

金融科技是网商银行这类纯互联网银行重点创新方向。网商银行将近 2/3 的人员是科技人员和数据建模人员，目的是加强技术能力和风险管控。网商银行依托阿里巴巴集团和蚂蚁集团多年来沉淀的云计算和分布式底层平台技术，从筹建之初就将所有核心业务系统以分布式架构创建于云平台之上，是国内第一家将核心系统架构在云计算和分布式数据库上的银行。正是应用了大规模的云计算技术，使得网商贷有能力调用庞大的数据，以此来判断小微企业的信用。不仅保证其安全、效率，也降低网商贷的运营成本。

正是依托云计算、大数据和 AI 等新技术，网商银行推出了“310”小微贷款模式——3 分钟申贷、1 秒钟放款、0 人工介入，让小微企业免去了传统金融机构烦琐的审核程序，在短短几分钟内实现网上提交申请、即时获得贷款的全自动融资体验。

（三）网商贷的典型产品

网商贷是面向小微企业的一款无抵押的纯信用贷款产品，申请贷款的小微企业主、个体工商户可以通过登录支付宝申请贷款，3 分钟申请，1 秒钟放款，贷款利息按日计算，最低日利率最低为万分之二，最高贷款额度为 100 万元，贷款期限最长为 24 个月，定期自动从小微企业主的支付宝账户（账户余额不足需即时充值）划款偿还贷款，用户也可以根据实际情况提前还款，大部分产品提前还款无手续费。

按照贷款对象，网商贷产品分为线上和线下两种。

1. 线上——淘宝客贷

淘宝客贷是针对线上，即淘宝店主和天猫商家的一款贷款产品，具有无抵押无担保、低预期年化利率、放款速度快等优点，主要包括订单贷款、信用贷款两种。订单贷款发放贷款的依据是商家的经营情况和流水，并且根据“卖家已发货，买家尚未确认收货”这一电商订单状态来发放贷款。信用贷款无须抵押或担保，只能用于淘宝店铺的经营和推广，不能够用于其他用途。

淘宝客贷申请条件是：店主年满 18 周岁，并且未满 65 周岁，具有完全民事行为能力的淘宝卖家；淘宝店铺 2 个月持续有效经营，每个月都有有效的交易量；诚实守信，店铺信用记录良好；淘宝规定的其他条件。

2. 线下——码商贷、口碑贷

随着线下二维码支付的普及，从 2017 年起，网商银行推出支付宝收款码商户贷款、口碑商户贷款等特色线下金融服务。2019 年，网商银行走出蚂蚁集团场景，向全生态内的码商提供服务，同时不断走进线下场景及商户。

码商贷是网商银行基于二维码商业场景和数据，对线下“码商”提供的贷款，使金融服务触达最小微的线下经营者群体。

口碑贷是网商银行推出的一款面向口碑平台小微餐饮商户的贷款产品。网商银行根据商户的信用资质等情况来决定授信额度，每户的授信额度最高可以达到 100 万元，最长用款期限为 12 个月。口碑商户可登录支付宝 PC 版的“商家中心”或者的口碑商户版 App，在线申请贷款，无须抵押也无须担保。系统自动审批通过之后，商户便可立即拿到贷款。

（四）网商贷的风控机制

1. 水文模型

网商贷沿袭了蚂蚁小贷的风控体系。蚂蚁小贷基于互联网和大数据的一个典型模型被称为“水文模型”。水文模型模仿城市水文系统，把在单个时点难以判断的事情放入历史数据和关联数据。例如，在对淘宝商户的信用状况分析中，除了考虑往年数据以外，也会结合同类店铺和淡旺季等因素综合考虑来决定额度。如果小微企业处于困难的低水位的时候，传统银行一般不会对其进行放贷，但是水文模型可以根据行业景气度、历史销售数据等大数据分析测算商家几个月后的业绩情况，如果测算结果显示业绩能够回升，即会对小微企业进行放贷。网商银行对于每个阿里巴巴生态内的商户都有一个水文数据库，详细地按小微企业的行业级别等进行分类归置，方便其对小微企业的风险进行管控。

2. 芝麻信用

网商贷的信用风险控制除了水文模型外，还得益于阿里巴巴集团的信用评估系统，即芝麻信用。通过云计算、机器学习等方式对小微企业信用情况进行分析，将企业纳入不同维度进行精准的风险度量和刻画，将企业客户的信用风险进行打分，分值越高代表信用风险越低；而且针对信贷风险的关联风险，芝麻信用引入研发风险关联云图，挖掘企业之间的联系，评估企业、个人、企业群、行业、地域、产业链等多维度的关联风险，有效降低了企业信用风险的多米诺骨牌效应。传统银行对复杂企业授信意愿较低以及中小银行普遍存在数据库较小的问题，对较高信用风险的贷款投放谨慎。

3. 百灵系统

百灵智能交互式风控系统（以下简称“百灵系统”）是网商银行于 2022 年 7 月面向小微经营者推出的新一代风控系统，这款系统主要应用于小微企业信贷审批场景，旨在帮助小微企业申请线上融资时，进一步提升额度。它通过将大规模人工智能技术应用于小微风控，实现对于用户所提交的发票、合同、卡车和店面照片等经营相关资料的自动化识别和解析，同时运用人机互动了解用款诉求和场景，更精准地还原其真实经营状况，从而给出更匹配的信贷额度——这一模式被称为自证。

专栏 3-4

银保监会发布《关于加强小额贷款公司监督管理的通知》

据银保监会网站消息，为规范小额贷款公司经营行为，防范化解相关风险，促进行业健康发展，银保监会办公厅于 2020 年 9 月 7 日印发《中国银保监会办公厅关于加强小额贷款公司监督管理的通知》（银保监办发〔2020〕86 号，以下简称《通知》）。

《通知》主要包含以下内容：一是规范业务经营，提高服务能力。在小额贷款公司业务范围、对外融资比例、贷款金额、贷款用途、经营区域、贷款利率等方面提出要求。二是改善经营管理，促进健康发展。从小额贷款公司资金管理、催收管理、信息披露、保管客户信息、积极配合监管等方面做出规范。三是加强监督管理，整顿行业秩序。指导各地明确监管责任、完善监管措施、建设监管队伍、实施分类监管、加大处罚力度等。四是加大支持力度，营造良好环境。鼓励加强政策扶持、银行合作支持、加强行业自律，促进行业可持续发展。

在对外融资比例上，《通知》将小贷公司融资杠杆上限统一为 5 倍，各地可根据需要降低杠杆倍数。具体来看，《通知》规定，小额贷款公司通过银行借款、股东借款等非标准化融资形式融入资金的余额不得超过其净资产的 1 倍；通过发行债券、资产证券化产品等标准化债权类资产形式融入资金的余额不得超过其净资产的4倍。

《通知》的印发实施是贯彻落实全国金融工作会议精神，逐步建立健全小额贷款公司行业监管制度体系的重要举措。下一步，银保监会将持续加强小额贷款公司行业监管制度建设，与《非存款类放贷组织条例》的施行相衔接，进一步完善小额贷款公司行业经营规则和监管规则。

二、供应链金融模式

供应链金融模式是指以核心客户为依托，以真实贸易背景为前提，运用自偿性商品融资的方式，通过应收账款质押登记、第三方监管等专业手段封闭资金流或控制物权，对供应链上下游企业提供的综合性金融产品和服务。自偿性指销售收入首先用于归还贷款。

供应链金融是一种独特的商业融资模式。在这种模式下，金融机构依托于产业供应链核心企业对单个企业或上下游多个企业提供全面金融服务，以促进供应链上核心企业及上下游配套企业“产—供—销”链条的稳固和流转顺畅，在降低整个供应链运作成本的同时，通过金融资本与实业经济的协作，构筑金融机构、企业和供应链的互利共存的产业业态。

近年，供应链金融成为互联网金融的一个重要发展方向，传统的商业银行、互联网行业龙头、供应链公司、物流公司、信息化服务商等纷纷入场布局供应链金融领域，打造“产业＋金融”生态圈，业务载体以旗下的商业保理公司为主，也有以网络小额贷款公司为载体开展供应链金融业务。本节对京东重庆盛际小额贷款有限公司（以下简称“盛际小贷”）开展的农业供应链金融——“京农贷”进行介绍。

（一）京东供应链金融简介

京东农村金融于2012年涉足供应链金融，最初采取与银行合作的方式。2012年11月，京东集团与中国银行北京分行共同签署了合作协议，协议约定双方共同为京东的合作供应商提供各项金融服务。2013年12月，上海京汇小额贷款有限公司（简称“京汇小贷”）成立，先后推出了“京保贝”“京小贷”等供应链金融产品。2014年9月，北京京汇小额贷款有限公司成立。2017年10月，京东在重庆市巴南区建立的重庆京东同盈小额贷款有限公司开业。

2016年1月，重庆京东盛际小额贷款有限公司成立。该公司以农村金融服务为经营核心，利用京东旗下互联网平台和交易大数据，布局农资信贷和农产品信贷两大产品线，为重庆及全国涉农产业链上的产、供、运、销等环节农户提供无担保无抵押的信用贷款支持，让农民足不出户就能享受互联网信贷的农村金融服务，其核心产品是“京农贷”。2021 年 2 月，重庆京东盛际小额贷款有限公司更名为重庆京东盛际小额贷款有限公司；同年 8 月，盛际小贷注册资本增至 50 亿元。2023 年 4 月，盛际小贷注册资本又增至 80 亿元。

2022 年 6 月以来，京东为符合监管需要开始整合同类型地方金融牌照，小贷公司牌照主体仅保留盛际小贷一家。

2023 年 10 月，京东供应链金融发布了下一个 10 年的战略方向，正式推出了“四个一体化”战略，即“内场＋外场”“科技＋金融”“上游＋下游”“B 端＋C 端”的一体化，旨在通过科技与金融的深度融合，助力中小微企业实现高质量发展。

（二）京农贷的运营模式

京农贷是京东农业供应链金融最早上线的产品，属于扶贫惠农的信贷产品，具有免抵押、利息低、放款快的特点。

农产品的生产、收购、加工、销售等多个环节会产生大量的资金需求：生产资料采购端，农民需要买种子、化肥等农资，相应地就产生了赊销、信贷等需求；产品销售端，农产品企业也需要通过信贷、众筹等多种方式周转资金，保证农产品的生产和销售。然而，由于信用无法评估，农民难以从传统金融机构获得信用贷款，而京农贷使一些农户贷款难问题得到解决。

京农贷运营模式的要点是京东农村金融与处于农业供应链的核心企业合作，根据企业上游农户以往订单等资料给农户授信，农户申请的贷款定向在合作的经销商处采购农资，有效防止挪用风险；同时为农户提供销售渠道，农产品销售回款用于清偿贷款，从而形成资金闭环管理，有效降低信用风险。在京农贷部分产品中，还引入了保险机制，由保险公司为农户提供保险。京农贷的运营模式如图 3-2 所示。

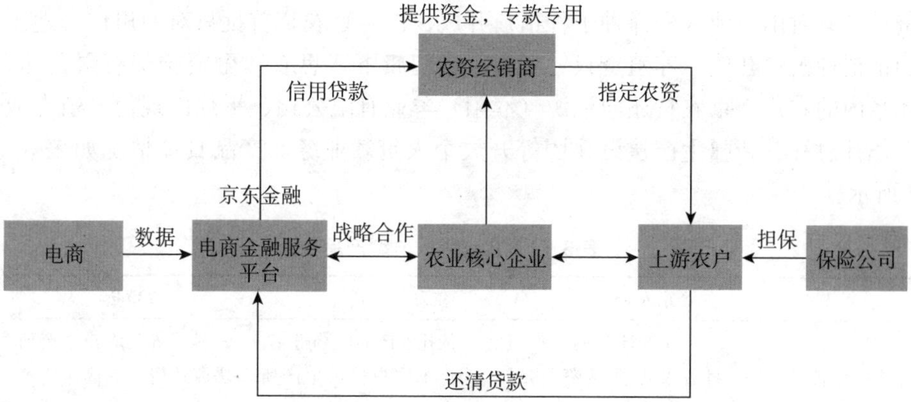

图 3-2　京农贷运营模式

京东农村金融选择合作方要对企业所处的行业地位、盈利能力和信用状况进行慎重考察，通常选出那些行业市场占有率较大、生产规模大且设备智能化程度高、农产品营利性强且产出率高、能保证足够的偿债能力的农业龙头企业；同时，企业还要具备良好的信用状况和管理能力、能保证丰富的融资客户资源。京农贷的贷款流程如图 3-3 所示。

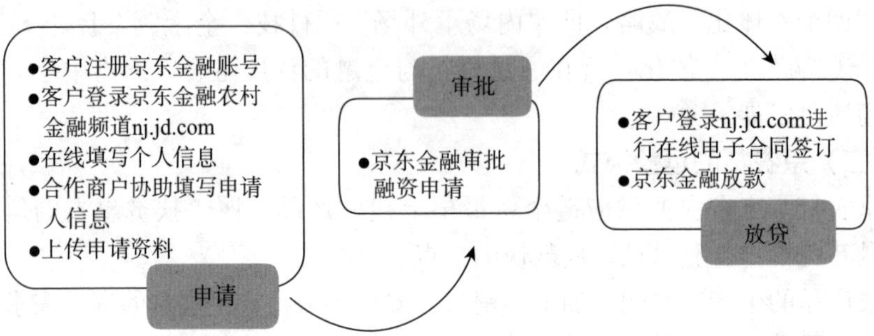

图 3-3　京农贷贷款流程

注：申请人（农户）在线申请后需要线下去合作商户处提供申请材料并填写资料，由商户在商户后台填写信息上传。京东审核在 2 小时内，审核通过后告知商户并代申请人放款给商户，商户收款后通知申请人贷款申请已通过（可以登录京东账户查看），并通知申请人前来提取购买的农业生产物资，申请人按月在金融平台还款给京东。

（三）京农贷的典型产品

京农贷主要服务种植、养殖、农产品加工、农产品流通领域，为合作农户提供农业生产经营贷款，推出的产品主要包括先锋京农贷、仁寿京农贷、养殖贷三种，融资对象限于与京东展开农业合作的试点地区农户。其中，先锋京农贷首批只对山东地区先锋种子种植户开放；仁寿京农贷首批只对四川仁寿地区的枇杷种植户开放；养殖贷只针对“新希望旗下普惠农牧融资担保有限公司”体系内的农户；京农贷还向汇源（濮阳）羊业有限公司、平顶山现代养殖专业合作社总社、新疆生产建设兵团等开放个人贷款业务。产品具体情况如表 3-2 所示。

表 3-2　京农贷的典型产品

	先锋京农贷	仁寿京农贷	养殖贷
贷款性质	为种植环节的生产资料需求提供融资贷款，帮助农民增产增收	依托农产品收购订单，为订单农户提供生产所需的流动资金贷款	满足养殖农户生产所需流动资金和固定资产贷款

（续）

	先锋京农贷	仁寿京农贷	养殖贷
申请资格	①申请人须为中华人民共和国公民； ②年龄18～65周岁； ③无不良信用记录，具备相应还款能力； ④试点地区和京农贷合作商户已签署合约的农户		
贷款额度	最高500万元		
贷款期限	最长12个月		
贷款利率	月利率为0.54%～1.00%		
还款方式	先息后本、等额本息、利随本清		

资料来源：京东金融官网。

（四）京农贷的风控机制

1. 信贷＋担保模式

在先锋京农贷中，京东农村金融以杜邦先锋及其经销商的数据为基础，了解农户的信用状况，并将先锋种业及其经销商分别作为农户信贷的二级担保和一级担保；合作经销商严格控制资金的使用，只能购买种子、化肥等农产品，间接防范风险。

2. 信贷＋担保＋保险模式

在养殖贷中，京东农村金融首次在贷款中引入保险机制，农户申请贷款的同时，也会向中华联合财产保险申请保险服务，包括种植养殖保险、借款人意外险、信用贷款保证保险等，并且合作方新希望六和旗下的普惠农牧融资担保有限公司也会为农户申请贷款提供一项担保服务；一旦农产品种植过程中发生影响还款的风险事件造成违约，保险和担保保障就会启动，最大限度降低风险事件带来的损失。最重要的是，双重增信措施能够使“京农贷”产品覆盖更多农民，让更多人得到贷款的服务。

3. 大数据风控

京东农村金融通过与更多涉农机构合作，基于合作伙伴、电商平台等沉淀的大数据信息，使用先进的风险识别和数据分析工具，了解农户的信用水平，并给予相应的授信额度，从而控制风险。

专栏 3-5

“京农贷”打造濮阳肉羊养殖扶贫项目

2016年4月，由京东农村金融“京农贷”与中华联合财产保险股份有限公司、汇源集团共同打造的“产业扶贫+金融贷款”扶贫模式走进河南省濮阳市濮阳县，为当地贫困户提供了物资及产业链的扶持，帮助濮阳县近400户贫困户成了名副其实的“羊老板”。

扶贫是“京农贷”的初心和归宿，“京农贷”在其扶贫经验中总结出，授人以鱼，不如授人以渔。解决农民的资金难题，只是解决了表面现象，只有激发农民致富的内生动力，才能从根本上实现扶贫效果的最大化和持久化。

据了解，此次京东农村金融“京农贷”所打造的濮阳肉羊养殖扶贫项目，不仅为当地建档立卡贫困户提供低息养羊贷款，还整合当地企业资源对接濮阳县精准扶贫，全方位为农户提供养殖服务。

此次京东农村金融“京农贷”与中华联合财产保险股份有限公司、汇源集团打造的扶贫模式，以“产业扶贫+金融服务”打通全产业链的方式实现了贫困户产业增收的目的。目前，所有贫困户的肉羊均采用的是托管模式集中管理。为实现贫困户可持续脱贫，还对贫困户进行养殖技术培训，并在扶贫标准化集中羊舍建成后，将从中筛选出若干脱贫带头人统一管理贫困户肉羊，以此通过脱贫带头人的示范作用，调动贫困户积极性，扶持其进行自主养殖。“京农贷”推出的“融资+保险+服务”模式最大程度降低了贫困户的风险并提高了其收益，帮助贫困户实现真正可持续的脱贫致富的机会。

京东农村金融“京农贷”以无抵押、放贷快等特点解决农户在农资采购、农业生产以及农产品加工销售环节中融资难题的同时，为夯实普惠金融之路，不断根据农村的具体实际情况和农户的真实需求，优化现有产品和服务模式。目前，农村众筹、乡村白条和农村理财等系列扶贫产品均已在农村落地开花。

三、消费金融模式

消费金融是以消费为目的的信用贷款，包括消费贷与现金贷。消费金融作为互联网金融最热的细分领域，在近几年进入了高速发展时期，消费金融行业形成三足鼎立的市场格局，其中包括商业银行、消费金融公司和互联网公司，三者在运营模式上求同存异，但覆盖的业务范围形成了错位竞争。其中，一些互联网公司更是凭借其庞大的用户数据、流量、资金等优势，选择借助网络小贷的牌照优势从事消费分期或现金贷等互联网消费金融业务，百度、阿里巴巴、腾讯、京东（以下简称“BATJ”）为代表的互联网巨头公司均已取得网络小贷牌照。这些互联网巨头的互联网金融业务覆盖了相当大比例的网民。据中国互联网信息中心统计，截至2020年6月，中国有9.4亿网民。蚂蚁集团招股书显示，仅2020年上半年，蚂蚁微贷科技平台的消费信贷业务就达到了

1.7万亿元。

（一）BATJ开展消费金融业务

从目前BATJ开展消费金融业务的主体来看，除腾讯是由微众银行开展消费金融业务外，均为其旗下网络小贷公司，具体如下所述。

1. 百度

百度的互联网消费金融产品是由通过重庆度小满小额贷款有限公司提供的度小满金融，其资金来源主要为自有资金或通过发行ABS等方式融资。目前，度小满金融也为持牌金融机构提供助贷服务，即向合作的持牌金融机构推荐借款人。另外，根据2019年5月16日银保监会黑龙江监管局发布的《关于核准哈尔滨哈银消费金融有限责任公司增加注册资本和调整股权结构的批复》显示，百度旗下的度小满（重庆）科技有限公司成为哈银消费金融的第二大股东，这也将进一步推进百度在消费金融市场的布局。

2. 阿里巴巴

花呗和借呗是支付宝旗下的互联网消费金融产品，花呗功能类似于信用卡，额度主要用于透支消费（无法进行转账、提现）；借呗是面向普通消费者提供的消费贷款服务。花呗和借呗的服务主体分别是重庆市蚂蚁小微小额贷款公司和重庆市蚂蚁商城小额贷款公司，随着这两家网络小贷公司退出市场，重庆蚂蚁消费金融公司和合作金融机构承接了花呗和借呗业务。

3. 腾讯

腾讯旗下虽然有深圳市财付通网络金融小额贷款有限公司，但其互联网消费金融产品微粒贷则是由微众银行提供贷款服务，微众银行主要利用自有资金或通过同业拆借、联合放贷从其他金融机构获取资金开展业务，其中联合贷款模式为其目前主要业务模式，即借款用户通过微众银行的入口申请贷款，微众银行与其他金融机构联合出资，收入和风险按约定的比例各自获取和承担。在此模式下，微众银行负责设计贷款产品，提供获客、风险审核、风险定价、贷后管理等服务。

4. 京东

京东金融的互联网消费金融产品包括白条和金条，分别由盛际小贷和京东同盈小贷在背后承担着贷款人或者贷款服务机构的角色，其资金来源主要为自有资金或通过资产证券化等方式进行融资。同时，“白条”和“金条”中也普遍采用了助贷模式，包括银行放款和信托放款两种结构。2022年10月，京东同盈小贷退出小贷市场后，京东金条由合作金融机构提供贷款服务。

（二）BATJ消费金融业务的趋势

BATJ依托各自持有的大数据优势积极布局消费金融领域，如百度依靠其搜索大数据，阿里巴巴依托其电商及支付宝数据，腾讯依附微信和QQ社交大数据，京东依托其京东平台电商大数据在竞争日益激烈的消费金融市场中抢占了先机，跻身第一梯队。从目前来看，BATJ不仅仅服务于C端借款用户，也开始向金融机构开放自己的平台和用户，服务于B端用户，为金融机构提供金融科技服务。可以看出，在未来消费金融发展过程中，科技赋能能力将会成为消费金融机构核心竞争力，能够抢占一席之地的重要因素。

更多互联网消费金融的内容详见第八章。

第三节　网络小额贷款的风险与防范

互联网时代，网络安全变得尤为重要。国家监管部门反复强调“要不断健全网络社会综合防控体系，努力营造清朗网络空间”。网络小贷业务的实质是贷款业务，是贷款必然存在风险。在P2P网贷历经野蛮生长、频频“爆雷”“跑路”直至被全面清零之际，我们更有必要认清和防范网络小贷的风险。

一、网络小额贷款的风险

（一）信用风险

信用风险是一种广泛存在于信贷业务中的风险。网络小贷同样面临着信用风险，即借款人未能按照协议如期还款。由于网络小贷大多是无抵押、无担保的信用贷款，所面临的信用风险更大。网络小贷的信用风险主要表现在两个方面：

1. 借款人信息的真实性风险

网络小贷主要依靠自身平台上积累的客户信用及行为数据，以及借款人提供的身份证明、财产证明等对客户进行信用评估，有些信息由借款人在网上自行填写，鉴于网络方式的虚拟性，借款人信息真实性不能保证。一旦借款人出现资不抵债或者恶意拖欠贷款的行为，那么日积月累的坏账就会给小贷平台带来极大的信用风险。虽然目前很多小贷平台已经建立了一整套线上的信用评价体系，但一些平台的信用评价体系并不完善，评价指标也较为单一，平台在控制风险和业务扩展方面明显更重视后者的投入，这无疑也会增加网络小贷的信用风险。

2. 借款人的违约风险

借款人的违约风险是指借款人不能在规定期限内偿还本息。网络小贷拓宽了借款人融资的渠道，但网络小贷借款人的信用质量相对较差，通常是被银行拒之门外的非优质客户，加之小贷公司资金来源有限，因此一些网络小贷的消费贷款的利率极高，这也加剧了借款人的违约风险。

重庆市小额贷款公司协会发布的《重庆小贷行业发展报告（2020年）》显示，截至2020年底，重庆全市共有小贷公司（包括网络小贷）265家，截至2020年末，重庆市小贷行业整体不良贷款率为9.43%，而同期我国银行业不良贷款率为1.46%。

（二）经营风险

1. 资金来源不足

根据2008年5月4日中国银监会、中国人民银行联合发布的《关于小额贷款公司试点的指导意见》要求，小额贷款公司主要资金来源为股东缴纳的资本金、捐赠资金，以及来自不超过两个银行业金融机构的融入资金，且确保资产损失准备充足率始终保持在100%以上。虽然网络小贷突破了传统小贷公司区域限制，可在全国范围内进行放款，而且可向银行、小额贷款公司等机构融资，可债权转让，也可登录资本市场，但在资金来源方面，网络小贷仍与传统小贷行业面临同样的问题，由于不能吸收公众资金，且借款受到严格的杠杆比例限制。2020年的“网络小贷新规”第十二条规定，“经营网络小额贷款业务的小额贷款公司通过银行借款、股东借款等非标准化融资形式融入资金的余额不得超过其净资产的1倍；通过发行债券、资产证券化产品等标准化债权类资产形式融入资金的余额不得超过其净资产的4倍”。相比消费金融公司10倍的杠杆，相形见绌。网络小贷公司由于缺少资金，放贷能力有限，在规模上很难有较大的发展。

2. 过度营销

一些网络小贷公司在展业过程中过度营销，对不具备还款能力的群体进行授信。过度营销极易引发金融信用错配问题，带来较大风险隐患。从供给方看，我国信用体系仍未充分发展完善，针对个人客户的征信信息仍不够全面，网络小贷公司自身风控水平也难以支持其个人消费信贷的大规模扩张。从需求方看，消费信贷客群包含学生、农户、就业初期的青年等相对弱势群体，这类群体缺乏对金融风险的认知，消费观尚未成熟。一味鼓励增加信贷，超过其自身偿还能力和消费水平，会导致过度消费、信用违约等社会问题。同时，部分网络小贷公司对其金融产品缺乏足够的贷款利率及风险提示，如多采用日利率等计算方式，不利于客户了解真实利率，容易造成借款人违约的后果。

3. 违规助贷

助贷就是为放贷机构的贷款业务提供支持和帮助。互联网助贷业务迎合放贷机构的需求而产生，能够帮助放贷机构提升业务效率、降低服务成本、缓释业务风险，同时可以进一步拓宽金融服务的覆盖面，在促进普惠金融方面发挥了作用。助贷也是网络小贷公司经营的贷款方式之一。作为助贷机构，网络小贷公司向银行推荐客户，银行向客户发放贷款。但部分网络小贷公司在助贷中违规经营，如采取“高收益覆盖高风险”的经营模式，使得息费模糊、利率畸高；为追求利润，在未全面、客观评估借款人的借款用途、还款能力和还款意愿的情况下，诱导借款人超前消费，导致过度借贷等。

专栏 3-6

警惕网络平台诱导过度借贷

“一键就能贷款”“手机号就值20万元”“贷款秒变高富帅”……近年，一些网络平台上频现“土味”营销广告，网贷等行业更是成了重灾区。这些营销广告利用“土味”“奇葩”广告词吸引流量，套取客户信息。对此，中国银保监会消费者权益保护局发布2020年第六期风险提示提醒广大消费者：要警惕过度借贷营销背后隐藏的风险或陷阱。

一是信息披露不当，存在销售误导风险。一些机构或网络平台在宣传时，片面强调日息低、有免息期、可零息分期等优厚条件。然而，所谓“零利息”并不等于零成本，往往还有“服务费”“手续费”“逾期计费”等，此类产品息费的实际综合年化利率水平可能很高。部分营销故意模糊借贷实际成本的行为，侵害了消费者知情权，容易让人产生错误理解或认识。

二是过度包装营销，陷入盲目无节制消费陷阱。一些机构在各种消费场景中过度宣扬借贷消费、超前享受观念。这种对贷款产品过度营销、过度包装的行为容易诱导无节制消费，尤其易对金融知识薄弱人群、没有稳定收入来源的青少年等产生误导。有的未成年人、青少年在网络平台借钱后，给明星打榜、集资、包场、送“粉丝应援礼”，“借贷追星”现象蔓延。盲目借贷、盲目消费终会侵害金融消费者自身权益。

三是过度收集、滥用客户信息，存在个人信息使用不当和泄漏风险。一些网络平台的网贷营销罔顾消费者利益，利用“土味”“奇葩”广告吸引流量，套取客户信息。在营销或借贷过程中，通过广告页面过度收集并滥用客户信息，甚至在消费者不知情的情况下，将客户信息在平台方、贷款机构、出资方等之间流转，侵害了消费者信息安全权。

四是无序放贷，导致过度负债。一些网络平台宣称贷款手续简单，诱惑消费者点击办理，有的机构甚至给未成年人、在校学生、低收入人群等过度放贷，进行暴力催收，冒充司法机关恶意催收，针对借款人亲属朋友进行催收，引发一系列家庭和社会问题。

4. 跨区经营受限

“网络小贷新规”中对网络小贷公司有多项监管规定，如未经批准不得跨区展业；并且提高了网络小贷注册资本门槛至10亿元，跨省经营的网络小贷注册资本不低于50亿元，使大部分网络小贷公司跨区域经营受到限制，目前只有少数互联网巨头控股的网络小贷可以跨省展业，绝大部分传统小贷业务被限制在注册所在地县内或者市内区域经营，这导致其业务难以通过规模效应来降低运营成本，提高风控实力。

（三）法律风险

网络借贷属于新兴金融业态，对其监管还处于摸索阶段，具有法律、法规和政策上的不确定性，加之一部分网络小贷公司资质较差、内部管理薄弱，使网络小贷行业存在法律及合规风险。具体表现如下：

1. 非法集资

所谓非法集资，是指公司、企业、个人或其他组织未经批准，违反法律、法规，通过不正当的渠道，向社会公众或者集体募集资金的行为。网络小贷公司以下三种行为涉嫌非法集资。

（1）非法吸储。我国法律法规明令禁止企业吸收民间资金进行非法集资或开展理财业务。部分网络小贷公司违规经营，私下以借款形式吸收群众资金，并承诺支付比银行存款利息要高出数倍的利息，这种行为涉嫌非法集资。

（2）变相出售理财产品。网络小贷公司本身无权出售理财产品，如果网络小贷公司与担保公司或者基金公司合作，变相代理出售理财产品，则涉嫌非法集资。

（3）融资杠杆超限。网络小贷公司可以通过资产证券化（ABS）、资产支持票据（ABN）等方式获得资金，如果融资杠杆超限，则涉嫌非法集资。

2. 非法经营

根据2019年《关于办理非法放贷刑事案件若干问题的意见》，自2019年10月21日之后，司法解释就明文规定了高利放贷行为构成非法经营罪，即如果向社会的不特定多数人发放年利率超过36%的贷款，就可被认定为高利贷而触犯刑法，涉嫌非法经营。

2020年8月，最高人民法院发布的《最高人民法院关于审理民间借贷案件适用法律若干问题的规定》（以下简称《规定》），将民间借贷利率的司法保护上限调整为一年期的贷款市场报价利率（LPR）的4倍，此前上限为“以24%和36%为基准的两线三区”。然而《规定》发布后不少持牌机构都没有按照此规定展业，如果网络小贷公司的利率仍大幅度高于LPR的四倍，则涉嫌放高利贷、非法经营。

由于准入门槛低，网络小贷行业鱼龙混杂，良莠不齐，滋生了“套路贷”“断头贷”以及暴力催贷等违法违规行为，严重破坏了网络借贷生态，影响了社会稳定。

专栏 3-7

警惕“套路贷”

原本只是做生意周转资金，借款仅 3 万元，短短一年变成 800 万元；为满足消费需求，借款 3 万元，实际到手只有 6 000 元……警方介绍，“套路贷”目的不在于“吃本金”“吃利息”，而是利用借款人着急用钱而又无法从正规金融机构贷款的心理，通过一步步设套，最终非法占有受害人的财产，本质是一种违法犯罪行为。

其实，近两年这种犯罪行为已经在法律界达成了共识。这种“套路贷”，犯罪分子从一开始就是处心积虑地以非法占有借贷人的财产、房产为目的，利用借贷人社会经验不足的弱点，通过“双倍借条”“平账”等手段，将原来不过几万元的借款，在“证据”上飙升到几百万元，进而逼着当事人抵押房产、签订“20 年的租房合同”。

“套路贷”披着民间借贷外衣的金融诈骗，可能潜伏在日常生活的任何角落，各种贷款推销电话，电脑、手机上弹出的广告窗口，微信好友的添加请求，公交站牌、小区墙壁上的小广告，都可能是“套路贷”伸出的触角。实施“套路贷”的借贷平台，不断变换着身上的“马甲”，它们可能披着“校园贷”的外衣让涉世不深的学生掉入陷阱，也可能以“现金贷”的名义让一些民营企业陷入破产清算的绝境。

此外，网络小贷还具有操作风险、技术风险等。

二、网络小额贷款的风险防范

随着互联网金融的兴起，网络小贷公司凭借可以突破地域性经营限制等优势，得到迅猛发展。但网络小贷公司发起、成立由各地方监管部门审批，存在准入门槛低、审核宽松、标准不统一等问题。为防范网络小额贷款业务风险，“网络小贷新规”对小额贷款公司网络小额贷款业务进行了规范。网络小贷公司自身也应从内控、合规、数据安全等方面入手防范风险的发生。

（一）加强风险管理，完善内部控制

网络小贷公司应当按照国家监管部门有关规定，建立健全公司治理架构和

内部控制制度，制定业务经营规则，建立全面有效的风险管理体系，加强贷前、贷中和贷后的风险控制。

贷前风控是风险控制的第一道防线，是整个风控体系的关键环节，是决定风控效果的核心所在。贷前风控流程一般为用户申请进件—预审批—审批。预审批阶段一般由系统完成。审批阶段可以通过信用评分卡、风控模型来完成或者综合判断。贷前风控的目的在于反欺诈（排除欺诈用户）与用户授信（判定用户的还款能力与还款意愿）。贷中风控主要用于监控用户还款能力、还款意愿的演变，是对贷前风控的补充，侧重点以监控、跟踪、预警或者分析等为主。贷款的按时收回是控制贷款风险的重中之重，在贷后风控环节，针对按期还款用户，可进行复贷。复贷的审核条件与所需信息门槛降低，如信用良好，可提高其用户等级与授信额度。针对未按期还款的借款用户则需要进行催收，但要注意手段的合法性。

建立内部监督和问责机制，定期对风控制度的执行情况进行监督检查，对于风险管理中工作人员错误操作、违规操作、道德风险等问题进行问责和处罚，并将风险管理制度落实情况纳入工作人员综合绩效考核指标中。强化各部门协调联动，健全各部门共同参与的联合监督机制，提高风险管理制度的执行能力和执行水平。

（二）守住合规经营底线，培育合规文化

小贷公司应按照“网络小贷新规”的规定，进一步强化合规经营，控制好业务风险和融资杠杆率，将利率保持在合理水平，更好服务长尾市场和长尾客户，保护消费者合法权益。要注重培育合规文化，引导员工树立良好的职业操守，做到不越合规这条“底线”，不碰规章制度这条“警戒线”，不违反法律这条“高压线”。要建立与合规文化相适应的激励约束机制，明确传递一种信息，即奖励那些善于发现风险、揭示风险、规避风险的员工，惩罚那些违反贷款规则、制造贷款风险的员工，切实在内部形成一种“不以效益为由简化贷款程序、不以发展为由变通规章制度、不以同业竞争为由放宽准入条件”的良好氛围。

（三）利用 ABS 融资，拓宽融资渠道

网络小贷的融资方式较少，外部融资渠道主要有银行借款、资产证券化（ABS）和发债。其中，发行 ABS 是网络小贷公司最优的外部融资方式。通过发行 ABS，可以将已经形成的信贷资产收益权转让从而回笼资金，回笼后的资金继续开展信贷业务，盘活信贷资产存量，提升资金使用效率，再加上此类融资方式融资余额可以达到其净资产的 4 倍，成为网络小贷公司尤其是头部公司扩大资金来源的主要渠道。

过去几年，由于行业监管和发展情况，对 ABS 的审核比较谨慎。2023 年以来，沪深两地交易所对网络小贷公司 ABS 项目的审核脚步明显加快，美团、百度、京东等旗下小贷纷纷通过 ABS 融资，美团小贷发行 200 亿元，度小满小贷发行 150 亿元，360 小贷发行 65 亿元。但网络小贷公司 ABS 能否发行成功取决于多种因素，如底层资产组成结构和质量、整体杠杆（外部融资余额与净资产的比重）、发行规模等，对于整体杠杆较高、单次发行规模较大的企业，审批会更加严格，审批流程也会更长。

（四）注重个人信息保护，确保数据安全

网络小贷公司分析评定客户信用风险、确定贷款方式和额度的主要依据是数据，这些数据的收集是否合规是网络小贷经营者需要考虑的问题。根据《中华人民共和国网络安全法》和《中华人民共和国个人信息保护法》都要求收集个人信息限制在处理相关业务必要的最小范围内。因此，网络小贷公司向用户收集个人信息时，应当限于其业务所需要的范围，并且应向借款客户说明其网络消费、网络交易数据等会被用于分析评定其信用风险等情况。此外，网络小贷公司要关注其业务系统、互联网平台的数据安全。除采取必要的技术措施确保数据安全外，还需要建立健全一套风险监测、报告以及补救的运行机制，有能力在发生数据泄露、毁损、丢失的情况时，及时发现、及时报告并妥善补救。

三、网络小额贷款的发展趋势

（一）增资与清退并行，行业迎来高质量发展拐点

自 2008 年银监会、中国人民银行共同发布《关于小额贷款公司试点的指导意见》算起，中国的小贷行业已经发展了十几年的时间。其间，互联网给小贷插上了高速发展的翅膀。快速发展之下，潜在的风险逐步显现。2017 年监管部门出台文件暂停了网络小贷批复。随后，监管对于网络小贷发展的整治开始逐年加码。2020 年的“网络小贷新规”给出更严的门槛，跨省开展业务一次性实缴 50 亿元。

此后，网络小贷进入整改时期，增资与清退同步进行。腾讯、360 数科、字节跳动、美团、京东等多家互联网巨头均对旗下小贷机构增资，谋求在更多地区展业。除了增资，这些巨头也在对旗下包括小贷牌照在内的金融类牌照进行整合。同时，也有一些巨头打算布局小贷牌照。与此同时，也有很多区域性、小规模的小贷机构在加速清盘离场。近一两年，多地开始对小贷牌照的清退工作。公开资料显示，自 2022 年起，安徽、江苏两地共计 22 家小贷公司被清退。2022 年以来，黑龙江省已经被注销 23 家小贷公司，82

家无牌小贷公司被列入经营异常；甘肃省368家小贷公司中仅87家正常，126家被列入风险类；2023年1月，广西壮族自治区取消辖区内75家小贷公司经营资格。中国人民银行披露的数据显示，截至2022年12月末，全国共有小额贷款公司5 958家。与2021年末的6 453家相比，全国小贷机构数量减少近500家。

2023年，广州市地方金融监督管理局发布《2023年广州市小贷行业高质量发展工作要点》，其中明确提出，鼓励符合条件、具有较强实力的实体经济企业发起设立小贷公司，壮大小贷行业队伍。这是自2017年以后，省级政府部门出台的首份鼓励设立小贷公司的文件。此次广州提出鼓励符合条件的企业设立小贷公司，是广州地方小贷牌照申请信号，也预示着小贷行业经历大浪淘沙的洗牌后，行业规范也在逐步落实，行业正迎来高质量发展拐点。

（二）入股持牌金融机构成趋势

从长远角度看，网络小贷需要合规经营、持牌经营，积极入股银行和消费金融等持牌金融机构才是正解。

2017年11月，百信银行成立。福建百度博瑞网络科技有限公司持有中信百信银行的股权26.03%。

2019年9月，深圳分期乐网络科技有限公司通过全资子公司——江西亿分营销有限公司持有江西裕民银行9.8%的股份（第三大股东）。

2019年12月，信也科技完成对福建海峡银行的股权投资，持有该行4.99%股份，并与其在消费金融等方面达成合作。

2020年8月，360安全科技股份有限公司获得银保监会的批复，入股天津金城银行，持有30%股份（第一大股东）。

2020年12月，京东科技集团旗下网银在线（北京）商务服务有限公司接到银保监会批复，同意其与招商银行共同筹建招商拓扑银行股份有限公司。

2021年第四季度，小赢科技耗资3.15亿元入股辽宁振兴银行（民营银行），持股12.6%。

（三）互联网平台加速整合旗下网络小贷公司

“网络小贷新规”明确要求：同一投资人及其关联方、一致行动人作为主要股东参股跨省级行政区域经营网络小额贷款业务的小额贷款公司的数量不得超过2家，或控股跨省级行政区域经营网络小额贷款业务的小额贷款公司的数量不得超过1家。在此背景下，阿里巴巴、京东、携程等互联网公司纷纷加速整合旗下小贷公司。

延伸阅读

P2P 清零是负责任的监管矫正

一、曾经的 P2P 平台

红极一时的 P2P，终于落下了帷幕。让我们先回顾一下那些曾经风光无限的 P2P 平台。

1. Y 公司

如果说 P2P 行业是个年轻的行业，那么 Y 公司绝对算得上“老人”。诞生于 2012 年 P2P 热潮之中，自诞生起，就在同质化严重的 P2P 产品中出类拔萃。原因无他，Y 公司打的旗号就是“为城市白领人群提供借款咨询服务”，于是吸引了一群城市较高收入人群将资金投入 Y 公司中。

发展三年，Y 公司势头迅猛。准确地切入了良好资金来源人群，迅速在 P2P 领域做出了成绩。2015 年，Y 公司的发展达到了顶峰。2015 年 12 月 18 日，Y 公司登陆纽约证券交易所上市，成为中国互联网金融海外上市第一股。虽然在上市后 Y 公司的股价一开始一路走低，但是后期势头强劲。上市后的半年期，Y 公司股价一路水涨船高。2016 年 8 月 11 日，Y 公司股价相较于上市时的价格，涨幅超过了 200%；相较于最低股价，涨幅甚至达到了 10 倍。当时的美国 P2P 领军企业 LendingClub，市值也仅仅高于 Y 公司 0.8 亿美元左右。

但是 Y 公司的发展之路，在此时也踩下了刹车。Y 公司虽然发展迅猛，但是随着规模的扩大，贷款坏账率在攀升；而且 P2P 行业监管开始逐渐浮出水面，Y 公司的日子不再像以前好过了。2019 年，Y 公司开始进行转型过渡，Y 公司创始人甚至将公司业务进行了重组。

2019 年，Y 公司的贷款总额为 391 亿元人民币，同比下滑 38.23%。同期公司净收入和净利润都有着超过 20%的下滑幅度。到 2020 年 4 月份，在中国人民银行提供的一份回复内容中显示，Y 公司已被纳入北京互金风险专项整治范畴，北京互联网金融风险专项整治工作领导小组办公室正对其开展清理整顿。

2. L 公司

除了 Y 公司之外，另一家更具风头的 P2P 企业，当属 L 公司。都说背靠大树好乘凉，L 公司背后也有着一棵参天大树，那就是 P 集团。借助 P2P 的浪潮，P 集团在 2011 年 9 月于上海注册成立了 L 公司，于次年 3 月正式上线运营了网络融资平台。

L公司可谓是最早一批的P2P平台，在内部人所称的L公司1.0时代，P2P是L公司唯一的业务。与其他家P2P不同的是，由于其背景平台巨大，出生就含着金汤匙的L公司很快就在P2P市场取得了领先地位。2016年，L公司的P2P业务交易量排名全国数千家P2P机构第一。

但是就是这样一家背靠大树，拥有绝对实力的P2P机构，却早在2016年占据全国P2P交易量市场第一的背景之下，开始渐渐将P2P业务剥离出中心。在L公司的掌门人J先生的计划中，L公司追求的P2P业务只是1.0版本的L公司。2.0时代的L公司就已经转变为跨门类经营的开放金融平台，而不仅仅是单一的P2P机构。3.0版本的L公司更进一步，将P2P业务列为非中心业务。在3.0版本提出的2015年，正是L公司P2P业务登峰造极的一年。L公司其实早就在准备P2P业务的退路。

在2018年转型后，L公司早已不再是依赖P2P业务的金融机构，而是更多地将精力放在了金融产品业务开发、财务咨询等方面。2019年，处于P2P监管风头的时候，L公司宣布退出P2P业务。2020年10月30日，L公司控股在纽约证券交易所上市，发行总市值达到313亿美元。

3. P公司

如果要论起中国P2P江湖由哪家而起，P公司当仁不让。2007年7月，在上海市嘉定区，几个年轻人一起凑钱成立了P公司。P公司成为中国第一家网络信用借贷平台。其创始人决定借鉴国外的P2P平台Zopa的发展模式，成立“纯正”的P2P业务平台。这种借贷模式在当时的国内，实属“一股清流”。

但是由于征信系统不够完善，P公司在成立后无法控制风险，更重要的是，P2P关键的第一个P由于出资用户不足，P公司自身的资金匮乏。几位创始人甚至需要到街头扫街，亲自去线下作风控。2008年，在扫街一年后，P公司来到了线上，开始做线上P2P业务。又过了一年，P公司开始实行收费模式。在那个中国互联网金融还处于混沌的时代，P公司可谓是“摸着石头过河”，成为第一家“吃螃蟹”的金融公司。

P2P业务在扶持小微企业方面，的确在初期卓有成效。上海市浦东新区甚至会推荐采用P公司给着急用钱的小微企业用户。2009年8月，中央电视台甚至在新闻频道报道了P公司。

此后，这家第一个“吃螃蟹”的金融公司才走上了“康庄大道”。2017年，P公司仅仅第二季度的累计成交量就达到了165亿元，环比增长56.5%，净利润超过10亿元。同年，虽然P2P行业监管之风开始吹起，但是P公司却迎来了发展势头最猛的一年。2017年11月10日，P公司成功在纽约证券交易所上市。

在此后，P 公司虽然是中国第一家网络信用借贷平台，但是却是 P2P 行业“跑得最快”的一批。2018 年开始，P 公司就将公司发展重心转到了机构资金方面。2019 年，经过两年的调整，P 公司的机构资金占比升至 97%。2020 年，P 公司发布公告称，公司更名。截至目前，P 公司已经完成存量业务的清零和退出，致力于为有借款需求的借款人匹配适合的持牌金融机构资金。

二、P2P 的消亡史

乘着“大众创业、万众创新”与互联网金融快速发展的春风，P2P 机构在中国如雨后春笋般遍地开花。由于 P2P 投资回报率普遍大于 10%，甚至达到 15%以上，还宣称“保本保息”，许多老百姓加入了这个理财新风口。

2007 年 6 月，中国第一家网贷平台——P 公司宣布成立，向海外 P2P 公司学习得有模有样，做着提供借贷双方撮合的生意。这也标志着 P2P 行业在中国正式开始扩张。

2013—2014 年是 P2P 行业的快速扩张时期。一轮又一轮的政策新风吹来，彻底改变了行业无法破圈的现状。

2017 年是 P2P 行业发展的顶峰时期，全国 P2P 网贷机构约 5 000 家。当年 5 月底，网贷余额逼近 1 万亿元大关，当月成交金额高达 2 488 亿元。

2018 年的 P2P 行业迎来了“清算”。国家金融发展宏观大方针是去杠杆。到当年 12 月底，全国正常运营的平台仅有 1 034 家，全年共曝出 848 家问题平台，同比 2017 年增长了 42.7%。

2019 年的 P2P 行业更是雪上加霜。著名的团贷网“爆雷”，这是 P2P 绝对的头部平台，累计成交超过 1 300 亿元，彻底击溃了出借人已剩不多的投资信仰。早在年初，金融圈就广为流传一份“红头文件”，大致的意思是除了严格合规的 P2P 平台以外，其余机构要能退尽退，应关尽关。

2020 年则是 P2P 行业全部“清零”的时刻。2020 年，全国只有 29 家还在运营。8 月末，运营平台只剩 15 家，较 2019 年初下降 99%，借贷余额下降了 84%，出借人下降了 88%，借款人下降了 73%。9 月末，只剩 6 家。11 月中旬，官方再发声，完全归零。

至此，曾经红极一时的 P2P 行业彻底退出金融行业，最终谁都没想到落幕会来得如此之快。

三、“清零”背后的反思

从无到有，再到繁荣，最终消亡，P2P 网贷是互联网金融浪潮中最短命的行业之一，这背后预示着未来监管层降低互联网金融风险的决心。

监管部门表示，要加快构建现代化的金融监管体制：一是处理好金融发展、金融稳定和金融安全的关系，提升监管能力，加强制度建设，坚持市场化、法治化、国际化的原则，提高监管透明度。二是完善风险全覆盖的监管框架，增强监管的穿透性、统一性和权威性，依法将金融活动全面纳入监管，对同类业务、同类主体一视同仁。三是对各类违法违规行为“零容忍”，切实保护金融消费者合法权益。四是大力推动金融监管科技建设，提升跨区域、跨市场、跨行业交叉金融风险的甄别、防范和化解能力，提升监管的数字化水平。

现在网贷平台已全部“清零”，这对于我国的金融监管而言无疑是向前迈出了一大步。回望网贷平台的整个监管过程，一路走来实属不易，而你我共同见证了中国金融监管的历史一幕。

资料来源：根据网络资料整理。

4

第四章
众筹融资

众筹融资作为互联网金融发展的一种新业态，为大众投资人和融资者之间建立了连接的纽带，在促进金融脱媒，实现普惠金融以及促进资本市场多层次建设方面发挥了重要作用。但众筹与其他的互联网金融业态一样，面临着诸多风险，尤其是众筹行业十分容易触及法律风险。本章着重分析众筹的模式及风险，并提出防范措施。

第一节　众筹融资概述

众筹是通过互联网方式发布筹款项目并募集资金，相对于传统的融资方式，众筹更开放，能否获得资金也不再以项目的商业价值作为唯一标准。众筹让小企业、艺术家或个人向公众展示他们的创意，获取公众的关注和支持，进而获得所需要的资金援助。

一、众筹的含义及特点

（一）众筹的定义

众筹，即大众筹资，翻译自英文 crowdfunding 一词，《牛津词典》将其解释为“通过互联网向众人筹集小额资金为某个项目或企业融资的做法”。

虽然大众筹资的行为早在千百年前就出现了，但是它近几年才真正进入人们的生活。互联网的广泛普及和互联网的传播特性促使众筹进入了一个新的领域。现代众筹是指通过互联网方式发布筹款项目并募集资金。由于其较低的准入门槛和行业广泛的包容性，众筹一经兴起就成为一种低成本、方便快捷的创业融资和投资方式，为新型创业公司的融资开辟了一条新的路径，促进创新创业。

众筹的参与主体包括筹资者、投资者和众筹平台。三者之间的关系如图 4-1 所示。

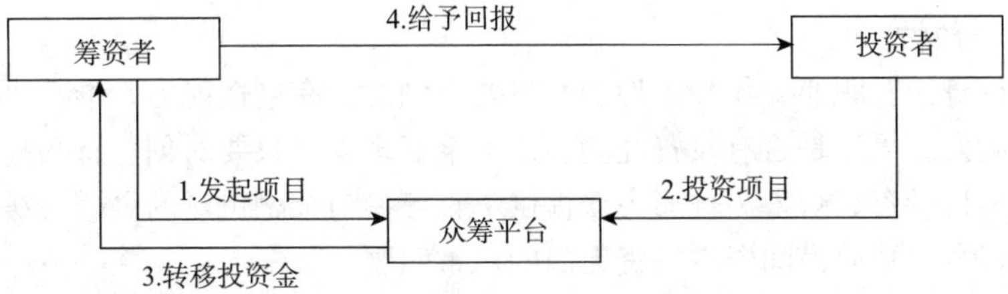

图 4-1　众筹主体之间的关系

1. 筹资者

筹资者又称项目发起人，通常是需要解决启动资金问题的创意团队或有创意项目的微型企业，但也存在个别企业发布项目的目的是为加强与网络市场用户的互动和体验，使产品的预销售和推广等其他功能得以扩展，项目发起人借助项目发布让公众（潜在用户）参与产品开发、试生产和推广等环节，借此使得项目产品获得更好的市场反应。项目发起人必须具备一定的条件（如国籍、年龄、银行账户、学历等），项目的自主性应为 100%，在众筹平台上展示创新项目，设定筹资金额、期限、模式和预期回报方式等。

2. 投资者

投资者又称出资人，通常是指数量庞大的互联网用户。投资者在众筹平台选择感兴趣的项目，根据项目设定的投资挡位进行投资后，获得预期回报，每个投资者都成为"天使投资人"。为了确保项目经营的顺利实施，投资者可以定期或者不定期地与该项目的发起人进行沟通并发挥监督作用。

3. 众筹平台

众筹平台负责审核、展示筹资人创建的项目，是众筹融资中的中介信息桥梁，将创新项目与社会资本进行对接。2014 年 12 月 18 日，中国证券业协会颁布的《股权众筹管理办法》中第五条将股权众筹平台定义为"通过互联网平台（互联网网站或其他类似电子媒介）为股权众筹投融资双方提供信息发布、需求对接、协助资金划转等相关服务的中介机构"。它是融资项目的筛选者和监督者，也是投资者的利益维护者，可以说股权众筹平台是决定融资项目的成功与否、合法与非法的关键。

（二）众筹融资的特点

众筹是一种新兴的有别于传统金融的融资方式。它借助互联网的开放、灵活、便捷、高效等特点，依托信息平台和社交网络，帮助项目发起人迅速把握市场脉搏，赢得目标客户群，筹集到项目启动资金，满足了创意经济、小微经济融资的需要。

众筹融资具有以下特点。

1. 开放性

无论身份、职业、年龄、性别，只要有创意、有创造能力，谁都可以作为项目发起人。无论是否有投资经验、出资金额多少，只要对创意感兴趣，谁都可以为项目投资。众筹为普通民众提供了直接参与金融市场的渠道，缓解了资本市场资金紧缺而民间资本投资无门的双重问题。

2. 效率高

众筹融资相对于传统渠道来说，手续简便。对于细节完善、可操作性强的项目，一经众筹网站发布，就很容易获得投资者的关注并融资成功，融资效率大大高于传统渠道。

3. 门槛低

众筹项目的筹资人一般是小微企业、初创企业或个人，投资方一般是普通个人。它对投资双方的门槛要求相比传统融资方式要低。

4. 风险小

传统融资模式下，投资者数量少，单笔投资金额高，风险也相对集中。众筹的核心思想体现在"大众"，通过互联网平台的无界性，可以在短时间内聚集数量庞大的参与者，而每位投资人的投资额度可以很低，有利于通过分散化的方式降低融资风险。

5. 社交化

众筹融资其实是发动网络上的"陌生人"参与项目的投资，正是借助互联网的社交属性，让互不相识的投融资双方在众筹平台上进行交流互动，了解项目的创新性和可行性，从而促成融资的成功。众筹平台的网络社交影响力决定了众筹项目的成功率。

二、众筹的类型

（一）按回报方式及投资人参与目的划分

按回报方式及投资人参与动机不同，众筹大体分为四种类型：捐赠式众筹、奖励式众筹、股权众筹、债权众筹。详见本章第二节。

（二）按融资的领域划分

按融资领域，可以将众筹分为科技类众筹、地产众筹、影视众筹、汽车众筹、农业众筹、出版众筹等。

1. 科技类众筹

科技类众筹是指众筹对象为与科技相关的产品、公司、项目的众筹融资方式，众筹的对象主要是消费级科技产品，包括 3C 数码类产品、家用电器、智能设备等。科技类众筹通常表现为产品众筹和股权众筹模式，前者用于宣传推广、促进销售，通常选择客户流量较大的电商型众筹平台募资，京东众筹、淘宝众筹、小米众筹和苏宁众筹是发布此类项目最多的平台；后者主要表现为初创公司融资或是成熟型公司的老股转让，鉴于科技类公司创业成本较高且股权众筹融得资金有限，老股转让方式更为常见。

2. 房地产众筹

2012 年 12 月 8 日，美国网站 Fundrise 率先将众筹的概念植入房地产中，诞生了“房地产众筹”模式。Fundrise 提供住宅地产、商业地产及旅游地产等各种类型的不动产项目，投资门槛只有 100 美元。目前，国内市场上较为常见的房地产众筹模式有融资开发型众筹、营销推广型众筹、投资理财型众筹几类。由于 2016—2017 年相关监管部门禁止了以炒房为目的的房地产众筹，房地产众筹所募集的资金不再投入房地产投资市场，投资人的利润分配主要来源于具体项目的经营所得。按照众筹过程中签订合同的不同，投资人可以获得股权、收益权或消费权益等。2018 年房地产众筹行业被广州、深圳等地叫停，发展受到限制。

3. 影视众筹

影视众筹是指投资人通过互联网为影视制作全过程募集所需要的资金、人才、剧本、设备等，以达到资助影视项目顺利完成的目的。相关项目主要包括院线电影、台播电视剧、新媒体电影、网络剧等，众筹一般发生在这些影视作品正式放映之前，项目筹备、摄制、后期制作、宣传发行的各个环节都可以发起。

4. 汽车众筹

汽车众筹是指以汽车作为投资标的，通过互联网众筹平台向大众募集资金，用以购买汽车，将其出售或租赁给用户（个人、下级车商、汽车使用公司等）以获取买卖差价或租赁收入，并按约定的方式向投资者和服务方（一般为车商和平台）分配收益的众筹方式。

5. 农业众筹

农业众筹是指通过互联网众筹平台为农业筹集生产、加工、销售等环节所需资金的活动。随着“互联网＋‘三农’”理念的不断推进，农业众筹的发展前景向好。农业众筹主要表现为三种模式：收益权型（回报为土地使用权、农企股权、收益权等）、农产品众筹以及捐赠型农业众筹，目前国内市场中常见的是农产品众筹。

6. 出版众筹

出版众筹指的是通过互联网平台为出版项目进行的大众筹资行为，出版众筹是产品众筹（奖励式众筹）的一种，主要以图书和杂志为主（不包括影视出版）。出版作为一种生产形式，当它与“众筹”这一网络融资形式结合起来时，形成的是一种新型的出版经营模式，更加丰富了“众筹”内涵。它可以为出版项目筹集资金、宣传和推广项目，还能够帮助出版社预测市场，判断首印数量以降低出版风险，以及配合上线项目进行相关营销活动。同时，由于出版众筹模式具有互联网众筹开放性、互动性等特征，它形成的是一种作者与读者、出版方与市场之间的互动，这种互动更加直接，极具交互性，用户的黏性也更强。在整个出版过程中，项目投资人不仅仅是充当投资人的角色，还在很大程度上参与项目的生产和实施，充当着监督人和审稿人的角色。

（三）按照经营范围划分

按照经营范围，可将众筹平台划分为综合型众筹平台和垂直型众筹平台。

1. 综合型众筹平台

综合型众筹平台是指支持多元化项目的筹资申请、涉及面广泛的网站。例如，Kickstarter 按项目内容可以分为艺术、漫画、工艺、舞蹈、设计、时尚、影视、食物、游戏、新闻、音乐、摄影、出版、科技和戏剧 15 个大类，是一家典型的综合类众筹网站。国内的众筹网、点名时间也是支持各类项目的综合类众筹网站。

2. 垂直型众筹平台

垂直型众筹平台是指支持某一特定领域的项目筹资申请、比较专一、富有行业特色的专业网站。垂直型众筹平台具有专一性的特点，使得平台能够规模化、低成本地细分众筹领域，满足个性化需求并形成独具特色的社区文化和基因，从而让投融资关系更加融洽。垂直型众筹平台可以无限大地体现平台的专业性、权威性，并能定位精准地吸引特定投资人群反复投资，增加黏性。随着众筹的不断发展，将会有越来越多的垂直型众筹平台出现。例如，ArtistShare、Sellaband 主要面向音乐领域；ZaoZao 主要面向时尚设计领域，网站的目标客户是时尚爱好者；Venture Heath、Medsatrt 等专门面向医疗领域；淘梦网主要面向微电影领域。

三、众筹的兴起与发展概况

（一）国外众筹的兴起与发展

众筹的雏形最早可追溯至 18 世纪欧洲文艺作品的订购。在当时，很多文艺作品包括莫扎特、贝多芬等著名作曲家的作品，都是通过订购这种方式来完成的。在文艺作品创作前寻找订购者提供创作经费，待作品完成时，通过回赠一本附有创作者亲笔签名的著作、协奏曲乐谱副本或享受音乐会首场演出欣赏资格等。

众筹融资作为一种商业模式，起源于美国，早期以奖励式众筹为主。2001年，被誉为“众筹先锋”的平台美国ArtistShare公司就已诞生，该平台主要面向音乐界的艺术家及其粉丝。ArtistShare公司的CEO创建这家公司时的想法是希望号召粉丝们资助音乐唱片生产与发行，并获得只在互联网平台上发布的音乐专辑。音乐家们则可以在网上得到更加优厚的合同条款，他们可以在ArtistShare网站上通过向粉丝筹集资金，让自己的音乐作品得以顺利发行。ArtistShare网站获得了极大的成功，其网站上资助的音乐项目获得了6座格莱美奖杯和21项格莱美提名。

2009年4月，世界上最负盛名的同时也是最大的众筹平台——Kickstarter网站正式上线。网站创立不久就为入驻的创意项目成功募集到资金。由此，这种全新的融资模式引起了社会的广泛关注。众筹项目也不仅仅只限于艺术作品，而是被运用到了教育、科技、商业等更加广阔的领域。

专栏 4-1

Kickstarter

2009年4月，Kickstarter在美国纽约正式上线，是目前全球最大的综合性众筹网站，也是最具影响力的一家众筹网站，致力于支持和激励具有创新性、创造性、创意性的活动。

Kickstarter网站的创意来自一位华裔创始人Perry Chen。2002年，他因为资金问题被迫取消了一场筹划中的在新奥尔良爵士音乐节上举办的音乐会，这让他非常失落，进而他开始酝酿建立一个募集资金的网站。Perry回忆说：“一直以来，钱就是创意事业面前的一个壁垒。我们脑海里常会忽然浮现出一些不错的创意，要想看到它们有机会实现，除非你有个富爸爸，否则不太有机会真的做到这一点。”

Kickstarter通过向公众筹集小额资金为创意类项目及小企业筹集资金，开启了大众化融资方式。Kickstarter是典型的奖励式众筹平台，其回报通常是一个产品或会员卡、入场券。目前支持的领域包括影视、音乐、艺术、游戏、软件等15个大类，所有项目需要经过事先审核。如果筹资成功，Kickstarter将收取5%的服务费，另外还收取3%～5%的费用用于为Kickstarter

提供支付服务的 Amazon 平台的服务费用；如果筹资不成功，则收取 8%～10%的服务费。此外，Kickstarter 逐渐将业务拓展到了英国、加拿大、澳大利亚、新西兰等国。截至 2015 年末，Kickstarter 一共为 9.6 万个项目融资 20 亿美元，平均每个项目筹资额为 2 万美元，筹资时间多集中于 16～30 天。科技类、游戏类、设计类项目所获得的筹资额最高。

截至 2022 年 4 月，Kickstarter 共上线项目 556 073 个，项目成功率为 39.66%。这些项目共筹集资金 65.8 亿美元，其中获得成功的项目融资 59.8 亿美元，失败项目融资 5.42 亿美元，正在融资的项目筹资 5 300 万美元。

2012 年 4 月，美国颁布的《促进创业企业融资法》（以下简称《乔布斯法案》）规定，基于互联网的众筹可以免于在美国证券交易监管协会（SEC）注册，企业使用众筹筹资，一年内筹资累计金额不能超过 100 万美元，筹资过程必须由一个合规的中介机构进行。《乔布斯法案》放宽了对众筹的限制，确立了股权众筹平台的合法地位。推动了众筹行业在美国的快速发展，股权众筹成为众筹的一种主流模式。2012 年 8 月，Fundable 上线，成为美国第一家以股权筹资模式帮助创业者进行股权融资的网络平台。由于有了投资者保护的种种措施，让股权成为众筹的可行回报方式，也能够有效地控制项目发起者的道德风险和逆向选择，为未来更大的融资规模提供法规基础。

依托宽松的市场环境，美国成为众筹模式发展最为活跃的国家，众筹网站及融资规模也遥遥领先。英国、加拿大、澳大利亚等国的众筹发展也较为活跃，很多国家也引入了众筹融资模式，如新加坡的 ToGather 等。总体而言，全球众筹融资发展迅速，根据 Statista 的数据，2018—2020 年全球众筹项目的平均融资额大幅提升，由 2018 年的 28 656 美元迅速提升至 2020 年的 44 753 美元。从不同类型的众筹融资额看，债权类众筹是众筹的主流模式，其融资规模远超其他类型的众筹融资规模，股权类规模最小，债权类众筹的融资规模约为股权类众筹融资规模的 23 倍。2020 年，全球债权类众筹（P2P）融资规模达 1 008.6 亿美元，而同时期奖励与捐赠类众筹融资额为 84.1 亿美元，股权类众筹融资规模仅为 44.1 亿美元。

（二）国内众筹的发展概况

国内众筹市场始于 2011 年 7 月，类似 Kickstarter 的商业模式的“点名时间”上线，随后出现了首家股权融资平台天使汇，以及追梦网、大家投等众筹平台，但用户数量和交易额在 2014 年以前处于缓慢增长的萌芽期。

从 2014 年开始，随着京东、苏宁和蚂蚁金服等各大互联网巨头进入众筹领域，国内众筹行业迅速发展，众筹网站的数量破百，众筹融资用户规模达100万人。京东众筹于2014年7月上线，在2022年停运前的8年存续时间内，尝试了产品众筹、私募股权融资东家及众创生态圈的三位一体生态模式。

2014年12月，中国证券业协会针对股权众筹发布《私募股权众筹融资管理办法（试行）（征求意见稿）》，给投资者设定了与私募风险程度相配套的高门槛，打破了股权众筹一直以来的法律制度空白状态，对股权众筹的性质，股权众筹平台的条件、权利和义务，合格投资者条件，投资者保护，众筹平台的监管等多方面进行了初步的界定。

2015年被称为中国的“众筹元年”，十部委及证监会相继出台《关于促进互联网金融健康发展的指导意见》和《关于对通过互联网开展股权融资活动的机构进行专项检查的通知》，明确了股权众筹的定义及监管部门，行业逐步进入规范发展阶段。

近年，随着监管趋严，全国正常运营的平台骤减，行业进入洗牌期。据众筹家旗下人创咨询统计，截至2018年6月底，全国尚有上线众筹平台854家，其中正常运营的为251家，下线或转型的为603家；到2020年4月底，正常运营的众筹平台仅剩59家，其中，非公开股权融资型平台21家，权益型平台22家，物权型平台5家，综合型平台7家，公益型平台4家。

专栏4-2

国内十大众筹平台

1. 京东众筹

京东众筹作为京东金融第五大业务板块于2014年7月1日正式诞生，旨在打造出门槛极低、新奇好玩、全民都有真实参与感的众筹平台。京东众筹主打产品众筹，产品众筹是出资人对众筹项目进行投资，获得产品或服务。

2. 淘宝众筹

淘宝众筹，具有门槛低、多样性、依靠大众力量、注重创意的特征，是指一种向群众募资，以支持发起的个人或组织的行为，是阿里巴巴旗下唯一的众筹平台。

3. 众筹网

北京网信众筹网络科技有限公司、众筹网和网通金融更具影响力的众筹平台，为投资、孵化、运营提供一站式综合众筹服务。

4. 平安众十

平安众十是平安集团旗下的众筹交易平台，是平安集团互联网金融产业链的重要组成部分，平台专注于提供优质的众筹平台的服务。

5. 苏宁众筹

苏宁众筹是苏宁金融集团旗下的众筹模式网站，包括实物类、公益类、影视类、娱乐类、农业类、房地产类、股权类众筹等，是国内唯一一个实现同时在线上平台、线下实体门店同步开展众筹产品体验的全渠道平台。

6. 天使汇 AC

北京天使汇金融信息服务有限公司是一个为企业家和天使投资者服务的天使联合投资平台，也是中国颇具影响力的创业服务平台。

7. 蚂蚁达客

蚂蚁达客是蚂蚁金服集团旗下，第一家获得股权众筹资格的企业。蚂蚁达客利用互联网技术和大数据优势，以股权为支点，撬动企业的成长梦想。

8. 创投圈

北京海蓝创景投资咨询有限公司旗下的创投圈是一个社交网络，专注于服务投资者和企业家。创投圈汇集了众多业内顶尖投资者，是国内较早建立的大型互联网联合投资平台。

9. 腾讯乐捐

腾讯是互联网综合服务提供商，并与百度、阿里巴巴一起被称为 BAT 三巨头。其拥有大型社交网站和软件产品，如腾讯网、微信、腾讯微博等。腾讯乐捐是其旗下产品。

10. 36 氪

36 氪是一家以媒体为旗舰的新经济服务集团。36 氪为客户提供包括品牌曝光、PR 传播、投资、融资及上市辅导、市值及品牌管理、获客、咨询和研报、创新解决方案、创投课程、商业短视频、社群、地方政府对接、企业出海等，覆盖企业全生命周期的多元服务。

第二节　众筹的模式

关于众筹的模式，本节从众筹的运营模式和盈利模式两个层面进行分析。

一、众筹的运营模式

按照回报方式及项目支持者参与动机的不同，众筹的模式大体分为购买模式和投资模式，具体又包括奖励式众筹、捐赠式众筹、股权众筹、债权众筹等，如图 4－2 所示。

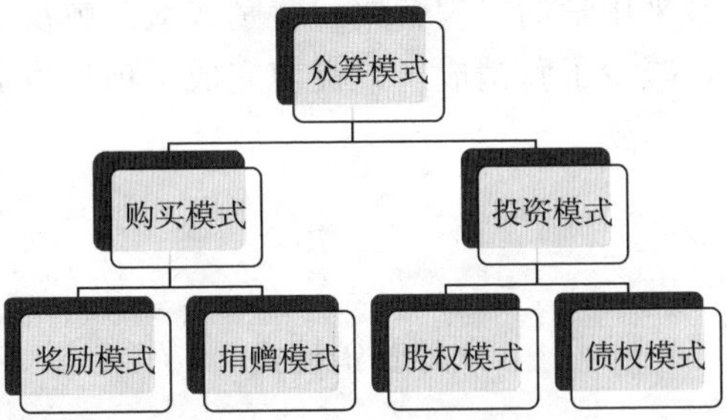

图 4－2　众筹的运营模式

每类众筹在实施过程中，众筹参数的设计、目标客群、操作周期等各不相同。奖励式众筹又称回报众筹或预购式众筹，是指出资者对项目或机构投资，投资人可以获得非金融性奖励作为回报。捐赠式众筹是指出资者对项目或机构进行无偿捐赠的众筹模式。股权众筹，顾名思义，投资者通过出资获得该项目一定比例的股权。股权众筹对创业企业的发展有很大意义，可一定程度上帮助发起方解决融资难题。债权众筹出资者获得一定比例债权，未来获取利息收益并回收本金，P2P 借贷是债权众筹的一种典型形式。

（一）奖励式众筹模式

1. 奖励式众筹的含义

奖励式众筹也称产品众筹、预售众筹或回报众筹，是投资人根据筹资人对潜在产品或服务的介绍，按照契约规定为项目提供融资支持，项目成功后以产品或服务等非金融形式获得回报，即“我给你资金，你给我产品或服务”。

众筹处于产业链的最前端，可以快速地发现和发掘有潜力的产品项目；通过用户的支持，可以验证项目是否符合市场需求，从而大大降低项目失败的风险；提供天然的平台，帮助发起人获得第一批忠实粉丝；众筹后的数据结果将为项目获得进一步融资提供最强有力的说明；众筹网站也会根据项目筹资表现的数据，提供信贷、孵化或投资等金融服务。因此，奖励式众筹的核心诉求并不是直接的融资，而是“筹人、筹智、筹资”的过程。

2. 特点

奖励式众筹主要有以下特点。

一是筹资与营销相结合。预售产品是奖励式众筹的重要特征。出资人提供资金给筹资人生产新产品，是对该产品有兴趣前提下的“订购”，使筹资人获得第一批忠实粉丝。同时，出资人拿真金白银支持，可以验证项目是否符合市场需求，大大降低项目失败的风险。众筹后的数据结果，可以用来测试和预测量产规模，培养和精准定位首批用户群，从而起到宣传营销的作用，利用得好还能带来用户的口碑营销。奖励式众筹解决了项目发起方的筹资问题、客群问题，减少了营销成本，提前完成了项目发起方的回款与销售闭环。

专栏 4-3

众筹营销模式

众筹营销是利用移动互联的手段对传统产业进行改造和升级，通过筹钱来降低门槛，提高参与者发言权，通过分红来刺激传播推广产品，以筹钱为辅，以筹智为主，实践开放、平等、协作、分享的互联网精神，并通过网络找到志同道合的一群人共同打造一款产品，满足个人消费对新产品的终极诉求。可见，众筹营销对消费者有着很强的吸引力，其整个过程也是参与者对产品的DIY过程，让消费者的需求得到更加个性化、碎片化的张扬。

从本质上来讲，“众筹营销”筹的是信任，筹的是“同道中人”，筹的是社会资源。众筹营销模式就是消费者发起产品的订购邀约以及提出一些DIY柔性需求给厂家，而厂家在下单之时起，即可全程给出生产排期和产品追踪。该模式实现了两个重大突破：一是用户可以提出自己的一些需求，厂家进行有针对性的生产；二是改变了以往按照批次进行生产的方式，变成根据订单需求的线性生产，真正的订单驱动市场。众筹的核心是按需生产，这个需求包括消费者对产品功能的需求以及消费者的需求量。对应的生产模式是柔性生产等。

由于媒体传播方式的改变，现在的营销传播已经从以前的单向传播转变为互动传播，每个消费者可能都是一个自媒体，都是内容的制造者和传播者。因此，对于消费者而言，作为参与者、投资者和消费者的边界更加模糊化了，而很多企业也是希望通过众筹，筹用户、筹体验，说得更直接点，就是用人民币对一个项目前期的市场反应进行投票。

众筹继承了互联网营销新模式的所有基因：O2O体验店、网络推广营销、亲民参与度、含性定制，而它的资金募集方式和资源激活手段更是在原有的基础上创造了新的极致，堪称企业市场营销与管理模式的又一次大进化、大创新。

1. 融资模式：新品曝光

以娱乐宝为代表，一批涉及影视、艺术、文学、科技研发、教育培训等多元化创新模式的众筹项目正在日益涌现，其中包括债券、股权、捐赠、回报等各种投资形式，以众筹融资为关键词的新兴思维正在互联网世界蔓延，众筹模式正在成为个人或小微企业通过网络渠道进行低成本融资的新式渠道。

例如，在国内，拟设在深圳市前海新区的全球首个兆瓦级分布式太阳能电站宣布采用众筹模式进行1 000万元融资，融资者只要出资10万元就可以成为上述光伏站的股东。

通过互联网平台和社会性网络服务（SNS）传播特性面向公众筹资，让互联网新型融资模式打破了创业项目融资人与投资人之间的固有障碍，让普罗大众成为创业项目的资金来源者。

2. 预购模式：消费者交互

根据来自百度百科的概念，众筹是指“用团购＋预购的形式，向网友募集项目资金的模式”。现在从众筹的发展态势来看，这一概括难免显得狭隘，但并不妨碍“团购＋预购”成为众筹营销的一种重要模式。这种模式也可被看作是一种预消费模式，先让消费者掏腰包，再制造产品。

更有意思的是，一边是众筹营销，另一边则是众包设计，众筹的整个过程也是参与者对产品的DIY过程。互联网时代中，消费者的需求更加个性化、碎片化，谁满足了用户的需求，谁就能赢得市场，市场权力逐渐倾向于消费者。

从某种程度上来看，“众筹营销”与其说是一种销售模式，倒不如说是一种企业主动建立品牌形象的过程。

3. 赞助模式：主动传播

随着玩法的推陈出新，众筹的外延也在逐渐扩大。

相信每个人都对微信集赞、微博集转发并不陌生，在社交网络兴起后，“人际网络”越发成为一种筹码。众筹，有时需要筹集的是亲朋好友的钱，有时只需筹集一种关注或是一种传播。在赞助模式下，很多产品看重的未必是真正集到的钱，而是在这个“赞助”过程中，一传十、十传百的传播效应。参与者得到的又是真正的优惠或是免费，这是主动参与的最好内在驱动。参与者得到实惠，赞助者投资情感，品牌方得到传播，整个众筹流程自然良性运转。

在营销创新方面，车企一向敢为人先，很多也已开始试水“众筹营销”，如现代和道奇。现代和一家网络众筹平台合作，开展了一项联合捐助活动，帮助消费者从朋友或亲人中筹措购买新车的资金，人均上限为500美元。这样的一项活动使得现代在北美地区实现了1 600辆的销量。道奇则是通过邀请朋友或者亲人赞助一辆汽车不同组件的方式，实现汽车销售。尽管截至目前，只销售了 2 辆汽车，但是道奇的品牌营销经理梅丽莎·加利克对“众筹营销”本身颇为满意，认为在消费者心目中提升了道奇的品牌价值。

二是应用领域广。相比于其他形式的众筹，奖励式众筹的应用领域更加广泛，包括文化、艺术、科技、影视、音乐等。同时，奖励式众筹也可以作为其他模式众筹的有益补充，如债权式众筹和股权式众筹中都可以加入奖励式众筹的元素，作为其补充手段吸引投资者，从而促进项目的成功。例如，2014 年，京东和阿里娱乐宝众筹平台为郭敬明编剧和导演的《小时代 3：刺金时代》采取奖励式众筹募集资金，作为对价，项目筹资方承诺为符合条件的投资人提供限量版 T 恤衫、首日电影票等奖励，甚至还可以到剧组探班。这部电影拍摄模式取得了巨大成功。无论是媒体还是观众对《小时代 3：刺金时代》都存在许多负面评价，但在奖励式众筹和互联网的宣传推动下，该影片依然获得了 5.2 亿元票房收入，排在 2014 年华语电影票房收入的前 10 位。

三是大众参与性强。相比于其他众筹模式，奖励式众筹具有门槛低、机制灵活、风险低、易成功等特点。无论是科技、影视、动漫，还是出版，甚至是农产品，只要项目有创意、有特色、有亮点，都可以在众筹平台上募集资金，把产品和服务由小众市场推向大众市场，加大了产品的曝光率，也极大地调动了大众参与性，从而使社会上的闲散资金得到很好的利用。

3. 优缺点

通过奖励式众筹这种形式，可以提前对市场进行测试，了解自己研发的产品是否受欢迎，从而规避风险，更好地把握研发方向。另外，在奖励式众筹的过程中，普通用户加入宣传链中也会带来巨大的传播效应。由于用户能直接参与到研发阶段，提出需求，这对于消费者来说打消了购买的顾虑，同时增强了参与感。对于厂商来说，能够提前预知一些原本发货后才能发现的问题，有助于对产品方向进行及时的调整。

奖励式众筹如果运作不够规范，项目发起人发布一些虚假信息，就有可能存在集资诈骗风险；也有一些奖励式众筹项目“筹钱易、交付难”，给投资者造成困扰和损失。

4. 运营模式

根据奖励式众筹的产品特点，可将众筹平台运营模式分为综合类众筹平台和垂直类众筹平台。

综合类众筹平台上的项目类别比较丰富，接受项目范围广，融资能力强，代表性平台包括京东众筹、众筹网、淘宝众筹等。

垂直类众筹平台对众筹领域进行细分，专一性强，是专门为影视、音乐、游戏、农业等某个领域提供众筹服务的平台。代表性平台有音乐众筹平台——乐童音乐、影视众筹平台——淘梦网、游戏和动漫众筹平台——摩点网等。

2014年8月，国内第一家综合类众筹网站点名时间宣布不再接受设计、娱乐、影视类项目，之后在其官方网站上只会看到智能产品的首发，这预示着该网站开始向垂直类众筹网站转型。垂直类众筹网站是专门为影视、音乐、游戏、农业等某个领域提供众筹服务的平台，在京东、淘宝瓜分众筹市场，苏宁入局形成三足鼎立的态势下，垂直化转型是流量拼不过BAT巨头的众多众筹网站的唯一出路。

众筹的实质不同于电商，众筹网站不单是售卖新奇产品的平台，它最初的意义是满足人们的精神需求，帮助人们实现创意。垂直类众筹网站小而精，能兼顾到筹资人的情怀和梦想。另一方面，垂直类众筹网站直接面对更多具备专业知识的投资人，省去了筹资人介绍项目基础知识的时间，能提高众筹项目的成功率。

专栏4-4

《流浪地球2》周边众筹1.2亿元

电影周边众筹是指授权方通过筹集资金制作周边衍生产品，根据观众的喜爱程度以及购买意愿，投入生产和销售。2023年春节档电影《流浪地球2》的票房突破40亿元，其周边衍生品的火爆程度也突破了以往影视周边众筹的上限。本次周边众筹品牌方为赛凡科幻空间，由星环重工团队作为周边产品的设计和制造方，众筹平台为淘宝众筹。

2023年1月22日（大年初一），电影《流浪地球2》上映。在电影上映的同时，淘宝平台上同步推出了电影官方授权周边众筹，共计三类产品，包括机械狗笨笨拼装和成品模型、MOSS拼装和成品模型、数字生命卡U盘与读卡器，众筹目标金额是10万元。然而，众筹开始仅1分钟之后，平台就达成了众筹目标，上线6天众筹突破5 000万元。1月30日，累计9天众筹金额已经突破1亿元。2月1日，该众筹项目售罄下架，众筹总额达1.219 5亿元（众筹过程中有少量退款，截至2月21日，众筹金额为1.18亿元），成交数超52万元，创造了中国影视IP周边衍生品众筹的历史纪录。

不仅是《流浪地球2》，近年，《西游记之大圣归来》《大鱼海棠》《哪吒之魔童降世》等一批国产电影爆款IP带热了相关衍生品市场。业内人士称，中国电影衍生产业市场空间巨大，市场规模呈现逐年上升趋势，未来或将催生千亿元级别的市场。

（二）捐赠式众筹模式

1. 捐赠式众筹的含义

捐赠式众筹又称公益式众筹，是指出资者以捐赠或者公益的形式，不求任何实质回报地为项目或者企业提供资金。这类众筹是对传统慈善机构的一种补充，通过网络众筹平台将慈善项目或弱势群体的困难进行宣传，以引起社会各界热心人士的关注和无偿募捐。

2. 特点

捐赠式众筹具有低门槛、多样性、依靠大众力量等特点。众筹的本质是聚集大众力量完成某件事情。在公益领域，更是需要大众齐参与，完成公益的举动。无论是基金会、注册机构，还是民间组织，只要是公益项目就可以作为项目的发起人，发起捐赠式众筹。

在捐赠式众筹中，投资者是赠予人，筹资者是受赠人。投资者向筹资者提供资金后并不求任何回报，筹资者也无须向投资者提供任何回报，因此公益众筹具有无偿性。但公益众筹的"捐赠性"是从投资者与筹资者的角度来说的，众筹平台还是会根据项目的筹资进度以及筹资额度收取相应的管理费用。

3. 优缺点

捐赠式众筹的优势主要在于：第一，扩大公益范围、提高项目创意。传统公益组织开展的项目大都集中于扶贫、救灾等方面，而借助捐赠式众筹模式开展的公益活动除关注扶贫、救助外，更多的是强调创新和梦想等。第二，门槛低，为"草根"阶层提供了参与的机会。随着我国医疗费用的快速增长，许多"草根"阶层的家庭在遇上重大疾病时面临没钱治疗的困境，而捐赠式众筹则为这类家庭筹集费用带来了希望。患者家属只需在众筹平台上进行申请、提交材料并通过审核后，就可以在短时间内为患者筹集到一定数量的费用，且不需要承担还款压力。

参与捐赠式众筹不需要项目方的回报和回馈，这是项目的社会公益慈善性质决定的。正是这一"不求回报"的特性容易被一些"别有用心"的人看到可乘之机，如果众筹平台审核监督不力，可能会出现"诈捐"现象，使民众对这种献爱心的方式产生信任危机。

4. 运营模式

捐赠式众筹在欧美发达国家已经发展得较为成熟，这与其税收政策和公共福利文化背景有关。国外典型的捐赠式众筹平台有美国的 GoFundMe 和英国的 Prizeo。在我国，捐赠式众筹平台以三种方式来运营：第一种由用户个人发起公众募捐，如腾讯公益项目，就是利用朋友圈的个人关系为需要帮助的人募集捐款；第二种是由捐赠式众筹平台根据《基金会管理条例》设公募基金会，代替资金需求方向公众发起募捐，但公募基金会申请门槛较高，难以获批；第三种是微公益模式，由具有公募资格的 NGO 发起、证实并认领，捐赠式众筹平台仅充当纯平台作用，如腾讯公益下的“乐捐”。

（三）股权众筹模式

股权众筹源于 2012 年 4 月，美国出台《乔布斯法案》，进一步放松对私募资本市场的管制，法案允许小企业在众筹融资平台上进行股权融资，不再局限于实物回报；同时该法案也做出了一些保护项目支持者利益的规定，股权众筹平台 FundersClud 是美国《乔布斯法案》的产物。2013 年国内出现第一例股权众筹案例。2014 年 5 月，证监会明确了对于众筹的监管，并出台监管意见稿。2014 年 11 月 19 日，时任国务院总理李克强主持召开国务院常务会议，要求建立资本市场小额再融资快速机制，并首次提出“开展股权众筹融资试点”，股权众筹融资方式逐步得到社会的认同，传统金融机构、股权交易所、互联网企业、科技园区等纷纷试水股权众筹领域。

1. 股权众筹的含义

根据 2015 年 7 月发布的《关于促进互联网金融健康发展的指导意见》的定义，股权众筹融资主要是指通过互联网形式进行公开小额股权融资的活动。股权众筹融资必须通过股权众筹融资中介机构平台（互联网网站或其他类似的电子媒介）进行。股权众筹融资中介机构可以在符合法律法规规定前提下，对业务模式进行创新探索，发挥股权众筹融资作为多层次资本市场有机组成部分的作用，更好服务创新创业企业。

股权众筹是明确以项目股权作为回报的一种众筹方式，其本质属于民间融资。因为回报是资本，所以这也算是一种追逐利润的投资（尽管按照规定项目发起人不能承诺回报），受到诸多政策的限制。与私募股权投资相比，股权众筹主要通过互联网完成“募资”环节，叫“股权众筹是私募股权互联网化”。

2. 特点

股权众筹具有如下特点。

（1）本质上仍然属于股权投资。筹投资从投资者角度看，股权众筹本质上仍然属于股权投资，具有股权投资的性质，投资者因出资而享有财产权和经营管理权，不要求偿还本金，但要求较高的投资收益。

(2) 投资门槛相对较低。传统股权投资金额大，大众投资者难以对企业进行投资，但是股权众筹投资因投资者数量多，降低了单人投资金额，且因互联网众筹平台的开放性使得这些股权投资项目向大众投资者敞开。因而，大众投资者也可以进行小额的股权投资，从而使传统企业的股权投资成为可能，对于大众投资者来说也因此增加了一种投资渠道。

(3) 高效便捷。对于股权众筹融资而言，项目的发布、推介和交易环节均通过互联网实现，大大提高了投融资双方的沟通和交易效率，同时降低了启动成本、营销成本和交易成本。股权众筹投资方浏览项目、与项目方进行沟通交流、预约、认购、支付、收到分红等也通过互联网进行在线操作，操作十分便利，交易成本低。

(4) 高风险、高回报。股权众筹主要解决处于初创阶段的中小微企业的融资难问题，尤其是一些高科技的创业项目，如软件、电子游戏、计算机等领域，该类创业项目风险较高，很多投资都无法回收成本，相应地，其投资回报也较高，一旦项目运作成功，会给投资者带来丰厚的回报。为了防控股权众筹的风险，一般会对投资者的进入门槛有一定的要求。

(5) 专业性强。对于投资者而言，选择好的项目至关重要。即使有一个好的投资项目，还需要好的领投人，甚至平台，来参与一定的投资管理、帮扶项目的成长。在国外众筹平台会对项目的估值、信息披露、融资额等情况进行严格审核，只有通过审核的项目才能通过股权众筹方式筹资。

3. 优缺点

传统的融资方式对企业的要求较高，中小微企业尤其是初创企业很难满足严苛的融资条件。股权众筹模式高度体现了互联网金融的特征：去中心化、点对点直接交易，不需要企业支付高额的审计、保荐等费用，也不需要企业支付高额的利息或违约金，融资难度较低。对于中小微企业来说，融资渠道不足，上市融资的成本高，股权众筹的出现迎合了中小微企业的融资需求。作为我国多层次资本市场的组成部分，股权众筹行业对补齐资本市场短板作用显著。但股权众筹筹资，由于引进了新的投资者或者出售了新的股份，会导致公司控制权结构的改变，分散了企业的控制权；同时，股权筹资的资本成本要高于债务筹资。

4. 运营模式

针对融资企业所处的发展阶段、企业类型以及融资需求，股权众筹的运营模式分为三种：凭证式众筹、会籍式众筹和天使式众筹。

(1) 凭证式众筹。凭证式众筹是指在互联网平台上通过卖凭证和股权捆绑的形式来进行募资，出资人付出资金取得相关凭证，该凭证又直接与创业企业或项目的股权挂钩，但投资者不成为股东。购买了筹资者发行的凭证后，出资者可以获得相关的权利和回报，如电子杂志阅览权、业务培训权等，或者获得相应的分红回报等。M公司就是典型的凭证式股权众筹。

专栏 4-5

M 公 司

2012年10月5日，某宝出现了一家店铺，名为“M公司会员卡在线直营店”。某宝店主是M公司的创始人朱某，原来在多家互联网公司担任高管。在M公司某宝店上消费者可拍下相应金额的会员卡，拥有会员卡的消费者除了能够享有“订阅电子杂志”的权益，还可以拥有M公司的原始股份100股。朱某2012年10月5日开始在某宝店里上架公司股权，4天之内，就筹集资金80万元。在M公司的交易还未全部完成时，M公司某宝店就于2013年2月5日被某宝官方关闭，某宝官方对外宣称某宝平台不准许公开募股。证监会也约谈了朱某，最后宣布该融资行为不合规，M公司向所有购买凭证的投资者全额退款。

按照《中华人民共和国证券法》规定，向不特定对象发行证券，或者向特定对象发行证券累计超过200人的，都属于公开发行，都需经过证券监管部门的核准。朱某的集资手段明显违规，构成了擅自发行股票罪，最终也受到了相应的处罚。

在某宝上通过销售凭证和股权捆绑销售的形式进行募集，可以说是M公司的一个尝试，虽然说因为有非法集资的嫌疑最后被证监会叫停，但依旧不乏可以借鉴的闪光点。主要闪光点是门槛低，百元也可购买。

目前，国内没有专门做凭证式众筹的平台，但《关于促进互联网金融健康发展的指导意见》中明确指出，“股权众筹中介机构可以在符合法律法规的前提下，对业务模式进行创新探索，发挥股权众筹融资作为多层次资本市场有机组成部分的作用，更好服务创新创业企业”。所以，未来如何在股权式众筹和非法集资之间找到平衡点，还有待股权众筹机构的尝试和创新。

(2) 会籍式众筹。会籍式众筹是指在互联网上通过熟人介绍，出资人付出资金，直接成为被投资企业的股东。这种模式通常应用于店铺众筹中，投资人通过投资不仅直接成为被投企业的股东，在获得相应回报的同时拥有更多的人脉圈。最典型的案例就是众筹咖啡——3W咖啡。

专栏 4-6

3W 咖啡

2012 年，3W 咖啡通过微博招募原始股东，每人 10 股，每股 6 000 元人民币，相当于一个人 6 万元人民币。很多人并不是特别在意 6 万元人民币：花点小钱成为一家咖啡馆的股东，可以结交更多人脉，进行业务交流。很快 3w 咖啡汇集了一大帮知名投资人、创业者、企业高管等。

3W 咖啡引爆了中国众筹式创业咖啡在 2012 年的流行。没过多久，几乎每个有一定规模的城市都出现了众筹式的咖啡厅。应当说，3W 咖啡是我国股权众筹软着陆的成功典范，具有一定的借鉴意义，但也应该看到，出资建立这种会籍式咖啡厅时，很少有出资人是奔着财务营利的目的去的，更多股东在意的是其提供的人脉价值、投资机会和交流价值等。

（3）天使式众筹。出资人通过互联网寻找投资企业或项目，付出资金或直接和间接成为该公司的股东，同时出资人往往伴有明确的财务回报要求，一般适合高科技创业企业或项目。天使式众筹是股权众筹模式的典型代表，除了募资环节通过互联网完成外，它与现实生活中的天使投资或风险投资（VC）没多大区别。

天使式众筹按照是否有领投人，可分为无领投模式和“领投＋跟投”模式。

无领投股权众筹模式，即直接合投模式，投资者在众筹平台上浏览可投资的项目，然后对其创始人背景、行业情况、主要产品、发展潜力等各方面做出风险与收益的权衡，据此选择个人认为有潜力的企业进行投资。如果项目达到目标投资金额，则表明融资成功，投资者随后会收到股权证明、投资协议书等代表股东身份和未来收益凭据的纸质文件。采用这一模式的典型代表是全球最早的股权型众筹平台 Crowdcube，其运作流程类似淘宝，它直接把投资者和融资者连接起来。当融资者有项目在 Crowdcube 上线时，融资者需要提供项目描述、退出机制、投资机会总结、商业计划和未来几年的财务预测。Crowdcube 会在 72 小时内对项目进行审核，审核通过后融资者才能把自己的融资计划发布在 Crowdcube 上，然后投资者可根据意愿在一定的投资期限（通常为 60 天）内投资，直至达到目标金额或投资期限截止。

“领投＋跟投模式”是指在项目中引入 1～2 个专业投资人作为领投人，负责项目的筛选、推介和投后管理等专业性工作，一般投资人只需要作为跟投人出资即可。众筹平台作为信息中介，主要负责融资项目的撮合。因为股权投资涉及后续的项目监督、管理和资源支持等一系列事宜，门槛相对较高，因此需要参与者拥有良好的风险认知和风险承受能力。目前，“领投＋跟投”模式是天使式股权众筹中最理想的模式。

“领投＋跟投”模式中各方具体的权利与义务如下所述。

领投人：负责项目的尽职调查，撰写调查报告，协助披露相关项目信息，负责项目的投后管理，代表所有投资人出席董事会等工作。领投人出钱、出力，可获得额外的管理费收入，这笔费用由跟投人支付，一般不超过跟投人投资收益的20%。

跟投人：基于自己的判断和对领投人的专业认可做出投资决策，不参与公司的重大决策，不进行投资管理。一般而言，跟投人需要入股专门为融资项目设立的有限合伙企业，通过有限合伙企业间接持有融资企业的股权权益，分享融资企业股权增值的收益。

众筹平台：负责对项目信息进行初步筛选，不对项目的收益进行任何形式的“担保”，也不保证信息的准确性，不过有协助投资人进行投后管理的义务。

图4-3展示了“领投＋跟投”模式股权众筹的运作流程。

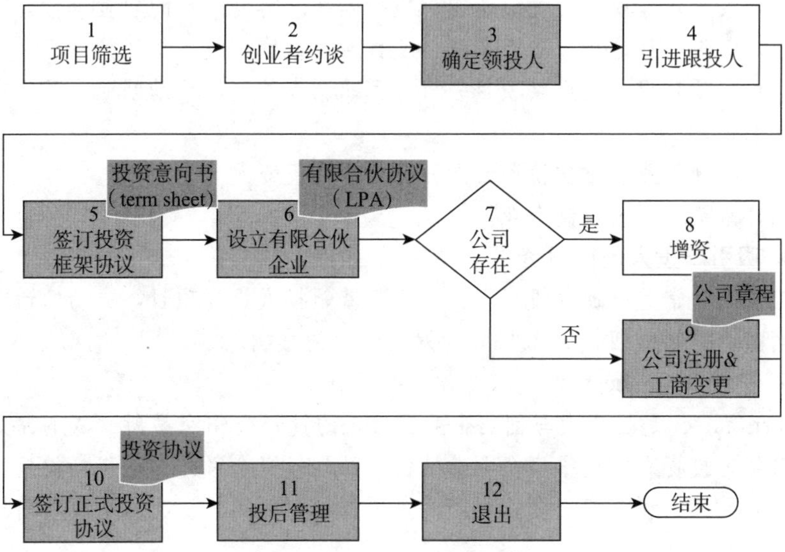

图4-3　“领投＋跟投”模式股权众筹的运作流程

专栏 4-7

“领投＋跟投”模式股权众筹的运作流程

从众筹平台角度，股权众筹的运作流程包括以下步骤（具体操作过程中，由于项目、平台等差异，或有顺序上的变更）。

1. 筛选优质的项目

创业者需要将项目的基本信息、团队信息、商业计划书上传至众筹平台，由平台的投资团队对每一个项目做出初步质量审核，并帮助信息不完整的项目完善必要信息，提升商业计划书质量。项目通过审核后，创业者就可以在平台上与投资人进行联络。

2. 与创业者进行约谈

股权众筹投资标的主要为初创型企业，企业的产品和服务研发正处于起步阶段，几乎没有市场收入，所以决定投资与否的关键因素就是投资人与创业者之间的沟通。据调研得知，很多投资人都会选择学习能力强、有格局、有诚信的创始团队进行投资。

3. 选出优秀的领投人

很多股权众筹平台都是采用“领投＋跟投”的投资方式，所以确定一个优秀的领投人是众筹成功的关键所在。领投人一般需要履行的职责包括如下。

（1）负责项目分析、尽职调查、项目估值议价、投后管理等事宜。

（2）向项目跟投人提供项目分析与尽职调查结论，帮助创业者尽快实现项目成功融资。

（3）帮助创业者维护协调好融资成功后的投资人关系。

（4）牵头创立合伙制企业。

4. 吸引跟投人进行投资

跟投人通常是普通的投资者，只要跟着领投人投资项目，成功的话就可以获取回报，并且以回报的20%作为对投资人的报酬。

5. 签订 term sheet

term sheet 是投资人与创业企业就未来的投资合作交易所达成的原则性约定，除约定投资人对被投资企业的估值和计划投资金额外，还包括被投资企业应负的主要义务和投资者要求得到的主要权利，以及投资交易达成的前提条件等内容。

6. 设立有限合伙企业

在合投的过程中，领投人与跟投人入股创业企业通常有两种方式：一种是设立有限合伙企业以基金的形式入股，其中领投人作为GP，跟投人作为LP；另一种则是通过签订代持协议的形式入股，领投人负责代持并担任创业企业董事。

7. 创业企业注册或变更

众筹成功后，若该创业企业已经注册了公司，那么直接增资即可；还没有注册公司的话，就需要进行公司注册并办理工商变更。

8. 签订正式投资协议

正式投资协议主要规定了投资人支付投资款的义务及其付款后获得的股东权利，并以此为基础规定了与投资人相对应的公司和创始人的权利义务。协议内的条款可以由投融资双方根据需要选择增减。

9. 投后管理及退出

除资金以外，很多股权众筹平台会在企业完成众筹后，为创业者和投资人设立投后管理服务，使双方能够无障碍沟通，这样可以帮助创业企业更快成长。

10. 退出

退出是资金流通的关键所在，只有完成了有效的退出才能将初创企业成长所带来的账面增值转换为天使投资人的实际年化预期收益。

（四）债权众筹

债权众筹是指投资者对项目或公司进行投资，获得其一定比例的债权，未来获取利息收益并收回本金。

P2P是英文peer to peer的缩写，本意是人与人之间的借贷，随着P2P网贷的发展，"人与人之间的借贷"逐步延伸为"点对点的借贷"，出现了P2B等新模式。P2B是为中小企业提供供求平台。这种形式的众筹现在已吸引了政府基金的青睐，如英国政府基金也到P2B平台上与其他投资人共同投资中小企业。一般仍将P2P与P2B统称为P2P网络借贷。

债权众筹包含P2P、P2B，还包括购买P2P公司发行的证券，如Lending Club平台就是Lending Club这家公司发行的证券。Lending Club最初也是通过互联网平台从事个人之间的借贷，没有平台担保，后来由于监管要求，改为类似资产证券化的借贷模式，其交易结构是：信用评分合格的借款人在平台上发布借款请求，通过审核后，由平台合作银行向其发放贷款；随后，银行将债权以无追索权本票的形式出售给Lending Club；最后平台再以每月等额本息还款票据的形式转手卖给投资者。现在国内有些P2P平台也采用这种模式。

除了上述几种模式外，近年在我国兴起了一种新型众筹模式——物权众筹。物权众筹指的是通过互联网向大众筹集资金，用于收购实物资产，通过资产升值变现获取利润，其回报可分为经营分红、租金分红以及物权的未来增值收益。物权众筹具有产权清晰、手续简单、项目资金灵活、资金用途明确等特点，受到投资人的追捧。常见的物权类众筹类型有房地产众筹、汽车众筹、农业众筹等。

专栏 4-8

物权众筹的兴起

自 2016 年下半年以来，物权众筹异军突起，在众筹行业尤其是股权众筹遇冷的时间段内，物权众筹的快速发展接棒众筹行业的整体热度，成为最受瞩目的众筹类型。据众筹家人创咨询统计，自 2017 年 7 月开始，物权众筹平台数量开始出现爆发势头。当年 7—12 月，半年时间内物权众筹平台数量增长率高达 185%。其中，房产众筹自 2016 年下半年开始被政策叫停后，二手车众筹成为物权众筹的主要模式。二手车众筹作为物权众筹的主要类型，正是其快速发展，带动了物权众筹的繁荣。据众筹家人创咨询统计，截至 2017 年 11 月底，二手车众筹行业 135 个在线平台的在线项目数量为 20 051 个，其中共有 19 957 个项目众筹成功（包括出售中、已回款、溢价回购三种状态），成功项目已筹金额共计 77.35 亿元。

但是，物权众筹仍旧存在极大不确定性。

首先，蓬勃发展的背后是泡沫。

在规模迅速扩张过程中，物权众筹也开启了疯狂下线或转型模式。众筹家人创咨询数据显示，与物权众筹平台快速上线一同到来的是下线和转型潮的出现。2016 年自 8 月以来，可明确统计到的下线或转型平台就已经有 31 家。不到半年时间，下线或转型的平台数量占到物权平台总数的近 20%，这对于一个正处在高速发展势头上的行业来说并非正常现象。

跑路的丑态也开始大规模发生在众筹行业。2016 下半年以前，平台跑路在众筹行业里还是鲜有发生的个案。但是自以二手车众筹为代表的物权众筹大规模出现后，P2P 行业里平台跑路的丑态竟也开始向众筹行业蔓延。这是此前的众筹行业难以想象的情形。以二手车众筹平台为例，众筹家人创咨询统计，截至 2016 年 11 月 25 日，在线的二手车众筹平台有 135 家，其中有 43 家被曝光的问题平台，比例高达 32%。

其次，物权众筹的未来仍旧扑朔迷离。

物权众筹合规性仍是未知数，法律和政策风险如达摩克利斯之剑，是未来最大不确定性的根源。众筹行业政策尚未健全。股权众筹的监管归属证监会，债权众筹划归银监会，捐助众筹归属民政部门，而平台数量高居各类众筹平台第一位的物权众筹，仍是新型的众筹模式，目前没有明确的监管部门，也没有相关的政策法规予以规范和约束。处于实践先行、监管滞后的状态，政策和法律真空，其合规性仍旧不确定。此前，因涉嫌影响房价波动，房地产众筹被叫停，突出体现了监管制度空缺的政策环境下，一旦发生大规模的负面事件，物权众筹随时可能面临被政策强行干预一刀切的严峻风险。

物权众筹标的的特殊性，决定了物权众筹还将受到标的所处行业的风险影响。不论是此前的房地产行业还是二手车行业，行业明规则、潜规则都繁多，同时还牵扯较多利益主体，这类行业的物权与众筹相结合的模式，将把行业问题移植到众筹环节，甚至滋生出新的行业问题，放大原有的行业风险。以二手车众筹为例，众筹模式仍无法改变之前二手车行业存在的各种问题，如黑车、事故车、抵押车现象存在，二手车评估鉴定市场没有规范，行业标准尚未统一。也就是说，二手车市场原有的不规范管理等各种问题，将传递到二手车众筹行业，为二手车众筹埋下风险隐患。

物权众筹的平台风险更为独特。从此前和现有的物权众筹平台背景来看，有的是P2P平台转型，其中大部分是P2P运营不良的平台；有的是行业企业（房企、二手车商）直接做众筹平台。上述两类平台将导致其运营众筹平台过程中将存在不合规的严重隐患。P2P运营不良而转型的物权众筹平台，不过通过转型解平台运营困难的燃眉之急，爆雷的风险仍旧很大。车商等行业企业运营的众筹平台，又以自融作为行业惯例，并存在自设资金池、发布虚假标的、一标多平台发布、承诺保本保息等现象。这些都将给投资者投资带来风险隐患。

二、众筹平台的盈利模式

众筹平台的收入源于自身所提供的服务，绝大部分的众筹平台实行单向收费，只对筹资人收费，不对投资人收费。盈利模式主要包括以下几种。

（一）收取交易佣金

众筹平台从成功完成众筹的项目中收取项目筹集资金一定比例的费用，以此作为盈利来源。在这种盈利模式下，众筹平台只是将融资者和投资者进行撮合，这也是目前主流众筹平台的主要盈利来源，一般按照已筹资金额的5%左右的比例来收取。

（二）提供服务收费

对于多数处于起步期的众筹平台来说，众筹市场的规模和影响力仍然处于培养期，众筹平台难以通过抽取佣金的模式获取盈利，这些平台可以通过为项目发起者提供众筹及创业的各项专业服务来进行收费，如点名时间众筹平台在成立的第三年时就宣布转型为智能产品首发模式，进行新盈利模式的探索，此模式即属于提供收费服务的模式。还有一些众筹平台通过开展增值服务来收费。增值服务主要指合同、文书、法律、财务等方面的指导工作，创业者可以把融资的所有事项都外包给众筹平台处理，众筹平台收取相应的费用。

（三）整合资源或进行项目投资孵化

众筹平台可以先积累尽量多的网络流量，这也意味着各种资源的集中，进而可以通过资源的整合创造利润。此外，众筹平台还可以通过对掌握的优势项目资源进行更严格的审核和挑选，然后直接进行投资，再利用其专业资源对项目进行孵化，以项目未来的成长收益作为盈利来源。对于股权众筹来说，一些众筹平台以服务换取公司一定比例的股权。

（四）营销费用

营销推广费也是部分众筹平台的收入来源，包括合作营销、广告推广等费用，目前只有少部分众筹平台在采用。

第三节　众筹的风险与防范

众筹作为互联网金融的新兴业态之一，与其他的互联网金融业态一样，面临着信用风险、技术风险、操作风险及法律风险等，尤其是众筹行业十分容易触及法律风险。这些风险因素贯穿于整个众筹业务流程中，且各类风险之间又存在着复杂的交叉联系。本节将结合案例分析众筹的风险，在此基础上提出防范措施。

一、众筹面临的风险

（一）法律风险

众筹是互联网金融的重要组成部分，作为一个还处于发展初期的融资模式，在我国涉及的法律领域比较广泛，但尚未出台直接规范众筹融资的法律法规。由于缺乏相关的行业准入标准和行业执行标准和运营监管体系，众筹市场鱼龙混杂，投资人在整个项目运营中的权益保障制度未能得到建立，一旦出资人的权益受损，将会面临救济不力的情况。尤其是对于股权众筹来说，法律风险是其面临的首要风险。

股权众筹的法律风险，具体来说包括非法发行证券风险和非法集资风险。

1. 非法发行证券的风险

在股权众筹融资平台上推介、出让企业股份，并在未来取得权益性回报的募资的行为，在本质上属于公开发行证券。《中华人民共和国证券法》第十一条明确规定，向社会公开发行股份，必须符合法律、行政法规规定的条件，经国务院批准的国务院证券监督管理机构核准，并由依法设立的证券经营机构承销，未经依法核准，任何单位和个人不得公开发行证券；同时，公开发行证券具有明确的认定标准：①向不特定对象发行证券；②向特定对象发行证券累计超过 200 人，除此之外，《中华人民共和国证券法》没有给出任何豁免的规定。

这里有两个关键要点值得探讨：一是法律法规规定了公开发行的基本条件；二是非公开发行的认定标准具有变通的空间。首先，当前国内兴起的股权众筹平台大多作为“信息咨询”“科技服务”“投资管理”等类型的平台取得工商注册，显然不具备任何涉及证券发行承销的资格。同时，融资企业在股权众筹计划发布时项目通常尚未注册成立，并不具备财务记录，不可能达到公开发行证券的条件。因此，在没有政策豁免的情况下，当前我国股权众筹实践大多采用非公开发行的方式。其次，股权众筹具有社会化的显著特点，在互联网信息技术高度普及的时代，通过平台发布的股权众筹计划必然广泛传播，吸引大量投资者参与，触及非公开发行的界限。对于投资人必须为特定对象的要求，平台通常采取会员注册认证的办法予以规避；而对于人数为 200 人的要求，一般采用股份代持的办法进行变通。在实践中，为防止投资人数超过法定股东人数，一个实名股东分别与几个乃至几十个隐名的众筹股东签订代持股协议，代表众筹股东持有众筹公司股份。最高人民法院颁布的《最高人民法院关于适用若干问题的规定（三）》中已经认可了委托持股的合法性。在这种模式下，众筹股东并不亲自持有股份，而是由某一个实名股东持有，并且在工商登记里只体现出该实名股东的身份。众筹出资人不是法律意义上的股东，不能直接向融资方主张收益等股东权利，融资方也没有法律上的义务向众筹出资人分红。

表面来看，上述技术性手段在一定程度上规避了非法发行证券的法律风险，但合法性问题依然未能解决。在当前的法规下，股权众筹融资平台除了小范围的私募股权形式之外，并无其他的生存空间。特定对象的概念是否严格认定、股份代持的人数是否穿透计算，都为融资平台乃至整个股权众筹行业未来的发展埋下隐患。

2. 非法集资的风险

股权众筹在我国相当于私募投资的网络版，除募资环节在互联网线上完成外，其余环节并无显著差异。然而，正是由于互联网给众多潜在投资人提供了投资渠道，加之投资者适当性制度尚不健全甚至形同虚设，股权众筹平台的运营模式与非法集资活动极其相似。

《最高人民法院关于审理非法集资刑事案件具体应用法律若干问题的解释》第一条明确规定，任何未经有关部门依法批准或者借用合法经营的形式吸收资金，通过媒体、推介会、传单、手机短信等途径向社会公开宣传，并承诺在一定期限内以货币、实物、股权等方式还本付息或者给付回报，向社会公众即社会不特定对象吸收资金，即可认定涉嫌非法集资。从构成要件的分析来看，首先，国家现行的法律法规从未批准过任何股权众筹融资平台，平台运营尚不具备合法性基础。其次，股权众筹平台以互联网网站的形式，供任意个体访问、注册；平台天然地具有向社会公开宣传的本质属性，平台上的投资人基本属于“非特定对象”的范畴。最后，平台向投资人承诺在一定期限内按股权份额给予回报。

可见，股权众筹平台的运营模式与非法集资的构成要件极为吻合，一旦操作不当，极易达到刑事立案追诉标准。因此，股权众筹融资平台面临着非法集资的法律风险。

（二）信用风险

众筹平台的业务性质决定了其应当扮演信息中介的角色，是投资者与筹资者之间沟通的主要桥梁。然而与其他互联网金融模式（如 P2P 网贷）相比，众筹平台与投资者之间、筹资人与投资人之间的信息不对称性更强，正是这种高度的信息不对称性造就了平台欺诈的温床。

众筹的信用风险包括项目发起人的信用风险、众筹平台的信用风险和创意被剽窃造成的信用风险。

1. 项目发起人的信用风险

项目发起人的信用风险主要指虚假信息风险，这种风险产生的根源主要在于我国缺乏健全的信用体系。

优质项目是融资方能够通过众筹获得融资的主要因素。为了获得资金，作为项目发起人的融资方可能会根据情况将自己的项目进行粉饰和包装，影响众筹平台的判断，以图在平台上展示并获得超额融资。这就造成了项目的说明和实际情况有很大的出入，损害了投资者的利益。甚至有不良企图的融资人会杜撰出虚假项目，意图通过众筹方式骗取投资人的资金。此外，项目方融资成功后，将所募集的资金汇入企业账户，如果缺乏有效的监管措施，项目企业很可能谎称经营失败，将所募资金据为己有，或者向投资者隐瞒企业经营信息，误导投资者，违规使用资金。众筹的投资者普遍出资额度较小以及地域限制，进行调查的意愿不强烈，增加了信息不对称所引发的信用风险。

目前，我国征信体系发展滞后，无法提供配套的征信体系服务，造成的后果是不法分子因欺诈违约付出的成本大幅降低，虚假信息提供者被审核发现后，只会被众筹平台取消评审资格，最严重的会被拉入平台黑名单，此时，虚假信息提供者完全可以换一个众筹平台继续行骗，不用承担任何处罚后果，无疑增加了因项目方欺诈导致的信用风险。

专栏 4-9

Y 公司电影众筹骗局

2018 年，一个叫 Y 公司的电影众筹投资平台出现在人们的视野中，说是为了筹人气而发起的众筹项目，客户在里面投资，赚取固定收益。例如，客户投 5 000 元，那么每天分红 200 元，50 天出局。出局实现本金翻倍的收益，而且 50 元就能参与。简单说就是 50 元以上，经过 50 天的分红后投资多少赚多少。因为门槛低、回报高，便紧紧抓住了投资者的眼球。众筹的影片更是大众耳熟能详的，高票房影片外加高分红噱头，让不明所以的投资者“蒙圈”了，不假思索就参与了影视众筹。

Y 公司拿来众筹的电影名为《××××》，由多家知名影视公司联合出品。由于门槛低，很多投资者都抱着试试看的想法做了这个项目，当大家确定了每天按时分红，提现按时到账后，便纷纷加大投资。从开始的几百元到几万元、十几万元、几十万元。但万万没想到，等到大家都加大投资后，这个名为 Y 公司的平台于 2018 年 11 月 14 日 16 时突然不翼而飞了，平时非常活跃的管理员和推荐人也全部人间蒸发，所有的平台管理、客服以及活跃的推荐人都没了音讯，这时投资者们才确定自己被骗了。这也证实了所谓的 Y 公司《××××》电影众筹投资项目从一开始就是一个骗局。

2. 众筹平台的信用风险

众筹平台是审核项目的关键环节，一旦平台对项目审核过松或估值错误就会对投资人产生很严重的误导作用，损害投资人的利益。一些有不良企图的众筹平台还会和项目筹资人合谋高估项目、粉饰项目来骗取投资人的资金。甚至有些不法平台本身就通过编造虚假项目，并承诺非常高的回报率来诱使投资人进行投资。这无疑是对投资人权益的巨大损害，因此必须得到有效的制止。

3. 创意被剽窃造成的信用风险

众筹平台上发布的大部分是半成品创意，这些项目一般仅限于概念阶段，暂时达不到申请知识产权并加以保护的程度。当这些项目放在平台上展示时，受众十分广泛，加上没有知识产权的保护，因此，筹资方的项目创意很容易被剽窃。基于这种情况，也有一些项目发起人只在平台上展示部分创意细节，这样很可能由于出资者不了解创意项目的真实面貌而降低投资热情和投资金额。面对这种两难的困境，大部分项目发起人为了筹集资金，只能冒险在众筹平台上展示其项目的核心部分，然而一旦创意被剽窃，进而制造出类似的产品，抢占市场份额与先机，囿于尚未申请知识产权的保护，筹资方根本无法通过知识产权的途径进行损失的追偿，作为真正权利人的筹资方往往只能自认倒霉，前期一系列的努力付诸东流。

专栏 4-10

P 公司产品抄创意被模仿

2013 年 8 月，国外创业公司 P 公司在众筹网站 kickstarter 上发布信息为其一款一键万用的 Android 按钮筹集资金。P 公司的想法非常巧妙——在耳机插孔上装一个按钮，从手机的耳机电路取得驱动电流，再驱动麦克风电路产生简单的按钮电平。最终通过手机上的应用采集麦克风电平，来识别按钮是否被按下，并根据按下的次数和长短做相应的动作（类似于莫尔斯电码）。想法很好，在 Kickstarter 上的介绍也非常精彩吸引人，看起来价格也不高只有十几美金，两位项目发起人迅速募集到了超过预期近 20 倍、大约 400 万元人民币的资金。

P 公司打算于 2014 年春发布产品，遗憾的是，春天还没有到，他们的冬天就来了——这个产品很快就被嗅到肉味的鲨鱼盯上了。当然每一条鲨鱼都号称产品创意都是自己独立构思的。这些鲨鱼公司的报价只有几元钱人民币。显然 P 公司的两位创始人笑不起来了，他们被鲨鱼们给吓傻了，甚至打算将此事诉诸法律。可惜这只是笑话，因为他们的预算里提到的花 2 000 美金撰写的专利申请还没有提交呢，更狗血的是，他们的产品还没有做出来。P 公司因为没有及时申请专利并且产品还未完全成型只能默默承受损失。

（三）操作风险

操作风险是指由于信息系统或内部控制缺陷导致意外损失的风险。众筹的操作风险主要表现为尽职调查不严导致的风险。

众筹平台对拟上线项目进行尽职调查是项目审核的重要环节。现阶段，平台往往会强调项目上线之前会进行尽职调查，众筹平台会派出投资经理等职能部门对项目进行严格审核，项目尽调通过之后才上线平台开始众筹融资。但是实际情况却不尽然。从目前爆发风险事件的项目来看，究其风险发生的根本原因，都有平台尽职调查不严甚至是不进行尽职调查的情况，让不合格的项目也得以上线融资，由此导致风险爆发。

平台审核不严，究其原因，一是由于行业规范标准缺失、金融监管缺位，在这种大环境下，平台的尽职调查流于形式，不能从严审核拟上线项目，其结果是误导出资人并使出资人承担损失的可能性大大增加。二是受到客观条件制约，一些规模较小的众筹平台资质不高，专业性不强，尽调实力和能力都较弱，与专业机构不可相提并论。

（四）资金管理风险

作为新兴行业，一些众筹平台在管理方面尚不成熟，尤其是在资金管理方面。

在资金募集过程中，资金管理应该遵循权责分明、审慎独立的原则。目前规模较大的众筹平台都选择了独立的第三方机构进行资金托管，以确保资金安全。选择第三方托管资金，不仅可以增加投资者对众筹平台的信任度，而且还可以提高融资方对众筹平台的认可度，进而吸引越来越多的人在众筹平台进行投融资匹配。然而，我国众筹平台与资金托管方建立合作的模式并非强制关系，一些规模小、经营风险高的平台很难与资金托管机构达成合作意向。此时，众筹平台募集到的资金只能自行管理而形成资金池，形成了极大的安全隐患。

融资项目成功募集所需资金后，进入资金使用阶段，有些众筹平台会选择一次性将资金汇入项目方，这种做法可能会导致对项目方使用资金的途径无法进行有效的监管，可能会违背融资合同中关于资金用途的承诺，不合理使用资金，甚至挪用资金，最终给投资者造成损失。

专栏 4-11

《星际××》是神作还是画饼?

众所周知，《星际××》是一款史诗级众筹大作，该项目于 2011 年立项，在 2019 年 4 月众筹金额已突破 2.24 亿美元，但 8 年了还处于 A 测状态。近日《福布斯》撰写了一篇报道，指出了该项目在开发和管理上的一些问题。

《福布斯》报道称，C公司至今已经筹得的资金共计2.88亿美元，其中有2.42亿来自玩家，但目前已经所剩无几，公司创始人的银行账户只剩下1 400万美元。C公司共有500余名员工，公司目前最大的开销是2017年所发放的员工工资共计3 000万美金。公司创始人于2018年9月在洛杉矶购置了一套价值470万美元的房子，公司创始人称这是用自己的私人储蓄买的。

报道指出，原本按照最初的计划C公司应该在2014年就完成制作，而实际情况是游戏自2011年立项以来，到现在为止8年已经过去了，游戏仍旧处于A测状态。同时，就算经历了8年的开发时间，目前游戏已经完成的部分距离游戏当初承诺的“建造拥有上百星球的庞大宇宙”相去甚远，可以预见的完成日期遥遥无期。

报道称，公司的管理存在很大的问题，公司创始人过于干预开发者的工作细节，在一些小问题上花费了大量的时间。一些曾经就职于C公司的高级开发者表示，已经完成的设计被不断否决重做，5名角色的设计就花费了17个月的时间，而且这种问题普遍存在。也有人透露说，公司要求他们用数周时间制作演示视频，以此来筹集更多资金。

目前有不少针对C公司的投诉信息，有的玩家贡献了超过1 000美金的众筹款项，却发现游戏根本不能好好运行，感觉自己受到了欺骗。目前，美国联邦贸易委员会已经收到了129起与C公司有关的消费者投诉，共涉及24 000美元的退款要求。

究竟是神作还是画饼，还是让我们拭目以待吧。

（五）投资回报风险

众筹项目给予投资人的回报是投资人持续关注众筹的动力，也是众筹平台获得投资人信任、增加注册用户的催化剂，但一些原因导致众筹投资人没能按照约定获得回报。

由于众筹的筹资人大多是小微企业或初创企业，其发展前景本就不明朗，如果又缺乏优秀的管理人才和项目运营经验，就可能导致经营不善、生产产品达不到预期水平、缺乏市场竞争力、破产等情况发生，投资者是否有回报就存在极大的不确定性。

专栏4-12

众筹手机项目失败　38名投资者集体状告Q公司

2015年4月，南京市民沈先生和其他投资者在京东上看中了一个奇酷手机尊享版的众筹项目，沈先生很看好这款手机的商业前景，于是和其他投资者一起分别拿出 3 599 元参与了众筹，支持产品研发，如果众筹成功的话，投资者们就可以获得这款手机以及相关的配件。很快这个项目就众筹到了 566.6 万元，达到了预期目标。Q 公司也举行了产品发布会并且公布了产品参数，沈先生等众多投资者也认为这个产品很快就能上市销售。

但是让沈先生和投资者们没有想到的是，这个项目最后失败了。产品方表示产品因为客观原因做不出来。

在消费者多次要求后，Q 公司于 2015 年底发布公告称因为尊享版手机无法通过 Q 公司用户体验团队严苛的省电和发热测试标准，所以无法发售。投资者认为，这项说明与之前高调发布的参数内容相矛盾。沈先生认为被骗了。

Q 公司表示愿意退款并且给予每位投资者 500 元的大礼包。但是投资者认为他们参与众筹就是为了获取这款手机，现在的结果让他们感觉上当了。而且，截至目前，沈先生等投资者还没有收到退款。随后，全国 38 名投资者将电商平台和 Q 公司告上法庭，南京市江宁区人民法院已经受理了这个案件。

二、众筹的风险防范

互联网金融具有金融业务的本质属性，这是对其实施监管的基础。作为互联网金融创新的主要模式之一，众筹尤其是股权众筹一直受到政府金融监管部门的关注。早在 2014 年 3 月初，当时的“一行三会”就对互联网金融的监管责任做了明确分工。其中，股权众筹由证监会负责监管。2014 年，中国证券业务协会组织起草了《私募股权众筹融资管理办法》并向社会各界征求反馈意见。2015 年 4 月中旬，全国人大财经委员会推出了直接融资行业的根本性大法《中华人民共和国证券法》的修订草案，拟就股权众筹等金融创新模式的法律地位进行明确。可见，私募和公募形式的股权众筹行业的具体监管细则将在《中华人民共和国证券法》提交全国人民代表大会通过逐步推出。2016 年 10 月，证监会等 15 部委联合公布《股权众筹风险专项整治工作实施方案》，该方案重点整治互联网股权融资平台，明确了整治工作职责分工。2019 年 1 月 24 日，中共中央、国务院发布《关于支持河北雄安新区全面深化改革和扩大开放的指导意见》，明确提出“筹建雄安股权交易所，支持股权众筹融资等创新业务先行先试”。3 月 15 日，证监会发布 2019 年度立法工作计划，表示力争年内公开发布《股权众筹试点管理办法》。12 月 28 日，第十三届全国人大常委会第十五次会议审议通过了修订后的《中华人民共和国证券法》（简称新证券法），关于公开发行证券豁免核准、注册的规定，行业期盼加入的股权众筹豁免内容并没有体现。

本节主要针对股权众筹，分别从宏观层面和微观层面提出风险防范措施。

（一）宏观层面

1. 建立健全众筹相关法律法规

美国的《乔布斯法案》中，废除了非上市企业在通过私募的方式募集资金时不得公开宣传的限制，但要求参与其中的投资者必须是美国证监会认证的投资人，同时，在《乔布斯法案》的规定中，这种募集方式不会被作为公开募集。这一规定使非上市公司在资金募集时可以通过更为广泛的宣传来扩大投资的投资者群体。我国的股权众筹与现行《中华人民共和国公司法》《中华人民共和国证券法》等法律之间存在冲突。参考国外经验，有必要完善相关立法，明确股权众筹的法律地位，健全股权众筹运行体制，实行合理有效的监管，以降低股权众筹的法律风险。

2. 建立健全投资者权益保护机制

建立健全投资者权益保护机制是监管层在制定相关法律法规以及各众筹平台在制订交易规则时需要慎重考虑的事情。在美国《乔布斯法案》中，有明确的对于投资者准入的条款，包括对投资者年收入和投资比例的严格限定。建立并完善投资者权益保护机制，要做到投资前防范风险，投资后有法可依，为投资者的合法投资上个“双保险”。当然，保护机制的建立无法一蹴而就。首先，应建立符合基本国情的投资者适当性管理制度，筛选出与市场风险匹配的合格投资者，并对投资者充分进行风险提醒，这是保护投资者的任务。同时，要完善信息披露制度，定期定向地对投资者披露公司财务信息、经营管理信息。此外，应推进股东诉讼制度的建设进程，为投资者权益的维护构建最后一道保障。

3. 兼顾审慎性和包容性，采取适度监管

各国金融监管部门对金融创新的立法监管过程往往采取实践先行的模式，即在充分的实践经验积累基础上，由理论界进行讨论思辨，寻找金融创新的本质属性，形成立法监管的基本理念；而创新实践也对理论演进具有反馈作用，由此形成双向的反馈效应。只有经过理论与实践的积累，监管部门才能确立正确的监管理念和法律框架，进而在此基础上构建具体的监管政策。由于众筹的特殊性，通过互联网平台进行操作，存在很大的信用风险和欺诈风险，需要通过制订一定的规则对其运行进行规范。但是众筹还处在发展初期，如果像监管成熟的金融产品和金融服务那样对众筹进行监管，会大大增加众筹运作的成本，使许多潜在的投资者因为成本等原因被排除在众筹平台之外。结合我国国情，对众筹的监管要坚持适度原则，既要及时地发现

众筹平台中存在的风险，对其进行防范，又要防止因过度监管给众筹融资带来阻碍。

（二）微观层面

1. 众筹平台要进一步完善风控体系

众筹作为一种新型的融资方式，自身业务有其特殊性，建立风险控制体系是众筹平台建设中必不可少的环节，直接影响着众筹平台是否能够长期健康稳定发展，良好的风控体系，可以确保平台正常运行，吸引更多的潜在客户。

首先，在众筹筛选环节，建立“初审—反欺诈—实地访查—最后核查”标准化流程。项目筛选作为众筹融资模式流程的起点，也是风险防范的起点，众筹平台应该设立专门的项目评审部门并严格实行具体的风控流程。以股权众筹为例，第一关，在初审环节，众筹平台需要明文列示项目企业需要提交的材料清单，包含但不限于项目企业商业计划书、企业市场竞争力分析、企业创始人过往经历、企业录制宣传视频、企业营利模式简介、企业管理层简介、企业组织架构简介、企业拟融资规模以及企业拟出让的股权比例。股权众筹平台项目评审部门必须对材料逐一进行详细查看，选择有融资前景的项目进入下一环节。第二关，反欺诈环节，股权众筹平台项目评审部门对项目进行初审后，与项目企业签订保密协议，然后要求企业提供项目发起人身份证明、企业过往经营状况详细介绍、企业工商营业执照、税务登记执照、企业房屋产权证明、企业房屋租赁证明、企业完税证明以及可以说明企业真实性的其他材料，股权众筹平台项目评审部门对企业信息真实性、完整性做出评价，严格控制项目企业的欺诈舞弊风险。第三关，实地访查环节，对于符合资料真实性、完整性要求的项目企业，股权众筹平台项目评审部门应该进行实地走访，对项目企业管理层及基层员工进行约谈，深入了解企业的各项信息，评价项目企业实际情况是否与提供的材料相符，并将走访材料记录在案。第四关，最终核查环节，股权众筹平台项目评审部门在对前期搜集的各项信息进行审核后，对项目进行投票表决，决定项目是否成功突围，进入股权众筹平台展示环节，开始向潜在投资者募集资金。按照上述标准，建立项目筛选环节风控体系，可以显著降低项目欺诈风险。

其次，完善平台信息披露制度，加强平台管理与安全建设。由于我国当前信用体系不完善，适度信息披露就显得尤为重要，其一定程度上可防止融资方欺诈。完善众筹平台信息披露制度应从四方面着手：一是明确平台有辅助和监督信息披露的义务，并对其进行过错责任追究；二是明确信息披露标准，构建层级式信息披露体系，对于核心信息有强制性披露义务，对于自发形成的信息则进行有效监管；三是依据客观标准对筹资人信息进行筛选、整理和展示，借鉴美国经验，较为典型的客观标准包括筹资人地理位置、从事行业、发行证券类型、预计筹资金额、筹集进展程度等，平台应保持中立、客观的独立性角色；四是平台应加强网络信息安全建设，防止投融资信息泄露，加强对平台上进行的投融资双方交易信息的审查和监管，降低利用平台进行欺诈活动的风险。

最后，引入第三方机构进行资金监管。在资金安全方面，众筹平台应该与独立的第三方资金托管机构建立合作。在资金募集阶段，投资的资金先汇入资金托管机构指定的账号中，进行封存，如果项目方众筹失败，资金原额退回给各投资者，如果项目方众筹成功，资金应该按照约定标准分时间、分进度、分批次汇入项目方，具体的划款规则应由项目投资人与项目方共同协商约定，严格防范资金安全风险，保护投资者利益。应当考虑有资质的商业银行作资金托管机构，一方面银行资金管理技术和风险防控经验更为丰富；另一方面，商业银行公信力更强，发生违约可能性更小，更易获得投融资方信赖。

2. 投资者应做好投资决策

股权投资属于高风险的投资领域，门槛较高。众筹模式的股权投资虽然给普通投资者降低了门槛，丰富了投资渠道，仍要重视风险问题。投资者在参与众筹前要做好调研分析工作，辨别风险点，谨慎决策。从投资人的角度，股权众筹投资关键在于选择合适的众筹平台和优质的投资项目，做好投资决策工作。

(1) 选择合适的众筹平台。投资者应该选择哪家众筹平台主要从以下几方面考虑。

平台的资质。正规的众筹平台最基本的资质应该包含营业执照、税务登记证组织、机构代码等企业法人资质，这些是在工商、税务部门有关网站都能查询到的公开信息。此外，如果涉及私募基金业务的众筹平台，必须进行私募基金登记备案，并具备私募基金管理人资质，否则就没有资格参与私募基金的管理与销售。

投资团队的专业度。众筹平台拥有专业化的管理团队，能介入被投企业调研的全过程，从而了解和掌握项目的全面情况；能迅速而有效地运营，确保整个管理团队与基金募集团队、投资团队的协调机制，确保信息顺畅传递。当然，作为普通投资者通常难以短时间作判断，可以从了解股东背景的真实情况入手。

信息的透明度。“透明度”是用来表示平台信息披露的重要指标，包括五部分：分类明细、动态更新、项目表达、平台表达和项目信息。平台能够为合作企业提供所需资金，并且能为投资者提供透明化的信息共享机制，投资人能通过它了解钱款去向、资金流程、风险预警、所需签订的法律文本协议及资金亏损的法律解决途径，而不是模糊不清的项目阐述和一句保本保息的空头支票，一旦发生亏损风险，投资人缺失正当维护手段。

产品风险的把控度。股权众筹，通常资金会被投入即将上市的公司，或已经上市进行定向增发的公司，这些公司，尤其是新三板公司，由于其运营时间短，经营情况存在变动，这就需要平台对资金去向做出合理规划，把控风险，而不是盲目扩张。

(2) 优质的投资项目。投资者选择优质的项目，要从以下几个方面入手。

项目所处的行业。投资人参与股权众筹，要对该项目所处的行业有一定的理解，重点围绕行业的市场规模、发展阶段、未来发展趋势等核心要素进行分析。

项目解决方案的含金量。股权众筹项目大多处于早期阶段，很多项目创新性非常强。对于创新类项目，需要重点考察项目所提供的解决方案的含金量。例如，该项目填补了市场的哪项空白；在这个领域，潜在的市场需求究竟有多大；市场准入门槛有多高；企业先发优势体现在哪些方面等。

跟投专业投资人。大多数股权众筹项目的参与者属于跟投角色，如果运气好，跟着“领投人”或“领投机构”一起进场是个非常不错的选择。选择专业的投资人跟投是关键成功要素之一。最好的“领投人”是既有资金又专业的产业投资者，他们能够为企业带来不可估量的协同效应，如能够为企业带来人才、市场资源，抑或是为企业的战略管理提供支持，或是提供产业整合的机会等。

项目的商业模式。对项目商业模式的考察，就是搞清楚企业是怎么赚钱的。美国作家、企业家罗伯特·T. 清崎曾提出，“如果某个人向你解释一个投资项目，只要他说明的时间超过 2 分钟，那么不管你最后听懂了还是没听懂，不管他讲明白了还是没讲明白，或者你们俩都没弄清这个问题，只要出现上述情况之一，你最好放弃这项投资”。理由很简单，如果项目方不能用简单、直接的语言讲述出商业逻辑，要么这个逻辑不成立，要么项目方自己也没想清楚。无论是哪种情况，最好都不要轻易投资。

项目的管理团队。管理团队对项目的成败起着决定性的作用。因此，在做出投资决策之前，对众筹项目的管理团队的考察也必不可少。考察的要素包括管理团队的过往经历、管理经验、专业背景、社会资源、个人诚信情况等。

项目的竞争优势。项目要想脱颖而出，必须具备一些独有的竞争优势，而这些竞争优势就构成了项目的“护城河”。项目的护城河越深，潜在竞争者进入的壁垒就越高，越有机会击败围攻力量，越有利于项目的发展。相反，如果护城河过浅，商业模式很容易被竞争对手复制，企业在市场竞争中很难有一席之地，并且市场份额也被竞争对手蚕食。

项目的投后管理。投资固然重要，投后管理也不容小觑。科学的投后管理，可以有效地避免项目投后“失控”。在众筹模式下，各方参与者在投资前就要对投后管理事项高度重视，就公司治理、定期召开股东会议、定期向股东代表汇报公司运转情况、披露财务数据等核心事项做出约定，并且需要建立沟通机制，以保障股东们和公司之间的信息沟通是对等和畅通的。

三、众筹的发展趋势

（一）行业发展趋缓

众筹，尤其是股权众筹是一种创新的互联网融资模式，有助于拓宽中小微企业融资渠道，推动实体经济发展，促进大众创业、万众创新。受限于新证券法等相关条款，股权融资无法采用公开方式募集资金，目前行业实践基本上都是特定范围内的私募股权融资。近年，由于相关监管政策仍未出台，众筹行业发展趋缓，众筹平台的数量呈现减少态势。

（二）行业细分化趋势越来越明显

2015 年，以京东、淘宝为主的互联网巨头逐渐向众筹行业伸手，促使行业向专业化、规范化、高端化迈进。近年，众筹行业细分化趋势明显，如众筹＋医疗、众筹＋环保公益、众筹＋文化创意等平台纷纷出现。未来一段时间里，细分化趋势不会发生改变。

虽然综合类众筹平台的优势是显而易见的，如强大的用户规模、强大的品牌效应、强大的资本优势和资源优势，但这些恰好也是这些平台的软肋。因为这些平台的垂直领域不够细分，会让投资者担忧平台的专业度不够，怀疑项目信息的准确性，不易评估项目风险。不过也有好处，平台垂直细分化之后，投资者在选择平台的时候不至于太过盲目，选择平台也将更有目的性。

另外，对于平台来说，涉及专业领域，经营起来也会更加得心应手，最大化节省资源，降低业务成本，这样对一个平台的发展起到了关键性的作用，如专注于大病众筹的“水滴筹”“轻松筹”等，目前的使用率就非常可观。

（三）行业走向集中化

在众筹行业生态圈中，上游是众筹平台，中间是项目发起人和专业的投资机构，下游则是个体投资者。随着个体投资者对于市场的了解度提高，他们对于上游的品质要求也会逐步提高。能为投资者提供更加完整和准确的信息，提供优质项目的平台，才会获得更深更大的发展空间。对于项目发起人而言，当然也更倾向于与实力强劲的平台合作，以此提高自身项目溢价，以及隐形地提升项目品质和价值，获得利益最大化。

目前，多个互联网巨头已触及众筹行业，这些公司拥有的平台、流量等资源优势，将进一步压缩小平台的生存空间；并且随着行业细分化不断推进，战场缩小，集中化的速度将加快。

（四）科技力量助力行业规范发展

在大数据、云计算、人工智能、区块链、移动互联网等新兴信息化科技的浪潮推动下，众筹行业数字化进程将持续推进，不断释放创新驱动的原动力，有效提升服务水平，降低交易成本，同时也使交易安全性得以大大提高。此外，一些头部平台正在积极探索科技应用，力争在获客、风控、投后管理等项目全生命周期持续提升业务经营能力。

延伸阅读

庞氏骗局——现在金融骗局的始祖

一、庞氏骗局的由来

“庞氏骗局”是对金融领域投资诈骗的称呼，也是金字塔骗局（pyramid scheme）的始祖，很多非法的传销集团就是用这一招聚敛钱财的。这种骗术是一个名叫查尔斯·庞兹（Charles Ponzi）的投机商人“发明”的。庞氏骗局在中国又称“拆东墙补西墙”“空手套白狼”。简而言之，就是利用新投资人的钱来向老投资者支付利息和短期回报，以制造赚钱的假象进而骗取更多的投资。

查尔斯·庞兹是一个生活在19—20世纪的意大利裔投机商，1903年移民到美国。1919年他策划了一个阴谋，欺骗投资者向一家事实上子虚乌有的企业投资，许诺投资者将在3个月内得到40%的利润回报，然后将新投资者的钱作为快速盈利付给最初投资的人，以诱使更多的人上当。由于前期投资的人回报丰厚，庞兹成功地在7个月内吸引了3万名投资者，这场阴谋持续了一年之久，被利益冲昏头脑的人们渐渐清醒过来，后人将其称之为“庞氏骗局”。

二、国际超级庞氏骗局——MMM 平台

1994 年 2 月，俄罗斯人谢尔盖（Sergei）创立“MMM 金融金字塔”，注册资金仅为 10 万卢布。MMM 当时在俄罗斯几乎所有知名媒体上投放广告，以高回报为诱饵吸引投资者，俄罗斯当时曾有数百万人参与投资 MMM。在存活 3 年之后，于 1997 年 MMM 项目破产，创始人谢尔盖被判 4 年半监禁。出狱之后，谢尔盖重操旧业，重新建立“MMM 互助金融”，并跑到印度、南非、印度尼西亚等发展中国家，推广“MMM 互助金融”，再次火爆。

2015 年 5 月开始，MMM 平台传入中国。MMM 互助金融对外宣称月收益率最低为 30%，发布一种名为“马夫罗（Mavro）”的虚拟物品，用户首先必须以提供帮助者的身份购买“马夫罗”。当时，微信朋友圈频繁出现类似信息：投资 10 000 元，两周后收回 11 500 元，一个月利息可达 30%，邀请亲朋好友加入，还有高额回报。

自 2015 年 12 月 1—15 日系统内所有资金被冻结，从 12 月中旬开始，MMM 庞氏骗局系统开始在中国崩盘，当时往系统里面打钱秒配，提钱却基本提不出来，说明系统里面已经无钱可提。据测算，MMM 平台从中国“掠夺”的财富可能会高达百亿美元。

三、庞氏骗局的共同特征

首先，低风险、高回报的反投资规律特征。众所周知，风险与回报成正比乃投资铁律，庞氏骗局往往反其道而行之。骗子们往往以较高的回报率吸引不明真相的投资者，而从不强调投资的风险因素。

其次，拆东墙补西墙的资金腾挪回补特征。由于无法实现承诺的投资回报，因此对于老用户的投资回报，只能依靠新用户的加入或其他融资手段来实现。这对庞氏骗局的资金流提出了相当高的要求。因此，骗子们总是力图扩大用户的范围，拓宽吸收资金的规模，以获得资金腾挪回补的足够空间，延长骗局持续的时间。

再次，投资诀窍的不可知和不可复制性特征。骗子们竭力渲染投资的神秘性，将投资诀窍秘而不宣，努力塑造自己的“天才”或“专家”形象。实际上，由于缺乏真实投资和生产的支持，骗子们根本没有可供推敲的“生财之道”，所以尽量保持投资的神秘性，宣扬投资的不可复制性是其避免外界质疑的有效招数之一。

又次，投资的反周期性特征。庞氏骗局的投资项目似乎永远不受投资周期的影响，无论是与生产相关的实业投资，还是与市场行情相关的金融投资，投资项目似乎总是稳赚不赔。

最后，投资者结构的金字塔特征。为了支付先加入投资者的高额回报，庞氏骗局必须不断发展下线，通过利诱、劝说、亲情、人脉等方式吸引越来越多的投资者参与，从而形成“金字塔”式的投资者结构。塔尖的少数知情者通过榨取塔底和塔中的大量参与者而谋利。

资料来源：根据网络资料整理。

5

第五章

互联网银行

21世纪以来，全球范围内掀起互联网的浪潮，银行、证券、保险等传统金融业纷纷推出“互联网＋金融服务”，出现了互联网银行、互联网证券、互联网保险等业态，一方面丰富了互联网金融模式，另一方面也使传统金融服务得以转型升级。本书第五至八章主要探讨传统金融业银行、证券、保险、消费金融的互联网转型。

第一节　互联网银行概述

互联网银行是银行业积极拥抱互联网的一种新的服务模式，也是商业银行在互联网技术发展下的一种实现形式。狭义的互联网银行是将服务场所放到线上，不开设分支网点，完全通过互联网渠道销售产品为客户提供服务的一类新型银行，如美国安全第一网络银行（security first network bank，简称SFNB)、微众银行和网商银行等。广义的互联网银行是互联网与银行的结合，是商业银行借助互联网和移动通信技术实现资金融通、支付和信息中介功能的新兴经营模式。本书主要围绕广义的互联网银行加以分析。

一、互联网银行的界定

国际上对互联网银行的表达方式多种多样，主要有internet banking、virtual banking、electronic banking、online banking等。由于互联网银行发展的时间短、速度快，其发展模式处于不断演变之中，人们对互联网银行的认识仍在深化，因此目前尚没有一个统一规范的互联网银行定义，现有的定义大多出于对互联网银行管理和研究的需要，不同国家、不同组织的定义之间存在着一些差异。

1999 年，美国货币监理署发布《网上银行监管手册》，认为“网络银行是指一些系统，利用这些系统，银行客户通过个人电脑或其他智能化装置进入银行账户，获得一般银行产品和服务信息”。2000 年 10 月，巴塞尔银行监督管理委员会发布《电子银行集团活动白皮书》，将网络银行定义为“利用电子手段为消费者提供金融服务的银行，这种服务既包括零售服务，又包括批发和大额业务”。我国香港金融管理局于 2000 年 5 月发布《虚拟银行的认可指南》，认为“虚拟银行是指主要通过互联网或其他电子传送渠道提供银行服务的公司，但不包括利用互联网或其他电子方式作为向客户提供产品或服务的另一个途径的现有持牌银行”。

在我国，商业银行开展的基于互联网技术的金融业务通常称为电子银行业务。根据银监会 2005 年 11 月颁布的《电子银行业务管理办法》中的有关定义，电子银行业务是指商业银行等银行业金融机构利用面向社会公众开放的通信通道或开放型公众网络，以及银行为特定自助服务设施或客户建立的专用网络，向客户提供的银行服务。电子银行业务包括利用计算机和互联网开展的银行业务（简称网上银行业务），利用电话等声讯设备和电信网络开展的银行业务（简称电话银行业务），利用移动电话和无线网络开展的银行业务（简称手机银行业务），以及其他利用电子服务设备和网络，由客户通过自助服务方式完成金融交易的银行业务。

中国人民银行在 2014 年 4 月发布的《中国金融稳定报告（2014）》中对互联网银行的表述是：一般来说，互联网银行是互联网与银行的结合，是商业银行借助互联网和移动通信技术实现资金融通、支付和信息中介功能的新兴经营模式。

互联网银行的显著特点是提供“3A”式服务。所谓“3A”，即任何时间（anytime）、任何地点（anywhere），以任何方式（anyhow）提供金融服务。互联网银行突破了时空的限制，利用互联网技术将银行与客户连接起来，在各种安全机制的保护下，客户可以随时随地在不同的计算机终端登录互联网办理各项银行业务，它不只是将现有银行业务移植到网上那样简单，而是金融创新与科技创新相结合的产物，是一种新的银行产业组织形式和银行制度。

二、互联网银行的特点

（一）互联网银行的发展历程

早在 20 世纪 50 年代就有类似互联网银行的雏形出现，只是那时没有因特网，是在专用网络上进行。互联网银行是伴随着银行的电子化与信息化的发展进程而发展的，大致可以分为计算机辅助银行管理、银行电子化或金融信息化、互联网银行三个发展阶段。

1. 计算机辅助银行管理阶段

这个阶段始于20世纪50年代，直至20世纪80年代中后期。在这个阶段，银行主要通过计算机模拟原有银行手工业务和部门分工的传统管理模式。银行大多是采用各营业网点单机操作的模式，利用计算机进行票据集中录入，实现账务管理的批量处理，提高了业务处理速度，进一步实现了办公自动化。20世纪60年代末兴起的电子资金转账技术（ETF）及其应用，为互联网银行的发展奠定了技术基础。电子资金转账改变了传统的手工处理票据模式，可以快速有效地处理支付信息，降低处理成本及票据纸张费用等交易成本。此外，电子资金转账还有效地降低了支付时间的不确定性，保证了款项及时转账，提高了现金管理质量和支付效率。

2. 银行电子化或金融信息化阶段

这个阶段是从20世纪80年代中后期至90年代中期。这一阶段在线银行服务的特点是客户的个人计算机（PC机）与银行的计算机系统相对独立。信息技术的快速发展以及成本大幅降低，为银行业广泛应用网络信息技术提供了有利条件，银行实现了联网实时交易，并出现了各种新型的电子网络，如以自助方式为主的在线银行服务（PC银行）、自动柜员机系统（ATM）、销售终端系统（POS）等。

3. 互联网银行阶段

20世纪90年代开始，各商业银行开始构建自己的互联网网站，最初是静态信息发布网站，逐步转化为具有动态交互式信息检索功能的网站，提供如利率、汇率、行情、新闻等时效性很强的信息。同时，客户可使用一些检索工具进行信息交互式查询。随着安全电子交易协议（secure electronic transaction，简称SET）和安全套接层（secure socket layer，简称SSL）技术的出现，互联网安全得到保障，银行内部网络和外部防火墙之间实现连接，这促使现代网络银行最终形成。1994年10月，美国斯坦福国际信用组织（Standford federal credit union）开始提供互联网金融服务。1995年5月，富国银行（Wells Fargo）首先在互联网上提供银行服务。1995年10月，美国安全第一网络银行成立，这是全球首家无任何实体网点的银行，它的出现对几百年来的传统金融业产生了前所未有的冲击。随后，互联网浪潮逐渐蔓延至全世界，走进了人们的生活。

互联网银行是基于大数据、云计算、数据挖掘平台、移动便携设备的革新，是利用互联网的互联互通，创新出的全新经营模式。近年，随着科技产品的普及和应用，除网上银行外，商业银行还纷纷推出电话银行、电视银行、手机银行等新型服务渠道。但这些只是应用载体的变化，本质上还是为客户提供在线金融服务。

（二）国内互联网银行的兴起

作为亚太地区的重要市场，中国的互联网银行发展迅猛。1996 年 2 月，中国银行在国际互联网上建立了主页，首先在互联网上发布信息，并于 1998 年 3 月成功办理了我国内地第一笔国际互联网之间的电子交易，从而拉开了中国互联网银行的序幕。

1998 年 4 月，招商银行率先推出了部分具有互联网银行功能的网上支付业务，并为企业提供企业对企业的资金结算业务。随后，中国建设银行、交通银行、中国工商银行、中国农业银行也不断完善自己的“E”化之路。

各大商业银行借助互联网的新技术、新平台、新理念，打造开放型、综合化的金融平台，主动加强与实体企业的合作共赢，在供应链融资、数据信息处理、风险分散等方面的业务创新层出不穷。2010 年 11 月，中国工商银行率先推出移动金融服务，命名为“工银移动银行”的子品牌。2012 年 6 月，中国建设银行同时上线了两大电子商务平台，其中“善融商务个人商城”定位为 B2C 平台，面向个人消费者；“善融商务企业商城”定位为 B2B 平台，面向企业用户。

2014 年 12 月，深圳前海微众银行获得开业批复及金融许可证，注册资本 30 亿元；2015 年 6 月，浙江网商银行正式开业，注册资本 40 亿元。截至 2021 年末，已有多家纯互联网银行设立，分别为微众银行、网商银行、新网银行、亿联银行、苏宁银行和百信银行等。

据中国银行业协会发布的《2020 年中国银行业服务报告》显示，2020 年，银行业金融机构离柜交易达 3 708.72 亿笔，同比增长 14.59%；离柜交易总额达 2 308.36 万亿元，同比增长 12.18%；行业平均电子渠道分流率为 90.88%。其中，手机银行交易达 1 919.46 亿笔，同比增长 58.04%，交易总额达 439.24 万亿元，同比增长 30.87%；网上银行交易达 1 550.30 亿笔，交易总额达 1 818.19 万亿元，同比增长 9.68%。用户触达金融服务的途径从线下逐渐转移到线上，为互联网银行提供服务奠定了基础。

（三）互联网银行的特点

互联网银行以为客户提供从资金结算到信贷融资的全方位金融服务为主要发展趋势，与传统电商平台仅提供电商交易服务不同，其业务更面向广大企业和个人，更立足于金融服务。除去已发展较为成熟的电脑网上银行客户端，互联网银行业务也扩展到了移动互联网领域，手机银行、微信银行等都属于互联网时代下的新型服务渠道。但这其实只是应用载体的变化，本质上还是为客户提供在线金融服务。

与传统银行相比，互联网银行提供的金融服务具有低成本、高效、便捷的优势，增强了银行客户的体验。

1. 全面实行电子化交易

网上银行在经营业务的过程中实现了无纸化，全面使用电子货币代替传统纸币，如电子钱包、电子现金等。整个过程节约了经营成本，既提高了银行业务的操作速度，又提高了服务的准确性。基于网络运行的电子货币还可以为政府税收部门和统计部门提供准确的金融信息。

2. 运营成本低廉

网上银行以虚拟的电子服务方式代替了面对面的服务方式。由于通过互联网技术取消了物理网点，降低了人力资源等成本，从而大大节省了运营费用，使其具有传统银行不可比拟的成本优势。

3. 服务更标准化、多样化和个性化

与传统银行不同，网上银行以客户体验为中心，将互联网精神融入金融行业中，提供更加标准化、多样化、个性化的服务，避免了传统银行营业网点因个人素质和情绪状态不同而带来的服务满意度差异。

第二节　互联网银行的模式

本节主要分析互联网银行的运营模式和贷款模式。

一、互联网银行的运营模式

目前，互联网银行主要有四种运营模式：网上银行、手机银行、直销银行和纯虚拟银行。

（一）网上银行

网上银行，即传统的电子银行模式，也是传统金融业互联网转型的主要业态之一。商业银行80%的利润来自20%的优质客户，其余20%的利润则来自80%的普通客户。因此，20%的优质客户是各家银行争夺的焦点。随着利率市场化的推进和各家银行产品同质化竞争的加剧，传统银行也开始关注以前不被重视的80%的普通客户，但若依靠传统业务渠道只会带来成本的大幅攀升。尤其是目前一系列创新型金融机构正在以低姿态挖掘长尾用户的潜力，它们“以市场为导向、以客户为中心”的友好型定位，动摇了传统商业银行的客户基础。种种不利情况促使商业银行借鉴利用新的信息技术平台，以更好地洞察客户需求、提升客户交互、优化设计产品和服务流程，网上银行在这一背景下应运而生。

网上银行是指现有的传统银行将内部封闭性银行网络系统与互联网相连，建立交易型网站，将互联网作为新的渠道为客户提供一系列金融服务。网上银行通常沿用了现有银行的名称和品牌，是内设于传统银行的一个非独立部门，是传统银行业务在空间上的拓展，是实体机构的辅助和补充。

按照服务对象的不同，网上可以分为个人网上银行和企业网上银行。个人网上银行主要适用于个人与家庭消费支付与转账，其主要功能包括账户查询、转账汇款、缴费支付、投资理财、信用卡业务等。企业网上银行主要针对企事业、机关等单位客户，其主要功能包括企业账户管理、支付结算、现金管理、供应链融资、贸易金融、投资理财、财资管理等。

随着电子商务的发展，商业银行也积极布局网上商城，探索新型发展模式。商业银行自建电商平台的模式有两种：第一种是网上商城，如建行的“善融商务”、交行的“交博汇”、农行的“E 商管家”、工行的“融 e 购”等，其业务领域涵盖商品批发和销售、房屋交易等，业务对象包括企业和个人；第二种是信用卡商城，招商银行、民生银行、中信银行等多家银行上线的信用卡商城为消费者提供在线购物、分期付款等服务。商业银行拥有庞大的客户资源、便捷的网络支付渠道和较高的信用度有利于其电商平台的可持续发展。

从国内来看，网上银行作为商业银行在互联网化领域最初的探索，虽然发展的时间不长，但发展速度很快。据统计，2005 年我国网上银行交易额仅为 71.6 万亿元，2017 年网上银行交易额已达 1 725.38 万亿元。随着互联网技术的不断发展和进步，各大商业银行不断丰富网上银行业务品种，使网上银行功能愈加全面。

专栏 5-1

招商银行的互联网金融转型之路

招商银行成立于 1987 年，总部位于中国深圳，是一家在中国具有一定规模和实力的全国性商业银行。招商银行的发展目标是成为中国领先的零售银行，在投身互联网金融方面非常具有前瞻性。

1997 年，招商银行率先推出了中国第一家网上银行，率先推出网上企业银行，随后推出网上个人银行。2004 年，国内银行业整体还处于发展对公业务阶段，招商银行启动第一次战略转型：零售转型。随后几年，依托网上个人银行招商银行的零售业务从小到大再到强，网上个人银行业务交易量年复合增长率接近100%，个人银行客户数从300多万增加到超过4 300万，增长了13倍。2010年，招商银行开始实施“二次转型”战略，2013年明确将“轻型银行”作为二次转型方向，并确立以零售金融为主体，公司金融、同业金融协调发展的“一体两翼”转型目标。为此，招商银行把金融科技作为转型动力，着力构建互联网金融“平台、流量、大数据”的整体结构布局，推动业务经营模式向网络化转型。在互联网金融战略框架下，招商银行的零售金融、公司金融、同业金融积极探索、协同发展，在互联网金融领域取得了良好成效。

1. 零售金融领域

2014年招商银行发布其网上银行专业版7.0，着力实现人性化、智慧化、扁平化的互联网精神与传统网银的结合，打造一站式移动金融基础服务平台，迈出招行“轻型银行”转型战略的重要一步。

在移动金融方面，重点打造手机银行和掌上生活两大移动平台，建立并迭代创新以招商银行App为核心的移动金融服务平台，为客户提供理财频道、智能服务、闪电贷、财富体检等多项特色产品；2017年上线了掌上生活App 6.0版本，以“e系列贷款产品”覆盖全场景、全生命周期的完整消费链金融需求。

2018年以来，招商银行聚焦与民生息息相关的场景，以“让数据多跑路、让百姓少跑腿”为目标，打造了“全事项、全场景、全流程”的便民服务云平台，目前支持除香港、澳门、台湾外的31个省份、337个城市近千项便民服务，覆盖公积金、电子社保卡、交通罚没、税务、党工团缴费等核心场景。

2021年，招商银行手机银行已迭代至9.0版本，累计用户数已达1.45亿户。

2. 公司金融领域

2013年招行推出专门面向中小企业客户的开放式、综合化互联网金融创新平台——小企业E家，围绕中小企业“存、贷、汇”等基本金融需求，创新开发了企业在线信用评级、“网贷易”“惠结算”“我要理财”等互联网金融产品，并实现了与银行中后台系统的对接，初步形成了从客户接触、跟进营销，商机发掘、产品销售到在线业务办理的全链条“O2O”经营模式。

1997年招商银行率先推出网上企业银行U-Bank 1.0版本，2017年已迭代至第10代的U-Bank X，聚焦企业服务八大模块、50个业务种类、172个业务功能，满足企业日常经营90%以上的资金管理需求。

2018年招商银行推出专注小微企业日常资金管理需求的手机端企业App，以移动应用的方式直接触达客户，为企业提供高频使用的移动金融服务，极大地提升小微企业数字化服务体验；同时，以企业App分行专区为基础，不断构建企业生态圈，以更加开放的视角，让企业体验招商银行“源自金融、不只金融”的多元化全方位服务。

2020年招商银行又进一步打通企业的人员薪酬管理，形成了财税、人事、福利、工资、缴费、差旅、工会于一身的全面薪酬福利管理系统，打通企业内部管理多个系统，以数字化能力赋能企业经营。此外，招商银行E招通平台——“费控全能管家”帮助企业订机票、订酒店、费用报销，实现“拎包走”的差旅体验，为企业节约差旅支出。

截至2020年末，招商银行实现营业收入2 905亿元，实现净利润973亿元，净利润增长领跑24家上市银行。

（二）手机银行和微信银行

随着移动互联网的发展与智能终端的迅速普及，移动信息化技术日趋成熟，为银行业务发展与管理决策开辟了一条新的思路。手机银行和微信银行也称移动银行，是利用移动通信网络及移动终端办理相关银行业务的简称。与网上银行相比，手机银行和微信银行是应用载体由计算机变成智能手机，其优势更为显著。

1. 手机银行

（1）手机银行的模式。手机银行以其方便、快捷、低成本的特性在全球快速发展。就其发展路径来说，主要有两种模式。

首先，手机银行作为传统金融的补充。主要受惠于政府或社会组织的推进，为传统银行网点难以覆盖的人群提供便捷金融服务渠道。例如，全球移动通信协会（GSMA）启动的“无银行账户人群移动金融计划”，对肯尼亚、巴西、南非、菲律宾等国的手机银行业务发展起到很大的推动作用。这种模式的最大特点在于，其并不是银行的市场行为，银行也不是受益者。这种模式由移动运营商或第三方的服务商设立手机钱包，客户首先通过自助设备等渠道将资金充值到手机钱包账户，然后用该手机钱包账户进行支付。这种模式在非洲国家较为普遍，如肯尼亚的手机银行M—PESA即由移动运营商为主导，目前已经成为全球接受度最高的手机支付系统，在肯尼亚的汇款业务已超过该国所有金融机构的汇款业务之和。

专栏5-2

G-Cash

卡伦·马克迈克在菲律宾首都拥有一家自己的珍珠饰品店。在过去，卡伦想要把自己的收入存到银行，就必须要每天往返银行网点，并且因为家里人居住的地点是菲律宾偏远地区，根本没有银行，所以她想要向家人汇钱也是一件麻烦的事情。但是，G-Cash手机银行解决了她的这一难题。卡伦利用G-Cash可以实现快速收款，并且将收入转到银行账户，通过G-Cash她可以随时随地向家人转账。

G-Cash由菲律宾的G-Xchange，Inc.（GXI）于2004年推出，GXI是菲律宾一家电信运营商的全资子公司。G-Cash提供转账、取款、收款、支付、还贷、购物等多种服务。在G-Cash模式中，客户并不与银行直接建立合同业务关系，银行只作为运营商的代理商，所以该模式属于非银行主导模式。

菲律宾由于多山的地形特征，许多农村地区非常偏远、住户分布也较分散，设立银行网点成本很高，所以菲律宾农村地区的金融覆盖率非常低，但是手机普及率却较高，这为菲律宾的电信运营商提供了良好的商机。G-Cash覆盖率高、成本低，还有几千家零售代理商支持存取款、转账汇款等业务。不仅如此，G-Cash还与多家乡村银行合作，实现银行与手机银行的实时转账，相比传统银行，服务覆盖度和便利性优势更加凸显。

其次，手机银行作为传统金融的替代与延伸。传统商业银行利用自身在账户管理和支付领域的经验，开展网络银行的手机化，如我国各银行推出的手机App，通过业务（主要是非现金业务和不涉及实物单证的业务）的延伸，实现对已有客户的增值服务。此种模式的手机银行发展较早，大多数手机银行都属于这种类型。在这种类型中，客户直接与银行签约，开设银行账户，并且将手机号码与银行账户绑定；移动运营商作为银行的代理商，充当客户与银行之间的桥梁，提供运营平台和技术支持，并收取一定的流量费和金融机构支付的专网使用和租赁费。这一模式的最大特点在于，其是市场行为的结果，是移动金融相关的全产业链的创新发展，银行是主要获益者之一。

（2）手机银行的优势。与网上银行相比，手机银行的优势比较突出。一是手机银行有庞大的潜在用户群。二是随着移动通信技术的不断发展，除具有网上银行所具有的功能外，手机银行在近场支付、移动支付等方面的功能要比网上银行更强大，尤其是在小额支付领域。三是手机银行须同时经过SIM卡和账户双重密码确认之后方可操作，安全性较好。网上银行是一个开放的网络，很难保证在信息传递过程中不受攻击。四是使用更便捷。相对于电脑来讲，手机因为容易随身携带，手机银行可以在任何时间和任何地点进行操作。五是区域更广泛。手机银行在GSM网络或3G、4G、5G网络覆盖的地方都可以提供WAP网站的支付服务，实现一点接入、多家支付。另外，手机银行这种低成本的金融服务方式的发展潜力巨大。目前，我国各大银行都推出了自己的手机银行，并加大推广力度。据中国互联网络信息中心发布的报告显示，2018上半年中国网上银行用户规模为4.17亿人，手机网上银行的用户数量达3.82亿人。

专栏 5-3

国有五大行手机银行客户已超 20 亿户

据商业银行2022年报，截至2022年末，国有五大行手机银行客户数总计已超20亿户（累加计算，不考虑一人多户情况）。

具体来看，截至2022年底，工商银行融e行个人手机银行客户数达5.16亿户，是同业中唯一率先跨越5亿客户数里程碑的银行；农业银行个人掌银客户数达4.60亿户位列第二名；建设银行个人手机用户数达4.4亿户位列第三名；邮政储蓄银行手机银行客户数达3.44亿户；中国银行个人手机用户数达2.5亿户。与此同时，五大行加速移动端科技与零售的融合，其手机银行交易金额持续走高。截至2022年末，农业银行掌上银行交易金额达77.3万亿元；邮政储蓄银行手机银行交易金额14.65万亿元，同比增长12.35%；中国银行2022年手机银行交易额达46.73万亿元，同比增长18.67%。

年报显示，五大行正不断升级手机银行的功能和界面，打造“至简”级轻型化入口。同时，五大行更注重通过手机银行将财富管理与应用场景进行融合，提升用户体验。据工商银行披露，该行正以“手机银行+工银e生活”为主要平台，加强开放式财富社区推广，打造开放化平台和轻型化入口。中国银行在其年报中介绍，其已建立以手机银行“财富号”为主要载体的线上社区运营品牌，2022年末，已有涵盖基金、保险、券商、理财等类别的31家合作金融机构入驻。

未来，随着银行机构数字化转型的持续，线上流量势必成为银行机构的争抢热点，而手机银行无论在零售端还是在财富管理端均有巨大的发展潜力与挖掘空间。

2. 微信银行

微信银行是商业银行借助腾讯公司微信软件的公众服务接口，为客户提供包括转账汇款、手机充值、预约办理等一系列服务的综合服务平台。商业银行推出微信银行的实质是将商业银行客户端移植到微信上，借助微信庞大的用户群，将银行的服务理念及服务范围实现最优化。

微信银行具有如下优势。

(1) 降低服务成本。微信银行用智能客服替代传统人工座席，可以有效节约成本。以信用卡业务为例，2012 年招商银行信用卡中心客服的人工话务量超过 6 000 万通，每通电话的成本大约为 5 元（包含人员工资、通信费、水电、座席硬件设备等）。如果微信的自助和互动服务能节省 10%的话务量，则一年节省的费用大概为 3 000 万元，实际替代率可能更高。目前，各家银行习惯用短信推送优惠活动信息。短信的发送成本为 3～5 分/条，以每个月 2 条短信计算，如果换成通过微信发送，则 1 000 万用户规模的发卡行可节省 1 200 万元。由于微信的信息发送成本极低，商业银行可以每天发送新的优惠活动信息。此外，微信银行还可以在很多方面为银行节约成本，如逐步取代信用卡纸质账单，提供新的低成本办卡、放贷、理财产品销售渠道等。

(2) 提升用户体验。目前，各银行微信银行的功能日趋全面，极大提升了用户体验。以天津银行微信银行为例，其微信银行包含金融服务、生活服务、最新优惠等板块，为客户提供了涵盖余额查询、明细查询、投资理财、信用卡服务等功能的便捷、安全的金融服务，以及电影票、演唱会门票购买，话费、流量、游戏点卡充值，美食团购、特惠洗衣等多品类、全方位的“线上＋线下”一站式生活服务功能。

(3) 实现精准营销。过去，银行要实现精准营销并非一件易事。以信用卡业务为例，优惠活动信息通常只能按客群批量推送，很多缺乏针对性的信息显然是无效的。有了微信银行之后，情况就大不同了。例如，某持卡人到某城市出差，想了解附近有什么优惠活动，只需打开微信银行，选择“定位”，几秒后，他所在位置周边的优惠活动信息马上显示出来。这种精准营销有利于商业银行以最小的成本实现最有效的促动。

未来，商业银行可以围绕微信银行打造一个服务平台，集中银行各种服务和合作伙伴的资源，形成一个个专属于每个客户的“微生活圈”，这个平台的价值将超乎我们的想象。微信银行将成为银行 O2O 的纽带和客户管理的利器。由于即时通信工具本身所具有的超高黏性，微信银行用户活跃度和用户规模增长速度远远超过手机银行客户端。因此，微信银行应定位为银行实现移动互联网战略转型的关键一环，其重要性不逊于手机银行客户端。中短期而言，微信银行对抢占移动互联网时代先机非常重要，投入必不可少。

（三）直销银行

直销银行也称直营银行，是互联网时代的新型银行运作模式。这一模式下，银行不设线下网点，以互联网为主要渠道为客户提供服务。与传统银行相比，直销银行突破了本行账户局限，可向他行用户进行开放。

1. 直销银行与网上银行的区别

（1）实体网点。直销银行与传统银行最大的区别就是“去实体化”。传统银行的业务拓展和规模扩张依赖于实体网点和分支机构、人员数量的增加。尽管传统银行也使用电话银行、网上银行等多种渠道，但实体网点始终是传统银行的核心渠道。与传统银行不同，在直销银行，客户从开户到转账、理财等均可以通过网上直接办理，完全不像网点一样受到空间和时间上的制约。对于没有实体网点和ATM机的银行，客户需要现金的时候，可以将直销银行账户中的钱转账至自己在其他银行的关联账户，整个过程都是免费的。为配合网上服务，有些直销银行也会设立一些实体店，但其主要功能是品牌营销和金融顾问，一般不办理具体业务。

（2）组织架构。虽然目前我国的直销银行大都从属于各个商业银行的网上银行部，但从国外发展比较成熟的直销银行来看，都是具有独立地位的企业法人。直销银行这种互联网化的运营模式不同于传统网上银行的组织结构。网上银行虽然也是通过线上渠道提供金融服务、售卖理财产品，但仅仅是传统银行的渠道补充，是对传统银行实体网点的一种辅助工具，不可能取得独立法人资格，无法完全脱离传统银行，这是二者的本质差别。

（3）目标客户。直销银行和网上银行的目标客户也不尽相同。直销银行具有独立法人资格，针对的是增量客户，并且不像网上银行追求大而全的客户覆盖，直销银行仅针对特定的客户群体提供少而精的产品和服务。网上银行是对传统银行渠道的拓展以及辅助工具，针对的是传统银行原有的存量客户。

（4）业务模式。相对于网上银行来说，直销银行并非传统银行物理网点的补充，而是构建了一种全新的业务模式，进一步以客户为中心，追求全方位的自助化、标准化、现代化的客户服务方式，并且加入了新的渠道和管理模式。从客户定位、产品设计、组织架构、营销手段等各个方面完全颠覆了传统银行的业务模式，是一种全面的流程再造，力求通过低成本的运营、多样化的营销以及现代化的服务创造出更多价值。

（5）产品与服务。虽然直销银行和网上银行都提供理财产品以及存贷款服务，但是由于直销银行的去实体化运营可以节省一大笔相关的网点建设费用和人力资源成本，规模边际成本极小，因而能够为客户提供更为优惠的价格，在更大程度上让利客户，如更低甚至免收的手续费、更高的存款利率、更低的贷款利率等。

此外，直销银行账户是虚拟账户，不需要银行卡号，真正实现了“免注册、免登录、客户直接购买”的目标；而在网上银行业务中，则必须办理银行卡，绑定并且开通网银后才能享受服务。由于直销银行在客户定位上比较明确，所提供的产品简洁明了，在业务处理上效率更高，因而相对于网上银行而言能够为客户提供更良好的服务体验。

2. 直销银行的产生和发展

1989 年 10 月，英国的米特兰银行创办了全球第一家直销银行 First Direct 并取得了成功，它通过位于英国利兹市的呼叫中心为用户提供 24 小时服务。First Direct 在推出不到两年后便获得了 10 万名用户，并于 1994 年开始盈利，目前已成为英国影响力最大的直销银行品牌之一。随着 First Direct 的成功，欧美其他金融业比较发达的国家也相继建立了自己的直销银行。1995 年，美国第一家直销银行 SFNB 正式宣布成立，该银行是世界上第一家完全通过互联网运营的直销银行。1997 年，ING 集团在加拿大设立了集团第一家直销银行 ING Direct Canada，并将该模式逐渐推广到欧美其他国家，成为规模最大的全球性直销银行。德国的 DAB Bank 于 1994 年成立，在德国混业经营的金融市场中开创了直销证券经纪模式，后成为欧洲第一家推出网上股票经纪业务的金融机构。目前，在欧美发达国家中，直销银行普遍占据了约 7%～10%的市场份额，成为一支不可忽视的力量。

2013 年 9 月，我国第一家直销银行诞生。经过多年酝酿，北京银行与荷兰 ING 集团在深度合作、充分吸收国际直销银行先进服务经验的基础上，率先引进并推出直销银行。与国外纯粹线上的模式不同，北京银行直销银行更加灵活，采取线上和线下融合、互通的服务模式，实现客户全流程自助操作，获得“在线操作＋远程人工服务支持”，达到效率和价值的最大化。从 2014 年下半年开始，我国直销银行出现爆炸式发展状态，各商业银行推出的直销银行开始大规模上线。

在直销银行的品牌建设方面，我国直销银行发展初期主要以母银行名称加上“直销银行”的后缀作为品牌，其发展难以摆脱母银行的声誉影响；而如今，大部分直销银行都选择与母银行不同的名称作为品牌名称，品牌意识日渐强烈，发展更具独立性。在发展模式方面，绝大多数的直销银行都是采用纯线上互联网平台作为业务渠道，这些互联网平台包括银行官网、手机 App、微信等。其中，有些直销银行拥有独立的网站及独立的 App，而有些直销银行只具其一，或者二者都与母银行共事，表现为母银行官网的子板块或是母银行手机银行 App 的子功能。在产品方面，直销银行上架产品主要以货币基金、存款产品、理财产品为主。

据不完全统计，截至 2019 年底，国内推出直销银行模式（或类似经营业态）的银行近120家。但由于定位模糊，直销银行与手机银行App功能呈现出高度同质化，这也让直销银行App的存在显得更加“鸡肋”。一些银行将直销银行与手机银行进行合并升级，集中精力做好手机银行的运营，也有部分银行放弃了直销银行渠道，对相关业务进行关停下线。

专栏5-4

民生直销银行

在银行利率市场化步伐加快及国内互联网金融飞速发展的背景下，为了应对客户消费习惯的转变，民生银行于2013年7月成立了直销银行部。2013年9月16日，民生银行与阿里巴巴签署战略合作协议，决定共同筹备直销银行。2014年2月28日，民生银行直销银行正式上线。

民生直销银行的经营理念为“简单的银行”，几乎不设立线下实体网点，所有业务流程均可依托线上渠道快速完成。“忙、潮、精”是其目标客户定位，这部分客户的特点是生活工作节奏快、习惯使用电子银行、追求新鲜事物、利息计算精明、容易被实惠高效所吸引。无论是否在民生银行开过户，只要是支付宝用户，都可以通过支付宝购买民生银行的金融产品。以支付宝作为客户入口，民生银行可以在提供金融服务的同时将支付宝用户转化为自己的客户。这种更加精准、同质化的客户定位，颠覆了传统商业银行电子银行“辅助服务”功能，体现了直销银行“拓展新客户、自主经营客户、创造客户价值”的独立的商业模式。直销银行最重要的属性是直销，金融产品以简单快捷的方式，通过直销银行直接卖给广大的电商客户。所以，直销银行本身已与传统银行的概念大相径庭。

在渠道建设方面，民生直销银行充分尊重目标客户的互联网使用习惯，强调渠道的特定性，不考虑线下的有形渠道，而是通过专属网站、手机端App、微信、淘宝等线上的无影渠道提供便捷的服务。同时，民生直销银行也不设立销售人员，更多的是靠客户的自主选择来驱动销售。在客户服务方面，民生直销银行开通24小时电话呼叫中心平台，银行员工直接与客户沟通交流，提供咨询、援助等服务。

由于目标客户的精准与渠道的限制，民生直销银行推出的产品数量与设计都力求简单。首期主打两款产品，一是“如意宝”余额理财产品，这款产品对接货币基金，具有购买门槛低、申购无限制、单日最高赎回500万元、实时支取、日日复利的特点；二是“随心存”储蓄产品，1000元起存、随用随取、利息收益最大化。目前，民生直销银行推出的产品除了“如意宝”和“随心存”外，还包括“定活宝”“民生轻松汇”和“利多多”。截至2017年末，民生直销银行客户数突破1 100万、金融资产超过1 100亿元，为推进我国普惠金融发展积累了丰富的经验。

（四）纯网络银行

1. 纯网络银行及其特点

纯网络银行，即狭义的互联网银行，是指完全同传统银行分离，不从属任何一家传统银行的、不存在实体网点的、只在互联网上运行的银行。

在我国，纯网络银行一般都背靠业内知名的互联网公司，各自均拥有庞大的用户基础甚至现成的应用场景，主要服务于传统银行覆盖客户的盲区，具有以下主要特征。

第一，纯网络银行收入主要来源为贷款业务的利息差以及理财产品代销产生的手续费与佣金等，这一点与传统银行区别不大，只不过相对聚焦在支付、融资、理财等小额高频业务领域。

第二，纯网络银行运用互联网、大数据等技术，在服务模式、客户群体、风控制度等领域进行创新，为没有享受到传统银行完善金融服务的消费者和小微企业提供服务。

第三，在服务模式上不设物理网点，主要采取互联网在线的方式展业，绝大多数业务均通过在线申请、云端审批并迅速完成签约。

第四，基于互联网运营和基于数据分析进行风控的经验相对更为成熟，因而用户转化获取及运营成本也相对更低。

2. 纯网络银行的兴起与发展

随着互联网的发展，信息实现了高度透明化，传统银行提供金融信息的作用开始弱化，人们对银行网点的依赖度降低，而人口低密集区域的银行网点的收入有时很难抵消其成本支出。另外，近几年人们对互联网安全技术的信任感大大提升，网络购物、网络社交软件的大规模使用培养了用户借助互联网进行交易、办理相关业务的习惯，积累了大量用户数据，这为纯网络银行的产生提供了良好的“土壤”。

纯网络银行的代表是1995年10月成立的美国安全第一网络银行（SFNB）。但经过多年的发展，传统银行实施了“网上、网下业务兼营”战略，生意兴隆，而不少纯网络银行却面临着衰退的危险，陷入了利润下滑、亏损，甚至被兼并重组的困境。例如，SFNB在1998年就出现了发展停滞的迹象，并在同年被加拿大发展规模最大的皇家银行以2 000万美元收购。美国互联网银行分为全方位发展与特色化发展两种模式。目前，采用全方位发展模式的互联网银行已所剩无几，仅存知名的就是印第安纳州第一网络银行。选择特色化发展模式的互联网银行在传统银行的夹缝中占据了一席之地，发展较好的包括ING Direct USA的直销银行、BOFI等。

国内的纯网络银行一般都以一些发展成熟的互联网企业作为依托。例如，2014年3月，在国务院批准了首批5家民营银行中，阿里巴巴旗下的浙江网商银行和腾讯旗下的前海微众银行就属于纯网络银行，仅依靠大数据、云计算等创新技术来驱动业务运营。2016年12月，小米联手新希望和红旗连锁创办的新网银行设立，这是中西部地区首家纯网络银行。2017年11月，中信银行和百度公司发起设立的百信银行在北京宣布正式开业。BAT（百度、阿里巴巴、腾讯三大互联网公司首字母的缩写）至此全部拥有了自己的民营银行。此外，以互联网企业为背景的纯网络银行还包括2017年设立的苏宁银行和亿联银行。

纯互联网银行以普惠金融、服务小微为发展定位，推出全覆盖零售（to C）端及对公（to B）端的金融信贷产品，与实体银行相比，互联网银行在to C端业务中更具优势，通过在线触客、大数据风险控制与人工智能，实现低成本、高效以及快捷的服务模式，服务小微企业及个人客户超1亿，营收和净利润也实现稳步增长。以微众银行为例，根据2022年报，2022年微众银行实现营收353.64亿元，同比增长31%，净利润89.37亿元，同比增长29.83%，而2022年商业银行净利润同比增长5.4%。

专栏 5-5

互联网银行运用金融科技手段，致力发展普惠金融

借助数字技术优势，互联网银行在普惠金融领域深度耕耘，通过服务长尾客群，有效提升金融服务覆盖面、可得性和满意度。

微众银行针对普惠客群需求痛点，运用金融科技手段开展经营模式和产品创新。在服务小微企业方面，微众银行于2017年底推出了国内首个线上、无抵押企业流动资金贷款“微业贷”。截至2020年末，累计触达企业188万家，并为其中超过56万户提供信贷服务，管理贷款余额增长207%，在贷企业法人客户数占服务业务覆盖地区小微企业总数的比重逾6%，有效满足小微企业“短小频急”的金融需求，成为解决小微企业“融资难”问题的有效途径。在服务大众消费者方面，微众银行累计为全国2.7亿个人客户提供线上银行账户、存款理财、小额信贷和支付等服务。以“微粒贷”为例，截至2020年末，“微粒贷”客户覆盖除香港、澳门、台湾外的全国31个省（自治区、直辖市）

逾560座城市，客群下沉，约80%贷款客户为大专及以下学历，约78%从事非白领服务业或制造业，笔均贷款仅8 000元，且因按日计息、期限较短，约70%的贷款总成本低于100元。

网商银行通过创新金融服务能力，支持小微企业、“三农”客户及个体经营者持续健康成长。支持小微企业方面，网商银行通过大数据准确定位受新冠疫情影响严重的小微商家，推出帮扶贷款，通过专项利率减免、帮助线上商家实现免费“零账期”提前收款等措施，降低因风险事件冲击导致的经营风险。支持“三农”客户方面，网商银行县域普惠金融服务覆盖面持续扩大，截至2020年末，已实现与全国750多个县域签约，在为当地“三农”客户提供数字化金融服务的基础上，针对当地农业特色优势产业提供全产业链金融服务，推出“亿亩田”项目，通过卫星遥感和人工智能技术，丰富农户的可信数据，结合线下贷前调查，建立精准全面的农户风险评估及管理体系，为广大种植业用户提供线上线下融合的贷款申请、贷款审批、贷款提取服务，提升“三农”客户融贷效率：支持个体经营者方面，网商银行联合支付宝、高德地图共同推出“点赞小店”“旺铺有喜”“点亮小店”等系列活动，利用科技力量赋能小店经济发展，帮助小店增强数字化能力；推出“木兰创业日”活动，通过发放免息额度、创建女性创业社区等方式，全方位为女性创业者提供支持。

新网银行发挥技术优势，建设“新一代数字科技普惠银行”。2020年，新网银行聚焦服务微小型实体企业，加大小微信贷投放力度，重点支持科技初创型企业的企业主、服务行业小商户、有经营性需求的农户等群体，在信贷政策上向小微金融业务倾斜，开启“银银合作”新模式，联合工商银行推出“e商助梦贷”等小微金融定制产品，助力小微群体复工复产。全年小微信贷计划完成率达962.63%，截至2020年末，普惠型小微企业贷款余额21.10亿元（其中小微企业贷款余额0.83亿元，个体工商户贷款余额4.10亿元，小微企业主贷款余额16.17亿元），较年初新增余额13.89亿元，增速超过190%，远高于其他业务增速水平，大幅超过以往年度小微贷款增速水平，在贷款户数37 446户，较年初增加22 789户，增速达155.48%。

二、互联网银行贷款的模式

互联网银行贷款，即商业银行发放的互联网贷款。从商业模式上看，互联网银行贷款主要有三种模式：自营贷款模式、联合贷款模式及助贷模式。自营贷款是银行以自有资金从事的贷款业务；联合贷款是银行与其他具有放贷资质的持牌金融机构合作进行联合贷款；助贷模式是指银行以第三方互联网平台作为渠道入口，与各类具有放贷资质的金融机构合作的业务模式，其本质是信贷业务各参与方的优势互补与资源效益最大化。

（一）自营贷款模式

自营贷款模式，是指银行利用自身信誉良好、风控能力强、客户流量大、体系完备等优势拟合多方资源的前提下，完全掌握获客及运营模式并实现完全自主风控的信贷业务产品。该模式系利用银行自主引流，服务于自有客户，在挖掘自身内部数据的基础上导入外部数据，如纳税、公积金、社保、电商等可信数据，构建风控模型，通过自身的风险防控评级系统对借款人的征信状况、还款来源等基本信息的真实性、合法性开展线上尽职调查，做好风险评估。

常见的自营贷款模式包括以下两种。

一是无特定资金使用场景的现金贷。此类产品需要银行投入较多时间开展营销推广工作，进行白名单管理与定期维护更新。虽然银行之间的获客和运营能力差距在逐步缩小，但客群差异在逐步加大，客群定位将更加细化。

二是有资金使用场景或信息流场景的现金贷。贷款资金流向较为可控，如公积金、税务、供应链等，客户流量稳定且客户行为信息较为丰富。由于有特定场景提供数据支撑，对此类客户的风险审查将部分依托于场景提供的信息，因此场景的可持续性和稳定性将起到较为重要的作用。

（二）联合贷款模式

1. 联合贷款的含义

联合贷款模式，是银行与具有放贷资质的互联网金融平台，基于共同的贷款条件和统一的借款合同，按约定比例出资，联合发放贷款。联合贷款模式通常由银行作为资金主要提供方，并主要负责风控、贷后管理的产品体系，第三方平台除提供部分资金外，更重要的是利用大数据广泛收集客户信息、拓宽获客渠道的优势作为流量方提供客户流量，同时分散潜在风险。

目前，银行主要合作的互联网金融平台包括蚂蚁金服、京东金融、腾讯财付通、度小满金融等。这些合作平台或者由于相关的业务而有着大量的客户资源与数据，或者掌握着基于最新金融科技的客户获取与甄别方法，因此在业务引流、客户发掘、信用鉴别等方面具备银行所没有的优势。与此同时，这些平台在资金规模和成本、金融功能完备性等方面则存在着各自的短板，因而与传统银行合作实现优势互补成为最佳选择。

在联合贷款模式中，金融机构（互联网银行）与互联网金融平台按比例出资，或前者向后者缴纳保证金。客户通过互联网企业的入口申请贷款，资金、风控、贷后管理等皆由金融机构和互联网金融平台共同运作，收入和风险则按照各自出资比例来获取和承担。对于银行来说，互联网金融平台在获客、场景等方面具有流量优势；对于互联网金融平台来说，银行具有资金优势，联合放贷使双方各自资源实现优势互补，降低成本。

联合贷款模式如图 5-1 所示。

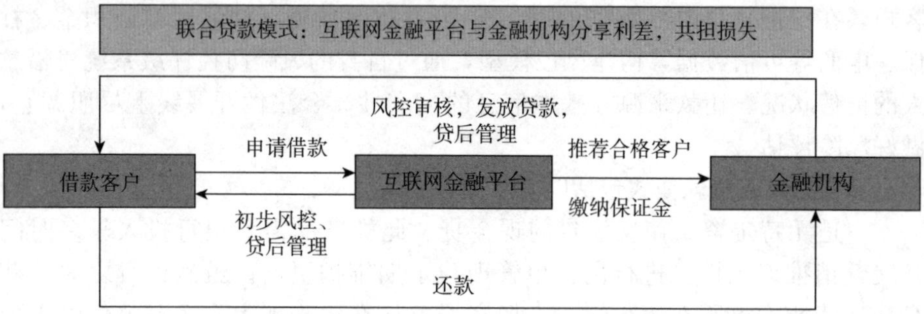

图 5-1　联合贷款模式

专栏 5-6

上海银行的联合贷款

据上海银行 2017 年报，该行先后与蚂蚁金服（后更名“蚂蚁集团”）、京东金融（后更名“京东数科”）、唯品金融等知名行业平台企业建立了合作关系。

借助互联网平台的优势，上海银行的贷款业务获得了飞速增长。财报显示，2018 年，上海银行个人贷款和垫款余额（含信用卡）2 768.21 亿元，较上年末增长 59.05%。其中，互联网消费贷款余额达到 1 095.19 亿元，较 2017 年末增长 267.55%。到 2019 年，该行个人贷款和垫款余额 3 217.79 亿元，较上年末增长 16.24%。

据《财新周刊》报道，截至 2019 年 10 月，全国联合贷款市场规模已经达到 2 万亿元左右，涉及数百家银行等金融机构。其中，蚂蚁金服已经占一半以上，约 1 万亿元；微众银行 2 500 亿元，平安普惠 3 000 亿～4 000 亿元。这三家合计占到市场的 90%，其余 10%左右的市场被新网银行、京东数科、百度、消费金融公司等第二梯队的机构占据。

2. 联合贷款的监管规定

2017 年 8 月，银监会印发《关于就联合贷款模式征求意见的通知》，征求联合贷款模式的意见。该通知要求，只有“经银监会批准设立，持有金融牌照并获准经营贷款的银行业金融机构”，才能从事互联网联合放贷业务。

2020 年 7 月，银保监会发布《商业银行互联网贷款管理暂行办法》（以下简称《暂行办法》），对联合贷款等模式预留制度空间，不设出资比例限制，也未对地方法人银行开展跨区经营设置统一的定量指标。《暂行办法》要求在与合作机构共同出资发放贷款时，商业银行应当按照自主风控的原则审慎开展业务，避免成为单纯的资金提供方。

2020 年 11 月，银保监会发布了“网络小贷新规”，对联合贷款有如下规定：一是主要作为资金提供方与机构合作开展贷款业务的，不得将授信审查、风险控制等核心业务外包。二是主要作为信息提供方与机构合作开展贷款业务的，不得故意向合作机构提供虚假信息，不得引导借款人过度负债或多头借贷，不得帮助合作机构规避异地经营等监管规定。三是在单笔联合贷款中，经营网络小额贷款业务的小额贷款公司的出资比例不得低于 30％；单一合作方发放的本行贷款余额不得超过一级资本净额的 25％；与全部合作机构共同出资发放的互联网贷款余额，不得超过全部贷款余额的 50％。

《暂行办法》和“网络小贷新规”发布后，部分银行因不符合新的监管要求受到违规处罚。例如，2022 年 6 月 17 日，厦门银保监局公布对某行的行政处罚单，对其处以 200 万元罚款，这是新规之后的第一张罚单，被罚原因是其在存量业务整改时，违反了对出资比例的要求“单笔贷款中合作方出资比例不得低于 30％”。

（三）助贷模式

1. 助贷的含义

“助贷”，顾名思义，就是协助机构进行放贷的意思，并从中赚取费用。具体来说，助贷是指助贷机构利用自身掌握的获客、风控及贷后管理优势，向资金方（包括持牌金融机构、类金融机构）推荐借款人，经资金方风控终审后，完成发放贷款，并获取相关服务费的业务。

助贷的本质特征是放贷机构、平台等助贷业务各参与方进行合作，以利用各方的比较优势和资源禀赋，从而扩大客群范围、降低服务成本、提高服务效率、增强用户体验，更好地满足广大长尾客群的普惠金融需求。

在商业银行以互联网金融平台为主体的助贷业务中，互联网金融平台通过初步风控筛选出的客户推送给持牌金融机构，机构对客户进行二次风控并对合格的客户发放贷款，同时向互联网金融平台支付技术服务费。在该模式下，互联网金融平台不承担客户违约风险，不占用自身资金，如图 5-2 所示。

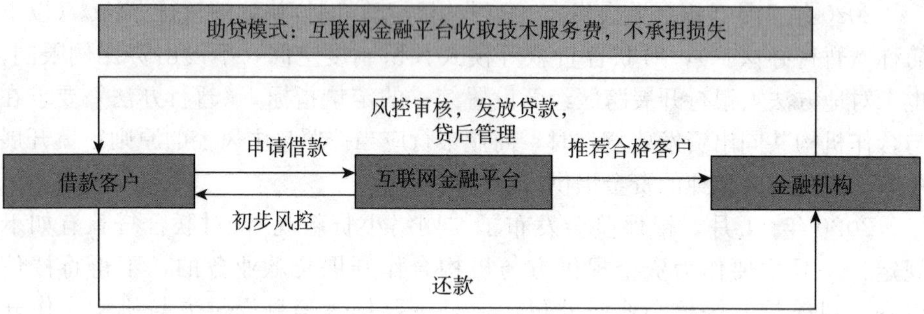

图 5-2　助贷模式

2. 助贷的监管规定

在我国助贷业务最早可追溯至 2008 年。随着经济的发展，民间融资需求大幅增长，但金融机构与贷款用户之间的信息不对称，一面是借款人找不到贷款的渠道，另一面却是金融机构的资金闲置，于是各类贷款中介及其获客等服务应运而生。互联网的高速发展也催化了助贷市场走向多元化，越来越多的商业银行、小贷公司、非金融机构加入，导致竞争加剧。同时，过度借贷、息费畸高、不当催收、贷款资金截留、侵犯个人隐私等一系列问题相继出现。

助贷具有两面性。一方面，助贷是连接银行资金和互联网平台流量的主要纽带，是商业银行零售转型的核心推动力；另一方面，助贷逐步模糊金融与非金融的界限，不利于监管。

《暂行办法》是国家监督部门首次针对银行互联网贷款和银行助贷业务发布的明确细则条文，对银行开展助贷业务的要求从放款、风控环节延伸到了其必须参与到贷后管理环节，并对风控、放款、贷后管理等各个环节均做出更为明确而具体的要求，同时将对商业银行的管控要求延伸到银行业金融机构。

2021 年 2 月，由银保监会办公厅印发的《中国银保监会办公厅关于进一步规范商业银行互联网贷款业务的通知》中对银行业金融机构开展互联网贷款、助贷业务的业务规模、合作机构规模等均做出了限定。

第三节　互联网银行的风险与防范

信贷业务是互联网银行风险最为集中的业务。近年，互联网银行通过引入互联网科技公司助贷或者与互联网金融平台开展联合贷款业务，扩大了业务场景，增加了客户引流渠道，推动了普惠金融的发展。但随着业务规模的扩大，也暴露出一些问题和风险隐患。本节着重分析互联网银行合作类贷款中存在的风险，并提出防范措施。

一、互联网银行的风险

（一）信用风险

互联网银行发放的贷款是通过运用互联网等技术，将原来在线下进行的信贷业务迁移到线上，它并不改变信贷的本质，依然是货币持有者将约定数额的资金借出并要求借款者在约定期限内按约定条件还本付息的信用活动，信用风险仍然是互联网银行贷款业务面临的主要风险。

目前，在联合贷款和助贷业务中，存在信用风险隐患：一是部分向联营银行推荐客户的小贷平台或助贷机构风控技术能力不强，甚至商业、金融的场景和数据比较缺乏，却违规向联营银行提供直接或隐性的风险“兜底”。二是银行风控管理参差不齐，部分银行的“独立风控”没有落到实处，完全依赖互联网平台或助贷机构。尤其是一些中小银行与互联网平台合作较为粗放，只负责“出钱”和在贷款发放之后“收钱”，放宽了风控标准。在这种情况下，如果再与不合格的助贷机构进行联营合作，容易在助贷机构和银行两个层面引发不良率攀升，造成一定程度的信用风险。三是过度借贷导致信用风险。部分放贷银行和助贷机构为追求利润，在未全面、客观评估借款人的借款用途、还款能力和还款意愿的情况下，诱导借款人超前消费，导致过度借贷；同时，由于该类借款人信贷资质较弱，借款利息也通常较高，进一步增大了借款人的还款压力，从而加大了信用风险。

专栏 5-7

Q 银行联合贷款逾期率和不良率上升

2021 年，Q 银行个人贷款中，逾期率和不良率指标均相对较高，其中联合贷款逾期率和不良率有上升趋势。截至 2021 年末，该行非经营性个人贷款逾期率为 1.15%，不良率为 1.04%。其中，联合贷款逾期率为 2.61%，不良率为 2.20％；个人经营性贷款逾期率为 2.23％，不良率为 1.14％。其中，联合贷款逾期率为 4.10％，不良率为 2.13％，如表 5－1 所示。

表 5－1　Q 银行个人贷款资产质量情况

单位：％

项目	2019 年末		2020 年末		2021 年末	
	逾期率	不良率	逾期率	不良率	逾期率	不良率
非经营性个人贷款	0.91	0.67	1.06	0.84	1.15	1.04
其中：联合贷款	1.30	0.98	1.69	1.41	2.61	2.20
个人经营贷款	2.02	1.46	1.56	1.03	2.23	1.14
其中：联合贷款	1.46	1.16	1.39	1.05	4.10	2.13

资料来源：泉州银行 2021 年报。

（二）法律及合规风险

法律及合规风险包括因未遵循各项相关法律、条例、行为准则和良好的执业标准，导致受到法律和监管条例制裁、财务或声誉损失的风险。相关的法律、准则和标准主要是指与银行的商业运作有关的规定。合规经营是银行稳健运行的内在要求，也是防范金融风险的基本前提。现实中，互联网银行贷款业务存在各种形式的法律及合规风险，其中最为突出的是网络营销宣传不规范和侵害公民个人信息。

网络营销宣传不规范具体表现为：有的平台诱导借贷，以参与活动领取奖品的方式宣传业务，但未明确披露贷款业务信息；有的则未明示贷款息费信息，或息费水平以名义利率等数值较低方式计算，诱导用户申请授信、用信。此外，有的平台未充分披露贷款主体等信息，造成金融消费者对信贷产品和平台品牌理解混同，无法清晰了解是哪些机构提供服务以及这些机构在贷款业务中所承担的责任。还有一些平台存在弱化信贷业务感知、模糊不同金融业务边界、将信贷业务嵌入支付流程等问题。

侵害公民个人信息主要存在于助贷业务中。助贷行业竞争的核心内容是信息，不论采用何种经营模式，都以捕获到尽可能多的合格借款人为目标。因此，掌握巨量借款人信息是助贷平台日常展业的重中之重。侵害公民个人信息主要有以下几种情况：助贷机构通过概括性授权方式获得用户的一揽子授权，未向用户充分披露处理其个人信息的目的、方式、范围以及可能造成的影响；助贷机构以金融机构合作平台的名义进行营销，同时又嵌套各类助贷机构并获取个人信息；助贷机构过度采集使用个人信息，其中部分信息涉及个人隐私，且一些信息来源未充分核实，信息准确性、合规性无法保证。这些行为不仅违背《中华人民共和国个人信息保护法》《征信业务管理办法》的有关要求，也为后续放贷机构风险评估埋下了隐患。

（三）经营风险

一是产品同质化严重。当前，互联网银行产品同质化严重、目标客群重合度高，同业之间竞争压力越来越大。同时，互联网银行不仅面临市场同业的竞争和挑战，而且面临跨业、跨界、跨境的外部竞争，竞争对手包括所有在互联网开展金融服务的各类型企业。这些企业通过技术变革和业务模式创新纷纷涉足银行的支付、贷款、存款、理财等核心业务，争夺银行客户，挤占银行的发展空间。

二是依赖平台发展业务。《暂行办法》出台之前，中小互联网银行主流的线上贷款模式大都以联合贷款为主，这种模式下，银行基本拿不到什么关键数据，只做形式化风控；另外一种合作模式——助贷，银行则主要依赖互联网平台发展业务，甚至将核心的风控业务进行外包，主动放弃了授信审批、放款、贷后管理等业务环节，即使个别银行有自主风控线上贷款，只是利用部分数据构建评分模型，并不具备真正的大数据风控能力。这不仅会使银行失去核心竞争力，也会导致坏账和金融风险的持续积累。

此外，互联网银行还有操作风险、市场风险、网络安全风险等。

二、互联网银行的风险防范

（一）完善大数据风控体系，发力自营业务

大数据风控体系的优劣决定了互联网银行信用风险的高低。大数据风控体系包括身份认证模型、反欺诈模型、反洗钱模型、合规模型、风险评价模型、风险定价模型、授信审批模型、风险预警模型和贷款清收模型等。互联网银行不能简单作为出资方，依靠外部机构发展，应当按照《暂行办法》要求，建立完善的大数据风控体系，实现自主风险管理；要牢牢把控资金、风控等核心流程环节，落实放贷的主体责任，这既是合规底线，同时也是银行审慎经营的关键内容。

互联网银行还要加强对借款人的审核标准，对借款人的贷款支用需求设置严格的审核、决策标准，强化自主放款管理。独立开展相关合同的制定与法审，确保银行具有贷款合同的制定权、签订权、修改权和解释权。对自主风控所要求的信息数据字段及时进行梳理，确保相关数据全部落入银行数据库，并覆盖贷前审查、贷中监控、贷后管理等信贷关键环节。

从长期看，银行要构建自身互联网业务能力，包括自营渠道建设、场景搭建、自营产品开发等。在自营渠道方面，银行需要根据自身资源禀赋采取差异化策略，优势客群和场景采取自建和自行维护的方式，形成业务门槛；与有些客群与场景生态伙伴合作，形成在商业上可持续和稳定的关系。自营产品开发需要依托金融科技、智能风控、数据分析等技术，这对银行的资金、人才等方面提出了更高的要求。

（二）加强行业自律，促进合作贷款合规化

针对互联网银行合作类贷款尤其是助贷业务所暴露出来的风险和问题，国家监管部门已陆续出台相应政策，从不同方面提出规范性要求。建议有关行业自律组织在国家监管部门的指导下加强助贷机构的自律管理，综合运用登记备案、信息披露、评估评议、检查监测等自律管理手段，推动完善包括法律约束、行政监管、行业自律、机构自治、社会监督在内的互联网助贷治理体系。

同时，互联网银行是合作类贷款业务的开展主体，是贷款风险的承担方，也应规范与第三方互联网平台的合作类贷款业务，对共同出资、信息科技合作等业务分类别签订合作协议并明确各方权责。在助贷机构的选择上，应根据平台经营情况、管理能力、风控水平、技术实力、服务质量、业务合规和机构声誉等多维度进行评估，优先选择头部互联网金融平台及互联网公司进行业务合作，并设置基本条件、合作要求、禁止条款等。

（三）搭建以数据为基础的产品和服务体系

数字经济时代，数据成为驱动经济社会发展的新要素、新引擎。互联网银行要着力提升数据使用效率，挖掘数据内在价值，推动数据要素流转和融合，从而更好地发挥其在消费金融、小微金融服务方面的积极作用。在未来万物互联的时代，互联网银行应依托新技术驱动银行底层架构转变为分布式、网络化的结构，并构建以数据为基础的产品和服务体系。要改变传统商业银行的产品设计模式，从多个渠道和过程节点获取客户更多的数据，从而奠定银行感知客户、理解客户的基础。此外，通过云计算、大数据、人工智能等新技术，主动挖掘用户需求、分析用户偏好，开展数据驱动的产品设计活动，制订精准营销体系，为客户提供一体化、定制化的金融服务。

（四）合法合规使用数据

随着《中华人民共和国个人信息保护法》《征信业务管理办法》的实施，数据的合规使用问题成为各方高度关注的焦点。在互联网银行合作贷款中放贷机构、助贷机构、第三方数据公司等相关参与方均应重视数据使用的合法合规性。要持续做好个人信息保护工作，明确助贷机构、征信公司、放贷机构、第

三方数据公司在个人信息保护方面的权责关系，不断细化具体的操作规范指引，督促引导各方建立完善的个人信息保护的合规制度体系、安全防护措施和内部监督机制，提升从业人员职业操守和合规意识。

三、互联网银行的发展趋势

（一）构建银行业的O2O模式，打造场景化金融

O2O模式起源于互联网，互联网金融的兴起冲击了固有的传统金融的发展理念，为银行业的发展提供了新的思路。银行业的O2O模式是指综合线上、线下渠道以满足用户的多种需求。未来银行一方面将注重建立拓展线下服务网点，维系好自己已有的客户规模；另一方面将进一步丰富网络服务渠道的多样性，不仅注重通过银行网站、客户端等为用户提供线上服务的传统模式，更注重发展新兴的线上服务模式，如与社交平台结合的微信银行、自建电商平台等，并以创新模式打造场景化金融。

专栏5-8

互联网银行以创新模式打造场景化金融

近年，互联网银行不断创新产品与服务模式，形成差异化优势，并通过与政府、互联网金融企业等的合作，打造场景化金融。例如，中国工商银行的“融e行”着力打造开放式掌上移动平台，为客户提供个性化的直销银行服务，并广泛布局医疗挂号、交通违规罚款和水电燃气费缴纳等生活服务场景，加快推进金融与“互联网+生活”的深度融合。新冠疫情期间，“融e行”与“1药网”平台开展场景合作，提供疫情实时动态及在线问诊服务，打造便捷的智慧金融服务新体验。民生直销银行通过开放的场景切入客户需求，全面覆盖账户类、财富类、支付类、数据类等场景，为客户提供开放、个性、敏捷、高效的综合金融解决方案。例如，提供平台会员钱包服务，打造员工福利计划，推出分销增值计划。

同时，城市商业银行和农商银行也积极布局直销银行的场景化服务。例如，杭州银行坚持金融科技赋能和应用场景化，大力深耕直销银行，利用账户和支付优势，搭建开放平台，整合合作方的渠道和客户资源，开展直销银行客户综合经营，建立一站式财富管理平台、智能化营销运营平台、场景化网络贷款平台和定制化支付服务平台。广州农商银行积极挖掘利用行业“互联网+”转型机会，通过输出“e账通”电子账户切入专业市场、社区、高校教育等场景，向第三方输出开户、支付、理财、贷款、增值服务等标准化产品，并关联

合作方业务，开拓并深化智慧商圈、智慧社区、智慧校园等生态金融服务模式，为客户提供不只金融的一站式线上服务。

作为纯互联网银行代表，微众银行和网商银行依托其自身的互联网优势，发力场景化金融。微众银行与腾讯云成立金融科技创新实验室，合作研发面向“开放银行”场景的金融科技应用，助力金融机构提供无处不在的金融服务，助推普惠金融的发展，微众银行还针对小微企业的需求和痛点，借助金融科技手段大力拓展供应链金融和现金管理两大业务，与相关行业龙头品牌达成业务合作，构建覆盖上下游供应商、经销商企业的生态圈。网商银行借助移动互联网等技术，突破空间和时间限制，基于阿里巴巴、蚂蚁集团的线上电子商务平台、线下支付交易场景的优势，利用阿里巴巴 B2B、淘宝、天猫、支付宝等平台上客户积累的信息，向难以在传统金融渠道获得经营性贷款的小微客户发放“金额小、期限短”的纯信用小额贷款及提供综合金融服务。

此外，中信百信银行依托互联网和金融科技优势，通过“开放银行+”的生态策略，发力场景金融，持续布局车生态、内容娱乐、新消费、大健康等场景生态，输出可定制化 API，赋能消费和产业互联网平台，构建金融生活生态圈。

（二）整合直销银行，集中运营手机 App

近年，一些银行开始对直销银行的布局做“减法”，已有数十家银行关停相关业务。从调整情况来看，部分银行通过资源整合，将直销银行与手机银行进行合并升级；同时，也有部分银行彻底放弃了直销银行渠道，对相关业务进行关停下线。例如，2019 年初，浦发银行将直销银行相关功能一并转入该行的手机银行 App 中；2022 年 6 月，恒丰银行下线了该行直销银行“一贯App”，同时关闭平台相关服务功能。据悉，多家银行放弃建设直销银行的原因是银行多个移动终端的功能重叠、直销银行产品同质化以及运营成本增加等多方面的现实困境。当前，手机银行已经成为商业银行服务客户的主要阵地，也成为银行之间竞争的主要阵地。从功能上看，直销银行是手机银行的子集，直销银行的产品和服务在手机银行都能获取，只不过直销银行聚焦特定产品，更轻型化，对特定用户来讲更加便捷。从大趋势上看，将两者合二为一，集中运营手机银行 App 将成为商业银行的主流选择。

（三）助贷合作收紧，自营渠道“向上”

《暂行办法》从风险管理体系、风险数据和风险模型管理、贷款合作管理多方面对银行互联网贷款业务提出了要求。作为传统线下贷款的重要补充，线上贷款业务曾被银行视为业务发力的重点，但由于展业过于激进、风险管理存在隐患。部分银行的互联网贷款业务特别是助贷等合作贷款业务，面临合规的压力，促使银行按照《暂行办法》进行整改，在过渡期内，对于不符合监管规定的存量业务，在控制整体规模的基础上逐步压降，新增业务要符合相关监管规定的要求。

《暂行办法》对互联网银行提出了新的要求与挑战。挑战主要集中在如何通过差异化经营战略增强竞争优势、如何提升品牌知名度、如何完善内部治理结构及核心风控能力建设等内容。要解决这些问题，拓宽自营获客渠道不容忽视。自营渠道建设是银行营销自有业务的竞争力所在，但近年遭遇到部分瓶颈，尤其中小银行在自营渠道建设方面，面临客群老年化、功能体验不足等各类问题，银行需有针对性地做出改进。未来，互联网银行贷款业务仍需以银行为行动主体，合作机构主要起到辅助作用，不能“反客为主”。

专栏 5-9

S银行退出异地助贷，发力区域自营业务

《商业银行互联网贷款管理暂行办法》的发布，对行业内重度依靠互联网平台助贷模式的银行冲击较大，因受地域限制被迫收紧互联网贷款业务端口，甚至连带整个个贷款业务规模下滑。S银行便是其中一个缩影。

作为东北地区最大的城商行，S银行也在互联网贷款业务调整风波中及时调转航向。

S银行自2022年开始就已经主动退出异地互联网贷款业务，当前仍与部分头部互联网平台保持合作，但只做东北三省区域投放，并且也在慢慢退出。

包括助贷、联合贷在内的互联网贷款，曾是S银行消费贷款业务的最大助推器。自2019年开始，S银行发力互联网贷款业务，与头部互联网平台合作，主要通过发放全国性短期分散联合贷款促进消费贷及个贷规模增长。此后短短3年中，其消费贷规模增长超8倍。暂停异地投放后，消费贷规模便开始式微。

迫于助贷收缩压力，S银行开始注重自营业务建设。立足区域分支行网点，S银行推出“六客群、六行业”12款自营消费贷款产品，提升消费信贷服务效能，依靠自营产品加强本地优势。

延伸阅读

商业银行互联网贷款监管升级

为规范商业银行互联网贷款业务经营行为，促进互联网贷款业务平稳健康发展，银保监会制定了《商业银行互联网贷款管理暂行办法》（以下简称《暂行办法》），自 2020 年 7 月 17 日起施行。

《暂行办法》共七章七十条，分别为总则、风险管理体系、风险数据和风险模型管理、信息科技风险管理、贷款合作管理、监督管理和附则。一是合理界定互联网贷款内涵及范围，明确互联网贷款应遵循小额、短期、高效和风险可控原则。二是明确风险管理要求。商业银行应当针对互联网贷款业务建立全面风险管理体系，在贷前、贷中、贷后全流程进行风险控制，加强风险数据和风险模型管理，同时防范和管控信息科技风险。三是规范合作机构管理。要求商业银行建立健全合作机构准入和退出机制，在内控制度、准入前评估、协议签署、信息披露、持续管理等方面加强管理、压实责任。对与合作机构共同出资发放贷款的，《暂行办法》提出加强限额管理和集中度管理等要求。四是强化消费者保护。明确商业银行应当建立互联网借款人权益保护机制，对借款人数据来源、使用、保管等问题提出明确要求。《暂行办法》还规定，商业银行应当加强信息披露，不得委托有违法违规记录的合作机构进行清收。五是加强事中事后监管。《暂行办法》对商业银行提交互联网贷款业务情况报告、自评估、重大事项报告等提出监管要求。监管机构实施监督检查，对违法违规行为依法追究法律责任。

时隔半年，商业银行互联网贷款业务监管再升级。2021 年 2 月 20 日，银保监会发布《关于进一步规范商业银行互联网贷款业务的通知》（以下称《通知》），针对 2020 年 7 月印发的《暂行办法》实施过程中遇到的实际问题，细化了审慎监管要求。《通知》大幅度收紧了互联网贷款政策要求，是对《暂行办法》的进一步细化和修正，主要目的在于落实中央关于规范金融科技和平台经济发展的一系列要求，进一步加强金融监管，更好地防范金融风险。

1. 划定互联网贷款“三条红线”

近年，商业银行积极拓宽线上渠道，互联网贷款业务规模增长较快，但在业务发展过程中也暴露出了诸多风险。《通知》正是在这一背景下出台的。具体来看，《通知》要求商业银行强化风险控制主体责任，独立开展互联网贷款风险管理，自主完成对贷款风险评估和风险控制具有重要影响的风控环节，严禁将关键环节外包。同时，明确“三项定量指标”，包括出资比例，即商业银行与合作机构共同出资发放贷款，单笔贷款中合作方的出资比例不得低于30%；集中度指标，即商业银行与单一合作方发放的本行贷款余额不得超过一级资本净额的25%；限额指标，即商业银行与全部合作机构共同出资发放的互联网贷款余额不得超过全部贷款余额的50%。

此次细化的“三项定量指标”也被业内称为互联网贷款“三条红线”。不过，在业内专家看来，“三条红线”对商业银行的影响有所不同。对联合贷款出资比例实行限制，主要是为了约束中小银行借助联合贷款业务过快扩张。这一比例要求与《网络小额贷款业务管理暂行办法（征求意见稿）》对小贷公司的出资比例要求一致。

2. 地方银行不得跨区展业

《通知》还规定，“严控跨区域经营，明确地方法人银行不得跨注册地辖区开展互联网贷款业务”。这对已经开展互联网贷款业务的中小银行将带来较大冲击。

事实上，此条要求与近年监管严格要求地方法人银行回归本地、回归本源的总体原则是一致的。2017年，银监会印发《关于集中开展银行业市场乱象整治工作的通知》，将“未经批准擅自设立分支机构、网点”作为市场乱象的相关表现形式进行整治。2018年，印发《关于进一步深化整治银行业市场乱象的通知》，持续将“未经审批设立机构并展业”纳入违法违规范畴进行整治。同年12月，银保监会发布《关于规范银行业金融机构异地非持牌机构的指导意见》，要求银行业金融机构专注主业、回归本源，坚守市场定位，着力提升服务实体经济的质效，避免盲目扩张。

2019年1月，银保监会发布《关于推进农村商业银行坚守定位强化治理提升金融服务能力的意见》要求，农村商业银行应专注服务本地、服务县域、服务社区，专注服务“三农”和小微企业。2021年1月，银保监会办公厅、中国人民银行办公厅联合下发《关于规范商业银行通过互联网开展个人存款业务有关事项的通知》也进一步明确，中小银行要聚焦本地发展，其中提到“地方性法人商业银行要坚守发展定位，确保通过互联网开展的存款业务，立足于服务已设立机构所在区域的客户”。

3. 合理设置过渡期

《通知》合理设置了过渡期，对于集中度风险管理、限额管理的量化标准，监管部门表示，将按照“一行一策、平稳过渡”的原则，督促指导各机构在2022年7月17日前有序整改完毕。同时，对出资比例标准和跨地域经营限制，实行“新老划断”，要求新发生业务自2022年1月1日起执行《通知》要求，允许存量业务自然结清。对此，业内专家表示，较长的过渡期，给银行留出了充分的整改时间，有助于保持业务平稳过渡，减少对客户的影响。

从长远来看，商业银行互联网贷款业务持续规范，有利于增强对实体经济发展和消费升级的支持力度，不断满足小微企业和居民日益增长的融资需求。

资料来源：中国互联网金融协会网站。

6

第六章

互联网证券

传统的证券发展模式主要依赖证券经纪、自营、承销保荐等传统业务，尤其是依赖通道收取佣金的经纪业务，业务品种单一，盈利模式单一，同质化程度比较突出。证券行业涉足互联网后，快速打破了过去证券公司的渠道覆盖和区域劣势，带来了业务的快速增长。

互联网证券是电子商务条件下的证券业务的创新。互联网证券行业是以互联网作为媒介，主要为客户提供证券投资资讯（国内外经济信息、政府政策、证券行情）、网上证券投资顾问、股票网上发行、买卖与推广等多种投资理财服务。

第一节　我国互联网证券的发展

我国的证券市场从成立至今，发展水平不断提高，与此同时其互联网化水平也在不断深入，表现为行业盈利能力进一步增强，资产规模稳步提升；投资者数量显著增加；信息技术投入持续加大等方面。

一、我国互联网证券的发展历程

我国证券市场的互联网化历程大致可将其划分为起步、探索、快速发展、规范发展四个主要阶段。

（一）起步阶段（1997—1999 年）

20 世纪 90 年代中期以后，网上证券交易从美国向全球各大证券市场蔓延发展，我国网上证券交易也开始起步。1997 年 3 月，中国华融信托投资公司湛江证券营业部最先推出名为“视聆通公众多媒体信息网”的互联网网上证券交易系统，成为中国第一家开展网上交易的券商。该系统在最初的三年增长速度均超过126%。1999年，闽发证券的互联网交易额达到8亿元，分别占其深沪营业部的20%。原君安证券、广发证券等公司也随后开通了互联网证券交易服务。这一阶段，中国的互联网证券交易发展相对缓慢，一方面是因为互联网尚处于起步阶段，网民过少，截至1999年初，中国上网总人数大约有200万人，同期美国拥有网民约6 000万人；另一方面，当时的互联网证券交易业务在全球都还算新兴事物，很多证券公司对互联网证券交易业务还不了解，仍处在观望阶段。

（二）探索阶段（2000—2011年）

2000年4月，证监会颁布实施了《网上证券委托暂行管理办法》和《证券公司网上委托业务核准程序》，标志着我国网上证券交易进入规范化发展轨道。截至2000年末，有45家证券公司的245家营业部开通了互联网证券交易业务。2000年全国互联网证券交易占比达到了2.97%。2001年以后，互联网证券交易业务发展速度加快，交易量成倍增长。2012年，我国互联网证券交易用户数超过1 350万户，比2001年增长了1 000多万户，年复合增长率达到13.64%。

2000年底至2001年初，基于短信平台的手机炒股开始流行。2004年，中国移动推出面向全球通用户的“移动证券”，随后中国联通推出“掌上股市”，手机炒股进入WAP（无线应用通信协议）方式炒股和客户端炒股时代。

从2002年开始，证券公司开始了证券交易系统的集中建设。2004年8月，华林证券在深圳证券通信中心设立的集中交易系统正式启用，这是我国证券公司首次对主要核心交易系统进行托管，降低了技术系统建设成本和系统风险，体现了证券市场专业化分工的经营原则。到了2005年，几乎所有证券公司都能为客户提供互联网证券交易服务，当年互联网证券交易额占沪深交易所交易总额的19%，2006年升至40%，2011年已达到90%。网上证券交易普及率高，为互联网证券打下市场基础。

（三）快速发展阶段（2012—2015年）

2012年5月券商创新大会以来，证监会先后出台多个关于互联网经纪业务政策指引的文件，从信息技术指引到非现场开户步步推进。银行与券商以互联网为依托，重组改造业务模式，加速建设网上创新平台。

2012年11月，证监会发布《证券公司代销金融产品管理规定》，证券公司拥有全市场最完整的金融产品业务线，互联网证券交易不再局限于股票、债券的买卖，还包括金融产品的销售等。2012年12月，中国证券业协会发布

《证券公司证券营业部信息技术指引》，将证券公司营业部划分为A、B、C三类，其中C类营业部既不提供现场交易服务，也不需要配备相应的机房设备，这顺应了互联网时代证券公司业务发展的要求。在2013年证券公司新申请设立的营业部中，C类占比超过70%。

2012年9月，证监会颁布了《证券公司开展网上开户的业务建议》。2013年3月，中国证券登记结算有限责任公司发布《证券账户非现场开户实施暂行办法》，监管部门准许网络开户，标志证券业务进入全网络时代。开户的互联网化，互联网对于券商而言不仅是一个服务内容，而且成为获客手段从而推动盈利模式变化。

2014年4月，中国证券业协会向中信证券、国泰君安证券、银河证券、长城证券、平安证券和华创证券6家券商下发《关于同意开展互联网证券业务试点的函》，同意6家公司进行互联网证券业务试点，这标志着我国的证券行业正式加入互联网金融的大潮之中，此后试点名单快速扩充。互联网证券业务，并不是简单地将线下业务向线上进行平行迁移，也不是对现有平台和信息技术模块做简单整合，而是在“电子化—互联网化—移动化”趋势下，从执行层面对公司传统业务实施从销售渠道、业务功能、客户管理到平台升级的架构重塑及流程优化，架构符合互联网商业惯例和用户体验的综合金融服务体系。截至2015年3月，我国共有55家券商获得开展互联网证券业务试点资格，占券商总数的44%。

为进一步支持资本市场创新发展，中国证券登记结算有限责任公司决定自2015年4月13日起，取消自然人投资者开立A股账户的“一人一户”限制，允许自然人投资者根据实际需要开立多个沪、深A股账户及场内封闭式基金账户。取消证券账户“一人一户”制，为互联网券商带来发展机遇。

(四) 规范发展阶段（2016年至今）

2015年7月，中国人民银行等十部门发布《关于促进互联网金融健康发展的指导意见》。2016年，中国证券登记结算有限责任公司对《证券账户业务指南》进行修订，将单个投资者开立证券账户数量上限从20户下调至3户。2018年5月和2020年8月证监会发布证券公司借助第三方平台网上开户的指导意见和管理规定。2020年互联网反垄断开启，互联网巨头进入金融行业相对受限阶段。互联网券商赛道竞争格局逐步清晰，垂直领域龙头东方财富市占率持续攀升，传统券商华泰证券转型效果显著。

2020年3月，修订后的《中华人民共和国证券法》（以下简称新证券法）正式施行，新证券法规定在证券发行时采取注册制，不再采用核准制，要求分步实施股票公开发行注册制改革。注册制的推行有利于中国资本市场发行、定价等环节走向市场化、激励创新精神和实现充分信息披露，通过完善信息披露规则体系，让投资者自主选择、自负盈亏，真正发挥市场的作用，同时监管的重心也将由事前实质审查转为事后的严格执法。

2021 年 2 月，中国证券登记结算有限责任公司发布了新修订的《证券账户非现场开户实施细则》。修订后的《实施细则》共七章三十一条，主要内容有：一是强化开户代理机构通过非现场方式办理证券账户业务的风控要求，细化非现场办理证券账户业务的流程，加强投资者身份识别。二是允许开户代理机构在加强合规管理和内部风控的前提下自主选择开户方式。

二、我国互联网证券的发展现状

（一）行业盈利能力进一步增强，资产规模稳步提升

2021 年，我国证券行业发展势头良好，各项数据均有增长。营收方面，2021 年全行业 140 家证券公司实现营业收入 5 024.10 亿元，实现净利润 1 911.19 亿元。行业资本实力也同步增强，截至 2021 年末，证券行业总资产为 10.59 万亿元，净资产为 2.57 万亿元，较上年末分别增长 19.07%、11.34%。（图 6－1）。

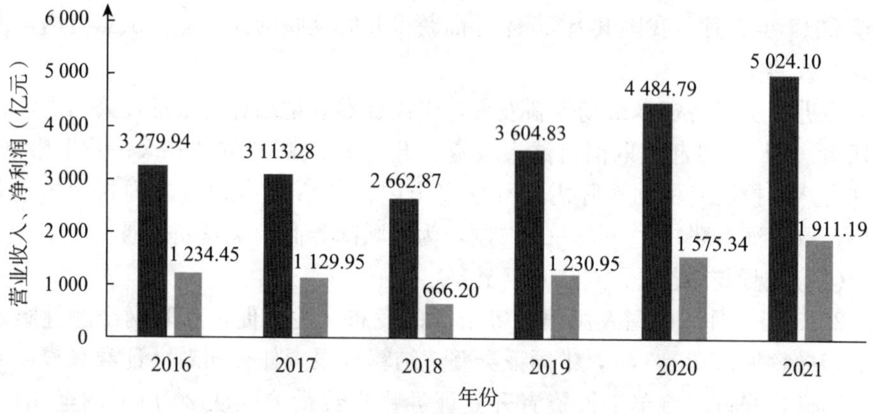

图 6－1　2016—2021 年证券行业营业收入及净利润

数据来源：中国证券业协会、中国互联网金融协会。

（二）投资者数量显著增加

投资者是资本市场繁荣发展的基石。中国证券登记结算有限责任公司披露，自 2019 年 3 月突破 1.5 亿人以来，证券市场投资者数量不断增长，截至 2021 年 12 月末，投资者数量共 19 740.85 万人。2022 年 2 月 25 日，投资者人

数突破2亿人，达20 000.87万人。2016年1月，A股投资者数量突破1亿人，从1亿人到2亿人，用时仅6年时间，近3年投资者共增长了5 000万人。

（三）移动端业务占比逐步提升，已成为主要业务渠道

2021年，移动端开户数占比维持高位，移动端交易及理财产品销售业务占比均稳步增长，移动端证券业务已然成为主要业务渠道，用户黏性显著增强。从证券App用户规模来看，相关数据显示，2021年中国证券App用户达1.5亿人。互联网股民倾向于使用开户券商自有网站或App，头部券商App月活相对较高但仍低于头部第三方，同花顺、新浪财经、东方财富等App月活超2 000万。截至2022年5月，同花顺、东方财富月活用户均超2 000万。

（四）信息技术投入持续加大

近年，证券行业对信息科技的重视程度不断增强，行业信息技术投入逐年增长。中国证券业协会数据显示，2021年证券行业信息技术投入金额为338.2亿元，同比增长28.7%，占2020年度营业收入的7.7%。

第二节 互联网证券的模式

互联网证券是证券业以互联网等信息网络为媒介，为网络客户提供的一种全新的商业服务模式。国外的互联网证券发展较早，模式也较为成熟。国内互联网证券主要有三种模式：一是传统券商互联网化，二是纯互联网券商，三是以互联网平台为基础提供一站式服务。

一、国外互联网证券模式

以美国为例，根据利用互联网深度的不同，可以将国外互联网证券的模式分为以下三种。

（一）E-Trade模式

E-Trade公司于1982年成立，起初主要为金融企业提供信息服务。E-Trade公司在为证券公司提供信息服务的时候，逐渐开始熟悉证券业务流程，在获得证券牌照之后，公司开始为投资者提供经纪和投资咨询服务。1996年，E-Trade重组为一家纯网络经纪公司，开设了自己的网站（https://us.etrade.com），直接向投资者提供在线证券交易服务，公司业绩进入爆炸式发展阶段，并于当年8月成功上市。

E-Trade公司的优点是交易成本低，其佣金费率在同服务水平的证券公司中，处在很低的位置，平均每笔佣金仅约10美元。低佣金的主要原因是E-Trade公司有较强的技术开发能力、便捷的网上交易通道，同时未设立实体营

业网点，客户可以在线上提供订单，由 E-Trade 公司根据订单提供服务。目前，E-Trade 网站已经成为全球最大的个人在线投资服务站点，客户已经遍及全球 100 多个国家。E-Trade 公司的缺点在于提供的投资咨询服务较为简单，缺乏长期积累的投资顾问和客户群体。

（二）嘉信模式

1971 年，嘉信理财成立，主要从事证券经纪业务。1975 年，美国国会通过《1975 年有价证券修正法案》，废除了固定交易佣金制度，实行协商佣金制度。在短短的几年内，机构经纪业务佣金费率下降 30%～70%，纽约股票交易所的成交量由 1975 年的 3 700 万笔增长至 1980 年的 5 100 万笔。其间涌现出一批折扣经纪券商，嘉信理财和 TD Ameritrade 均是其中典型的代表企业。

协议佣金制实施后，嘉信理财开始专注于为客户提供低价服务。1979 年，嘉信理财认为计算机电子化的交易系统发展前景良好，建立了自动化交易和客户记录保持系统。1987 年，嘉信理财公司在纽交所上市。20 世纪 90 年代中期，嘉信理财又适时推出基于互联网的在线理财服务，但嘉信理财不是纯粹的互联网证券公司，嘉信理财还通过门店为客户提供线下服务，这是与 E-Trade 公司很大的不同点。

嘉信模式的典型特点是中等服务和中端收费。目标客户群主要集中在中小客户，尤其是有成为高净值客户潜力的中小客户。嘉信理财降低咨询服务的佣金，同时提高咨询服务的客户体验和服务品质，很好地适应了有高净值潜力的中小客户的价格偏好以及风险偏好。通过将专业理财咨询服务的优势与低廉的交易佣金率相结合，嘉信理财迅速在市场竞争中脱颖而出，曾一度成为全美第一大证券公司。

与嘉信理财类似的折扣经纪券商还有 TD Ameritrade，通过行业内并购以及越来越注重投资体验和增值服务的业务创新，TD Ameritrade 成为互联网泡沫破灭之后仍然茁壮成长的老牌在线经纪商的杰出代表之一，2017 年超越嘉信理财成为美国第二大互联网券商，仅次于富达投资集团。

（三）美林模式

美林证券成立于 1885 年，总部位于美国纽约，是全球最大的证券零售商和投资银行之一，同时也是全球顶尖的金融管理咨询公司。面对来自互联网证券公司的竞争，为了避免客户流失、保住自身在业界已有的地位，美林公司也于 1999 年正式进入互联网领域，推出了自己的交易网站 MLDirect 和 Unlimited Advantage 网上经纪业务，为客户提供全面、个性化的服务。

2008 年 9 月，美林证券被美国银行收购，从此美银美林集团诞生了。在证券业务方面，该公司聚焦于高净值客户和机构，通过强大的投资研究和产品开发能力并结合市场需求为客户提供多项高收益服务。虽然美银美林利用互联网的程度不及 E-Trade 公司和嘉信理财，但它的网络经纪业务吸引了很多客户，主要原因是美银美林基础实力雄厚、营销渠道完善且产品种类丰富。美银美林主要定位于高端客户，这也使其客户群体存在局限性。

二、国内互联网证券模式

我国互联网证券的模式主要有三种：以线下业务为基础并引入线上平台的传统券商，即传统券商互联网化，以华泰证券为代表；单纯发展线上业务的纯互联网券商，以老虎证券和富途证券为典型代表；发展了证券业务的互联网企业，特点是以互联网平台为基础提供一站式服务，以东方财富为代表。

（一）传统券商的互联网转型——券商 O2O 模式

传统券商的互联网转型是一种线上线下一体化思维，即券商 O2O 模式。身处互联网时代，传统券商都在拥抱互联网，这种模式既能够发挥传统证券公司专业能力强、客户基础雄厚的长处，又能够融合互联网的优势，是互联网与证券相互结合所带来的飞跃。

传统券商的互联网转型主要通过以下两种模式。

一是券商自营平台。平台功能包括营销、客服、交易、管理等，可以为客户提供更全面、多渠道、人性化的服务。该模式的优点是平台的设计更符合证券公司的需求，证券公司也可以对交易的所有流程进行控制，同时也有利于树立品牌优势。目前，证券业务的价值衡量方式已经从产品销量转变为客户价值，以客户为中心的精细化运营模式将成为中国券商自营类平台的重要发展方向。券商通过布局智慧型网点、移动端、PC 端和客服中心四种渠道，优化渠道之间的交互能力和衔接打造渠道闭环，构建以客户为中心的综合服务平台，保证客户的线上线下体验高度一致，以客户的黏性来占领市场。

二是与互联网平台合作。2014 年，中信证券等 6 家证券公司获得了网络证券业务试点资格。2015 年，中国放开了“一人一户”的限制，传统券商纷纷触网与互联网企业合作，开展线上开户“拉人头”，如国金证券、中信证券、湘财证券与腾讯自选股建立导流开户链接；方正证券、平安证券、国联证券与雪球合作开户引流等。通过与互联网企业积极合作，引流开户获取客户增量。近年，一些中小型券商直接引入成熟互联网平台的方式转型，如 2022 年 2 月华林证券收购海豚股票 App，此后又陆续与字节跳动展开技术与营销合作。

专栏 6-1

华泰证券的 O2O 之路

华泰证券是传统券商中最具互联网思维和雄厚基础的券商。作为科技驱动的行业转型开拓者以及最具互联网思维的传统券商，公司在平台化战略与财富管理转型方面一直走在行业前面。

华泰证券是业内第一家大力开展“万三”低佣策略争夺客户资源的券商。通过券商类第一App“涨乐财富通”提供方便高效的线上服务，以及分布于全国的超过240家营业部提供线下服务支持，显著提升客户体验。目前，公司是行业佣金费率较低的券商，甚至低于互联网券商东方财富证券，同时公司积极通过微信号大V等新型渠道引流，未来市场份额有望进一步提升。较强的经纪业务客户拓展能力和雄厚的经纪业务客户资源，为公司财富管理、资本中介业务发展奠定坚实的基础。

广泛的客户基础、先进的科技平台战略、全业务链配置使华泰证券零售财富管理业务已形成较强“护城河”：①2007年开始构建CRM系统，形成客户数据沉淀，为后续交叉销售与客户分类管理奠定基础，2019年投资顾问服务平台AORTA上线，作为投顾的智能超脑进一步为投资顾问赋能，未来有望借鉴“AssetMark”的先进经验在更高阶的财富管理中占据优势；②充分落实“以客户为中心”，全业务链体系下产品供给体系完备，形成较强的客户黏性。公司资管子公司业务、私募股权投资基金，以及旗下基金公司均有强大的行业竞争力，先进的国际化布局下跨境产品与服务的供应更具保障。③公司资本实力雄厚、产品供给体系完备和财富管理平台强大，使公司完全区别于低佣策略的小型券商。

（二）纯互联网券商

纯互联网券商是指主要发展线上业务的互联网券商，其特点是发展历史较短、速度较快、多立足于美港股市场，战略发展倾向于多国持牌，也称跨境券商，以富途证券、老虎证券为代表。作为纯线上的业务模式，纯互联网券商依靠低廉的佣金、极佳的交易体验、以用户为中心的开户流程，吸引了一大批港美股投资者开户。

2022年12月，针对富途控股和老虎证券在没有任何相关的牌照的情况下，为内地客户提供跨境股票交易业务，证监会宣布富途控股、老虎证券构成非法经营证券业务，对其推进非法跨境展业整治工作，禁止两家公司拉新境内用户，而且要求其有序处理存量客户。

专栏 6-2

老虎证券

老虎证券成立于2014年。依托互联网优势，老虎证券提供覆盖美股、港股、A股（沪港通）的证券业务，通过老虎证券自主研发的移动和电脑客户端软件——老虎股票，用一个账户、一笔钱玩转全球资本市场，并享受超低佣金的交易服务。从每股交易量来看，老虎证券是最大的专注服务全球华人投资者的互联网券商。

目前，老虎证券在多个国家和地区持有24类证券牌照或资质，为同类券商中全球持牌最多样化的券商，并已形成从经纪业务、投研、证券发行和承销、自营投资、财富管理到清算的业务闭环。

2019年3月，老虎证券在纳斯达克上市。数据显示，截至2022年10月底，L证券开户客户正式突破100万，注册用户则超过552万。

（三）拥有券商牌照的互联网企业

目前，国内资本市场上提供证券相关业务的互联网企业范围很广，有提供行情资讯的同花顺、选股宝、财联社；有提供投资者社区服务的雪球；有提供互联网投顾的新浪理财师、爱投顾；还有提供量化社区、跟单社区、理财社区等服务的其他互联网企业，但这些互联网企业并没有券商的牌照。

拥有券商牌照的互联网企业是指互联网企业通过获取券商牌照发展证券业务，其保留了互联网企业的运营特点：获客—运营—变现，即通过内容平台获得海量用户，再通过社区产品的社交互动、更好的用户体验及创新性服务供给留存用户，转化为入金客户，最后通过不同的金融服务变现获得收入。

1. 获客

内容是流量之源，该模式的互联网券商获客优势显著。以东方财富为例，在资讯端拥有东方财富和天天基金两大App，2021年6月其月活跃用户人数（MAU）分别为1 803万、2 218万，在社区端拥有股吧投资社区。巨大的流量优势可以有效地将用户转化为客户。根据Questmobile数据，在券商App排名中，东方财富和天天基金MAU、日活跃用户人数（DAU）均领先于其他券商App。

2. 运营

互联网社区的建立往往超过10年时间，如东方财富股吧始建于2009年，具有高黏性。用户之间长时期的交流互动，能在社区沉淀社交关系，促使社区具有较强的网络效应。

3. 变现

互联网券商变现本质是随着牌照的积累拓宽服务矩阵。由浅至深变现方式有四个阶段——“卖广告—促交易—拓品类—管资产”，即广告变现、交易佣金、基金产品代销以及资产管理。在缺少券商牌照时，互联网券商只能采取广告、销售软件等方式变现。拥有券商牌照后，其通过交易佣金变现更为高效。随着牌照的丰富，基金代销、以客户个人金融资产（AUM）为收入基础的净利息、资产管理费等稳定性更强的变现方式占比提升，交易佣金收入占比将逐渐降低。

目前，国内拥有券商牌照的互联网公司只有东方财富和指南针两家。

专栏 6-3

互联网企业发展证券业务标杆企业——东方财富

东方财富网于2015年收购西藏同信证券，实现从互联网平台向互联网券商的转变，自此同时其具备了流量和牌照的优势。东方财富证券拥有证券业务全牌照，是东方财富一站式互联网金融服务平台的重要组成部分。

东方财富成立于2005年1月，于2010年3月在深交所创业板上市，上市首日总市值为81.69亿元。2015年东方财富收购西藏同信证券，由此正式翻开进军互联网券商的新篇章，也是A股首家互联网券商上市公司。截至2022年3月1日，东方财富证券A股市值为2 844.52亿元。上市以来，东方财富证券总市值实现了32倍增长，跃居A股证券业上市公司实力排行榜第二位。

互联网模式相比于传统的营业部营销模式是无边界的，作为在此模式上深耕多年的开拓者，东方财富具有早期进入者的优势。2015—2020年，东方财富的证券服务营业收入占其营业总收入的比值持续增加，由3.87%增长到60.47%。2020年报显示，东方财富总收入为82.39亿元，同比增长94.69%。其中，证券服务营业收入为49.82亿元，同比增长81%，远远超过了证券业平均营业收入24.41%。互联网化的营销模式增强了用户的黏性，为东方财富证券服务营业收入贡献了巨大力量。

东方财富从财经资讯起家，出身实业，深耕研究，大胆创新，勇于拼搏，经过多年探索，每一步都踩准了时代发展的脉搏。根据Wind数据显示，2021年，东方财富App月活用户超过1 400万，大幅度领先于传统券商App。东方财富聚集了海量用户资源和用户黏性优势，在垂直财经领域始终保持绝对领先地位，打破传统营销观念，开拓出一条互联网券商之路。

第三节 互联网证券的风险与防范

互联网证券除了面临证券行业的一般风险，如法律及合规风险、信用风险和欺诈风险外，还面临互联网行业的特殊风险，如经营风险、技术风险等。本节结合案例对上述类型的风险进行分析，在此基础上提出防范措施。

一、互联网证券的风险

（一）法律及合规风险

根据2017年10月1日实施的《证券公司和证券投资基金管理公司合规管理办法》（证监会令第133号），合规风险是指因证券基金经营机构或其工作人员的经营管理或执业行为违反法律法规和准则而使证券基金经营机构被依法追究法律责任、采取监管措施、给予纪律处分、出现财产损失或商业信誉损失的风险。

2023年2月，全面注册制改革已经在A股落地，新的政策和业务环境下，市场优胜劣汰机制更趋完善，这对证券公司的保荐业务部门无论在执业能力还是合规诚信意识上，都提出了新的挑战。近年，国家监管部门一直在积极引导保荐机构行业生态逐步从“数量竞争”向“质量竞争”转变，但也有个别保荐机构对注册制下投行责任的理解有偏差，忽略了对投行业务执业能力的进一步把控，尽责素质缺失，致使证券行业法律及合规风险加大。据统计，自2020年5月以来的三年时间中，共有234名投行保荐代表人因投行项目的执业质量和履职尽责问题被国家监管部门施以行政监管措施、行业自律组织纪律处分或自律管理措施，绝大部分来自其保荐的IPO项目，共涉及50家券商。

专栏6-4

保荐业务违规，G证券收千万罚单

2023年9月22日，G证券发布公告称，收到证监会的《行政处罚决定书》，公司因出具的保荐书等文件存在虚假记载，被证监会合计罚没1 021.698万元。

证监会认为，G证券在为M公司2018年非公开发行股票提供保荐服务过程中，未遵守业务规则和行业规范，未勤勉尽责地对M公司的发行申请文件进行审慎核查，出具的保荐书等文件存在虚假记载等违法行为。

经查明，G证券存在两方面违法事实：一是G证券出具的保荐书等文件存在虚假记载。二是G证券在担任保荐（主承销）机构期间未勤勉尽责，包括核查大额银行存款账户程序设计不到位，对M公司银行存款函证程序执行不到位；对应收账款的函证程序、尽职调查程序执行不到位；对2018年非公开发行股票的募投项目走访程序执行不到位等。

针对以上违规，证监会对G证券责令改正，给予警告，并没收保荐业务收入94.34万元，并处以94.34万元罚款；没收承销股票违法所得783.02万元，并处以50万元罚款。

（二）经营风险

目前，包括互联网券商在内的整个证券行业盈利模式较为单一，营业收入主要来源于证券经纪业务、证券承销与保荐业务以及证券自营业务等传统业务。根据中国证券业协会公布的数据，2019年度我国证券业代理买卖业务净收787.63亿元、证券承销与保荐业务净收入377.44亿元、证券投资收益（含公允价值变动损益）1 221.60亿元，占营业收入的比例分别为21.85%、10.47%、33.89%，合计占比达66.21%，传统业务收入占比较高。截至2022年6月30日，我国共有140家证券公司（含证券类子公司），证券公司之间同质化较为严重。随着金融牌照放开、行业壁垒逐渐缩小、业内竞争加剧等因素，券商利润率逐渐被挤压，这一点在经纪业务佣金率上尤为明显。2014年，国金证券首推佣金宝，随后一些券商相继推出最低佣金率产品，自此券商行业佣金战打响。随后，2015年4月“一人一户”限制全面放开，行业佣金率下限不断被打破，佣金率已从2008年0.166%下滑至2022年第三季度末的0.023%。

（三）信用风险

信用风险通常是指因交易对手、发行人或借款人未能、无法履约或履约可能性下降（信用评级下降）给证券公司带来损失的可能。当前，国内证券行业信用风险主要集中在以下几类业务：一是债券投资业务（自营、资管）。例如，所投资债券发行人违约、拒绝或无法支付到期本息导致资产损失或收益下降的风险；债券发行人主体信用评级下降给资产价值造成损失的可能。二是证券金融业务（信用业务）。主要指融资融券、股票质押、约定购回等证券融资类业务，如客户通过提供虚假征信数据、资质材料而获得不利于证券公司的授信额度；客户担保物价值下跌、流动性不足或涉及法律纠纷等导致客户无法或不愿按时足额偿还债务的风险等。

（四）欺诈风险

欺诈风险是指通过网络在证券发行、交易及相关活动中，当事人违反法定义务，或者违反公平合理、诚实守信的原则，侵犯他人的合法权益的行为。例如，有一些非法平台利用直播平台、微信号、微信公众号等互联网渠道提供股票推荐服务，并收取咨询费用。部分公司提供自制App，邀请投资者下载注册，付费成为会员后，提供股票推荐服务或者研报服务，诱骗投资者上当受骗，致使其遭受损失。

专栏6-5

财经大V诱导交易被三罪公诉

2022年7月，证监会在发布的非法证券期货风险警示中通报了上海某坐拥400万微博粉丝的财经“大V”徐某诱导交易被三罪公诉。

据悉，2021年以来，徐某利用自身财经“大V”的影响力，在微博、直播间等自媒体上大量发布含有“几千元即可开户做期权”“多空双向交易”“高杠杆、高盈利”等诱惑性词汇的广告信息，引导粉丝添加助理的QQ号或微信号，并下载“上证ETF（交易所交易基金）期权App”开户交易期权。然而，该App并非证监会批准设立的合法平台，而是徐某等人私自搭建的黑平台，投资者在该平台上开户交易，无法保障投资者自身的合法权益，往往损失惨重、血本无归。

经上海证监局核查，徐某等人搭建黑平台，利用自身“大V”影响力发布虚假广告，在不到一年的时间里累计诱导350余名投资者交易，涉案金额超3 000万元，已涉嫌构成犯罪。目前，徐某已被上海市浦东新区检察院以涉嫌非法经营罪、帮助网络信息犯罪活动罪、虚假广告罪提起公诉。

（五）技术风险

在互联网时代，网上证券交易已经成为常态。然而，网络技术风险也随之而来。黑客攻击、病毒感染、网络延迟等问题都可能使证券交易出现风险。

此外，互联网证券还存在市场风险、操作风险、声誉风险等。

二、互联网证券的风险防范

风险管理是证券公司的核心竞争力，也是《证券公司分类监管规定》中《证券公司风险管理能力评价指标与标准》的一项重要内容。针对上述风险，提出如下防范措施。

（一）加强能力建设和内部控制，当好资本市场“看门人”

在全面注册制下，券商的执业将发生深刻变革，发行上市条件更加包容，审核更加高效，优胜劣汰的市场机制更加完善，对保荐机构及保荐代表人的执业能力也提出更高要求。对于券商而言，首先要做的就是提升质量控制能力，履行好资本市场“看门人”的责任。具体来说，就是在保荐过程中要严格做好尽职调查，协助企业做好整改规范，保障信息披露真实、准确、完整。

全面注册制下的归位尽责对券商内部制度建设提出了更高要求。券商应不断健全“三道防线”，完善全流程质量控制体系，建立全面风险管理和合规管理体系。

首先，证券公司要建立严格的内部控制体系，确保业务的合规性、准确性和安全性，包括内部审计、内部管理、风险管理等。在内部管理方面，证券公司需要严格执行岗位职责、加强员工管理、设置有效的内部审核和监测机制。

其次，证券公司要遵守法律、法规和监管要求，严格合规管理。对违规行为进行彻底调查和处理，保障客户的权益。要充分了解和学习监管要求，提高业务人员的知识水平和业务能力，确保业务的合规性。

最后，证券公司要建立完善的风险管理体系，从市场风险、信用风险、操作风险等多方面预防和控制风险。在市场风险方面，证券公司需要制定基于市场情况的投资决策，做好市场动态监测和分析。在信用风险方面，证券公司需要对客户进行评级，控制风险暴露度。在操作风险方面，证券公司需要规范业务流程，降低人为操作错误风险。

（二）打造以客户需求为核心的零售业务

综合国内发展现状与国际经验，未来券商的经纪业务主要有两大发展趋势：一是展业模式由“通道”转向“入口”。经过多年“互联网＋金融”的融合，经纪业务的竞争模式已由线下网点扩张向“线上＋线下”的模式转变。传统券商通过合作或并购等方式，提升自身交易系统并引流，互联网券商通过收购券商牌照，实现流量向金融变现。但在流量昂贵、费率已充分竞争以及第三方导流将加剧行业竞争的背景下，单纯引流的通道模式已很难提升券商市占率，如何提升客户黏性、提升客户规模是发展关键，经纪业务从“通道”转变为“入口”。二是向投资银行本质回归，从“通道服务提供商”到“综合性财富管理”。随着金融产品的丰富以及理财需求的扩大，客户以股票为主的单一投资模式将转变为产品配合优化型服务模式，互联网券商可在此领域中提前发力，通过提供差异化服务增强客户黏性，打造以客户需求为核心的零售业务，发掘新的收入增长点。

（三）加大金融科技投入

近年，人工智能、大数据、云计算等信息技术的发展与变革，给证券行业发展带来转型升级的新机遇，金融科技成为各大证券公司比拼的重要阵地。金融科技可以在精准营销、客户服务、风险防范、管理决策、降本增效等方面助力券商高质量发展，成为券商打造核心竞争力的重要驱动力。中国证券业协会数据显示，2020 年全行业信息技术投入金额 262.87 亿元，同比增长 21.31%，2017—2020 年证券行业累计投入达 845 亿元，为证券行业数字化转型奠定了基础。但是，银行机构和保险机构 2020 年信息科技总投入分别为 2 078 亿元和 351 亿元，同比增长分别为 20%和 27%。相比之下，我国证券行业金融科技投入相对不足，有必要进一步加大金融科技投入，推动证券业朝着智能化、数字化方向发展。

（四）增强投资者自我保护意识

在证券投资中防范欺诈行为的关键是增强投资者的自我保护意识。投资者在获取证券投资咨询服务前，可在证监会官网“政府信息公开”栏目、中国证券业协会官网“信息公示”栏目查询合法证券投资咨询机构名录。投资者应当关注公司的基本面，不要被炒作概念股所迷惑，只有真正了解公司的经营状况，才能做出明智的投资决策。投资者还要学会分辨虚假信息，避免盲目跟风。此外，投资者应妥善保管好自己的证券账户和交易密码，防范黑客攻击和造假操作。一旦发现有欺诈行为，应及时向证监会举报并维护自己的合法权益。

三、互联网证券的发展趋势

从我国互联网证券的发展来看，具有以下几大发展趋势。

（一）券商争相“牵手”互联网巨头

科技浪潮席卷金融行业，拥抱金融科技带来的机遇成为券商的共识。近年，券商和互联网巨头合作已经日渐成为行业潮流。

中金公司是行业内唯一一家坐拥腾讯和阿里巴巴两大股东的证券公司。2019 年，中金公司与腾讯全资公司腾讯数码（深圳）有限公司成立了金腾公司。2021 年 6 月，中金公司旗下中金财富证券也宣布，其与腾讯云合作打造的全栈私有云平台已经正式上线。该平台旨在为中金财富证券数字化、智能化转型提供智慧化、敏捷弹性、易于创新的云原生技术支撑。

2021 年 4 月，天风证券全资子公司天风创新与阿里巴巴旗下的金融科技公司恒生电子宣布，合计出资 5 000 万元正式成立浙江寻常信息网络服务有限公司，由恒生电子持股 70%，天风创新持股 30%。寻常网络是国内首家由证券公司与金融科技公司共同设立，致力于金融投教新内容开发和运营的公司。

银河证券在 2018 年与 2019 年分别与阿里巴巴以及腾讯签署框架合作协议，在智能体系建设、互联网金融服务创新、互联网技术架构转型潜在应用等方面进行合作。

2020 年 9 月，兴业证券与腾讯云签署战略合作协议。

2021 年 6 月，中信建投与腾讯签订战略合作框架协议，合作内容覆盖平台建设、技术创新、渠道运营、资本运作、品牌塑造等方面。

2022 年 2 月，华林证券宣布已与北京字节跳动网络技术有限公司签署了海豚股票 App 购买协议，并拟以 2 000 万元的价格拟受让海豚股票 App 运营主体北京文星在线科技有限公司 100%的股权。

整体来看，券商互联网数字化转型是未来发展的趋势，未来科技将成为证券行业的核心驱动力。其中，云计算、大数据、人工智能、区块链等新兴技术逐渐成为证券行业发展的核心驱动因素。

（二）向以客户为中心的综合金融服务平台转型

对于证券业来说，从客户服务到产品运营，金融科技的应用已经带来了前所未有的变革和创新，但现实不止于此。在证券业依托金融科技，搭建线上线下相配合的业务模式，提升服务效率、优化服务模式的同时，还将催生服务收费的新盈利模式，并引领证券机构从通道商向综合金融服务商转变。

经纪业务曾经占据券商收入的一半左右，但在佣金率一降再降之后，现在的经纪业务收入在券商收入总量中的占比已经大幅下降，证券公司必须通过金融科技创新寻求新的业务增长。目前，为客户 AUM 提供投顾服务、产品销售建议、资产配置等，已经成为证券机构商业模式的新选择。一些券商都先后开展了线上投顾服务，并以线上线下融合发展的 O2O 新零售模式助力证券经纪业务向服务收费转型。

（三）对外开放水平提高，证券行业迎来新的发展机遇

2020 年 9 月，证监会、中国人民银行、国家外汇管理局发布《合格境外机构投资者和人民币合格境外机构投资者境内证券期货投资管理办法》，将合格境外机构投资者（QFII）、人民币合格境外机构投资者（RQFII）资格和制度规则合二为一，放宽准入条件，简化申请文件，缩短审批时限，实施行政许可简易程序。

2020 年以来，我国资本市场对外开放步伐进一步加快，证券基金期货机构外资股比限制提前全面放开，有利于中资券商参与国际市场竞争，借鉴国际一流机构在公司治理、合规经营、内部控制、风险管理和人才培养等方面的经验来改进服务水平，实现自身发展，同时加大资本市场对境外投资者的开放程度，也为境内证券公司在投行、研究、机构经纪、托管服务等业务领域带来新的发展机遇。

（四）券商自营类 App 行业将加速迭代升级，行业竞争将进入白热化

在政策支持、用户需求刺激下，券商自营类 App 行业发展明显提速，证券投资者在 App 上进行开户、投资交易和投顾咨询等活动。线下营业部需求降低，大大减少了公司营运成本。未来，随着 5G、人工智能等互联网信息技术的不断升级，券商自营类 App 行业也将加速迭代发展，通过智能化、多样化的线上服务吸引顾客，先行者将赢得显著竞争优势，行业竞争也将趋于激烈。

（五）新媒体成为开拓流量获客的新渠道

随着各种社交媒体、内容平台的持续火热，视频、直播等新产业对互联网证券行业产生了巨大影响。抖音、快手和 B 站等涌现了大量以“基金解读”和“投资管理”为主题的视频，此类新媒体成为互联网证券宣传“带货”的新渠道。此外，证券公司愈发重视建立、运营自身的财富信息平台，通过自有平台与用户互动，增强用户黏性、提高业务转化，进一步发挥线上渠道协同优势。

延伸阅读

从技术赋能业务到全面开放生态　券商加快数字化转型

打造“连接＋生态”的超级 App，探索构建、运营开放生态，金融科技正成为券商提升合规风控水平的“利器”。

过去几年，技术重塑了券商业务模式，获客拉新、线上投顾、营销赋能……各家券商利用自身资源和技术优势，全方位提升了数字化运营能力。

随着移动互联网崛起，流量生态发生变化，券商客户在社交平台停留时间越来越长。面对用户多样、个性化的需求，券商数字化发展逻辑也发生了变化，并不是孤立地在某个领域加强投入或深化应用，而是开启了平台化、生态化的布局思路。

一、从“投顾抢单模式”到超级 App

长期以来，券商财富管理存在不少“通病”：产品需求过剩、业务增长乏力；获客成本高企、营销模式单一等。在业内人士看来，必须引入真正的互联网思维进行模式创新，券商传统业务才能找到突破口。

凡泰极客创始人杨涛曾在券商行业深耕多年，他回忆说，2013—2015 年，正值“互联网＋金融”风潮席卷金融圈。短短两三年间，他所在的技术部门从 60 人扩充到 300 多人，当时券商的创新思路是用技术打造产品，再赋能业务。

“投顾抢单模式”便是技术落地到产品的一个例子，所谓抢单其实就是投顾实时解答客户的股票咨询问题。“客户在第三方网站、第三方 App 上的券商咨询入口提出一个问题，一分钟之内就有投顾在券商侧通过内部的接单 App 抢单。”杨涛称，这在当时是行业首创之举。这项功能上线后，50%左右的开户量都是由其转化而来，创造了很大的业务价值。

这段经历给杨涛很多启示，对于零售金融服务而言，数字化转型的重要突破口是触达、营销、服务的全实时在线一体化。杨涛认为，技术将会给行业带来颠覆性的变革，但不仅仅体现在某一项业务上，而是应该以支持数字连接的技术为载体构建出全新的数字营销服务体系和生态。

在这样的思路下，一种“连接+生态”的超级 App 模式也应运而生。具体而言，就是使券商的业务功能“乐高化”，任何业务或营销功能均以生命周期完全独立于 App 本身的、类似小程序的“轻应用”方式存在，打造属于券商自己的“生态圈”。

杨涛分享了一个通过这种模式成功赋能财富管理的案例：依托数字化社交营销平台，华西证券财富管理增值产品的营收 2020 年与 2019 年相比增长近 2 倍。华西证券投顾触客数量持续提升，其中超过半数为新用户，客户有效率超过 70%，客单价同比增长 190%。

二、券商科技战略走向“开放生态”

不仅仅是 App 通过迭代升级形成小的“生态圈”，随着券商主动拥抱金融科技的步伐走向深处，“生态”“开放”已经成为券商发力金融科技的关键词，一个更大维度的生态圈正在形成。借助于国外经验与实践，一些头部券商也开始探索构建、运营开放生态的主要模式与路径。

国泰君安证券在 2019 年 12 月率先提出证券行业首个平台化、生态化发展理念——“开放证券”，并且发布了一批数字化战略成果。如 STS（smart trading system）智能交易服务、场外金融云、国泰君安—华为联合创新解决方案以及国泰君安—上海银行联合实验室合作成果等。这些成果不仅涉及国泰君安内部数字化改革、金融科技创新升级，更有与外部同业者或合作伙伴的开放、共享、共创。

华泰证券也提出科技战略从“以我为主”走向“全面开放”，积极通过战略投资加快生态建设。华泰证券与战略合作伙伴通过合作打造了投行底稿电子化系统；联合推出 FPGA 证券交易柜台系统，引领证券交易从行情到报盘进入全面极速时代。

兴业证券提出打造开放融合的金融科技新生态、内联外合的财富管理生态及“五位一体”的机构服务生态；中金公司率先突破与互联网科技巨头合作成立金融科技子公司……越来越多的券商意识到，科技与业务的深度融合需要多方共建的生态支撑。

“未来的经纪业务竞争是生态场景的竞争。一流的公司建平台、做生态；二流的公司做技术、降成本；三流的公司做通道、卖客户。”中信证券非银金融行业分析师田良表示，当前国内证券行业有效户比例仅占20%～30%。证券经纪业务不缺客户，缺的是有效客户，缺的是转化率。需要提供有内容的生态场景去激活客户，唯有打通场景闭环，提高投资的社群属性，顺应潮流占据年轻人心智的券商，方有可能在激烈的经纪业务竞争中脱颖而出。

三、金融科技必须与合规科技结合

与其他行业相比，券商在数字化转型过程中存在一些“特殊”的挑战：一是券商业务与传统业务有一定区别，其复杂度较高，需要对接交易所、清算中心等平台；二是券商属于强监管行业，在服务方面要保证安全合规。

金融科技正成为券商提升合规风控水平的一把“利器”。就券商风控而言，杨涛认为，“我们也会主动去研究政策方向法规，再去提供技术工具服务。券商近年在隐私控制、数据安全方面要求越来越高。”

2020年8月，证监会就《证券公司租用第三方网络平台开展证券业务活动管理规定（试行）》（以下简称《管理规定》）公开征求意见，明确了对券商租用第三方网络平台开展证券业务的管理要求。杨涛表示，业界翘首以盼《管理规定》的出台，因为这确实是数字化时代证券业务线上发展的刚需，既建立了券商通过第三方网络空间触达消费者客户的合规框架，也明确了各方在此协作链路上的责任边界。

在杨涛看来，技术可以很好地解决两个问题：一是对于客户隐私数据的保护，即从技术上解决券商的业务数据不会被第三方获取；二是做好在线监控，包括事前审核、事中监测、事后追查，让监管授权的相关机构通过线上手段下架或者暂停风险业务。

“金融科技必须与合规科技结合，才能在券商业务模式创新方面发挥作用。这有赖于整个行业生态的参与者形成更加多元化、协作竞争。”杨涛表示。

资料来源：本文原载于《上海证券报》，系凡泰极客联合创始人、CTO杨涛接受《上海证券报》记者的特约专访。

7

第七章

互联网保险

互联网技术和保险业的结合开创了保险业的一个新纪元。互联网的平等共享精神使得保险向普惠化方向发展，越来越多的人开始享受保险服务。互联网保险颠覆了保险营销员与客户面对面交流沟通的传统模式，开创了全新的保险销售方式和渠道，以及全新的经营理念和管理模式。

第一节　互联网保险概述

互联网保险与传统保险在本质上都是保险，同样具备风险保障和管理的核心功能，但两者在渠道、产品和商业模式方面有所不同。互联网思维是两者最根本的差异，互联网保险大量运用大数据、云计算、区块链、物联网等最新科技，同时与互联网场景紧密结合，创造了如退货运费险、百万医疗险、航延险等新型保险品种，也为用户带来了全新的投保体验。

一、互联网保险及其优势

（一）互联网保险的定义

2020 年 12 月，银保监会发布《互联网保险业务监管办法》，明确“互联网保险业务”的定义，即“保险机构依托互联网订立保险合同、提供保险服务的保险经营活动”。《互联网保险业务监管办法》规定，同时满足以下三个条件的保险业务，即为互联网保险业务：①保险机构通过互联网和自助终端设备销售保险产品或提供保险经纪服务；②消费者能够通过保险机构自营网络平台的销售页面独立了解产品信息；③消费者能够自主完成投保行为。

（二）互联网保险的优势

互联网保险的优势主要体现在以下几个方面。

1. 产品场景化

在网络时代，保险产品碎片化是发展趋势，保险供给者通过在场景的互动中向客户提供风险管理服务，有利于激发客户的风险规避需求。场景化保险的代表性产品有退货运费险、共享单车险等，结合特定场景，更加便捷、透明、低成本。随着大数据和人工智能技术的广泛应用，社交、购物、理财等领域将出现更多场景，不断催生新的保险需求。

2. 降低销售成本

传统渠道的保险佣金和人工费用不断攀升，降低了传统渠道的产品收益，而互联网保险打破先前的销售渠道，将佣金直接转为客户收益，大大降低了管理成本和产品费率，提高了同一险种的年化收益率。另外，互联网保险公司将产品开发、核保、核赔等经营管理工作通过互联网开展，极大地减少了分支机构和经营网点的设立，降低了固定设备支出和经营成本。

3. 信息透明，便于互动

互联网保险具有直销特点。在保险产品销售过程中，客户由传统营销方式中的被动接受者转变为主动参与者，提高了买方与卖方的互动，有助于保险公司更好地了解客户的需求，开发有针对性的产品，进行精准营销。互联网保险大多是标准化的产品，条款清晰简单，信息公开透明，也便于客户与电子客服更有效的沟通。另外，互联网保险打破了消费者与卖方之间的信息不对称性，客户可以自主选择产品并在不同的平台在线比较，这使得销售渠道更透明、C2B 成为现实。

4. 打破上门销售的限制

互联网保险可以超越时间和空间的限制进行买卖双方的信息交换，随时随地为客户提供 24 小时的全球性保险营销服务，并能深入到不同需求的人群，拓展业务客户。

二、我国互联网保险的发展历程

互联网保险在我国的发展分为三个阶段：兴起阶段、快速发展阶段和规范发展阶段。

（一）兴起阶段（1997—2010 年）

2010 年以前我国保险业处于“触网”阶段。计算机和网络是保险科技的核心技术动力。彼时，人们对于互联网保险的认知刚起步，更希望互联网保险可以直接带动生产力，所以销售端最先赋能。传统保险公司为参与主体，保险公司官网、淘宝等生活类互联网平台作为线上销售时的主要渠道。但专业第三方销售平台较少，网销模式比较单一。当时所售产品以短期、低费用财险为主，如旅游意外险、航空意外险及创新保险产品。

1997年，保险行业最早的第三方网站——中国保险信息网成立。同年12月，新华人寿成交了国内第一份互联网保单。

2000年8月，平安保险和中国太平洋保险均开通了自己的网站。同年9月，泰康人寿成立“泰康在线”保险电子商务网站。由于没有明确法规来保障电子保单的法律效力，故保险公司无法在网上实现全流程的电子交易。

2005年4月1日，《中华人民共和国电子签名法》实施，为互联网保险的发展奠定了法律基础。该法律实施当天，人保财险就签售了我国第一张电子保单。之后，互联网普及率提升推动了保险线上化进程，互联网保险相关支持性政策也相继出台。

2006年，国家监管政策多次提及互联网保险，提倡保险业全面信息化、科技化。同年6月，国务院发布了《国务院关于保险业改革发展的若干意见》，提出要发展高科技保险，为自主创新提供风险保障；提高保险产品科技含量，发展网上保险等新的服务方式，全面提升服务水平。同年，慧择网创立，其是经银保监会批准的、最早获得保险网销资格的互联网保险服务平台之一。

（二）快速发展阶段（2011—2013年）

2011年，《互联网保险业务监管规定（征求意见稿）》和《保险代理、经纪公司互联网保险业务监管办法（试行）》的下发正式明确了保险公司、保险中介开展互联网保险业务的资质条件。这意味着互联网保险业务开始更加规范且专业发展。

2013年是中国保险科技发展正式起步的一年。2013年11月，由蚂蚁金服、腾讯、中国平安等出资联合成立了我国第一家互联网保险公司——众安在线。众安在线的成立是中国保险科技发展过程中的标志性事件之一。

随着互联网产业的发展，保险产品也相应更加贴合数字生活场景。财险、人身险产品均得到了进一步发展。2013年，泰康人寿联合淘宝网推出互联网寿险平台“乐业保”，提供针对淘宝卖家的保障型寿险产品。同年11月，众安在线推出其首款保险产品“众乐宝”，这是国内首款网络保证金保险。同时，众安在线还推出了一款传统保险公司不包含但消费者普遍需要的保险产品——退运费险。该产品在2014年“双十一”当天保费突破1亿元。运费险的出现填补了网购风险的市场空白。

这一阶段的互联网保险通过创新实现了跨越式发展，互联网保险不仅是保险产品的互联网化，而且是保险公司对商业模式的全面颠覆和创新。

（三）规范发展阶段（2014 年至今）

2014 年 12 月，保监会发布《互联网保险业务监管暂行办法（征求意见稿）》；2015 年 7 月，发布《互联网保险业务监管暂行办法》（保监发〔2015〕69 号），这是互联网金融领域中第一个出台的细分领域监管办法，标志着互联网保险监管政策日趋完善。针对互联网保险领域出现的“非法经营互联网保险业务”等问题，2016 年 4 月，十五部委联合印发《互联网保险风险专项整治工作实施方案》（保监发〔2016〕31 号），整治重点包括三个方面：一是互联网高现金价值业务，二是保险机构依托互联网跨界开展业务，三是非法经营互联网保险业务。2017 年 9 月，保监会发布《关于在互联网平台购买保险的风险提示》，提醒消费者在互联网平台购买保险时要注意风险。这些监管规章的出台，意味着互联网保险从此步入规范发展的轨道。

此外，根据银保险会下发《2018 年保险监管现场检查工作方案》的安排，监管机构计划分三个阶段对包括财险公司分支机构、人身险公司分支机构、法人机构评估、中介法人及分支机构、法人机构综合 5 个现场检查，其中在 2018 年 8—10 月的第三阶段，监管机构将开展法人机构综合检查，强调偿付能力数据真实性全面检查、风险综合评级全面检查，保险资金运用现场检查，这些检查都强化了对互联网保险的监管。

由于一系列监管规章文件的连续出台，互联网保险监管趋严，行业准入门槛抬升，互联网保险行业发展速度放缓。尽管如此，互联网保险的发展前景仍吸引不少互联网企业竞相介入。2017 年 5 月，由阿里巴巴发起成立的信美人寿相互保险开业；9 月，百度通过旗下投资公司“百度鹏寰资管”入驻黑龙江联保龙江保险经纪有限责任公司，并完成 4 000 万元增量注资；11 月，腾讯旗下保险平台“微保”上线。此外，京东、苏宁、唯品会、乐视、小米等大型互联网公司都对互联网保险进行了一定程度的布局。互联网巨头介入必然会给行业带来巨变，一方面，保险销售端会被更多的渠道分流，标准化产品可能会更多地向流量巨头聚拢；另一方面，巨头深耕互联网保险将丰富保险场景，创新保险经营模式，让大众更高频、便捷地接触保险。2017 年 9 月 28 日，众安在线财产保险股份有限公司在香港联交所主板上市，成为国内首家上市的互联网保险公司。

2020 年以来，监管部门不断加强制度建设，构建多层次立体化互联网保险监管制度体系，促进互联网保险业务健康可持续发展。2020 年 5 月，银保监会财险部向各财险公司下发《关于推进财产保险业务线上化发展的指导意见》，要求到 2022 年，基本建成功能完善、运行高效、基础完备，与银行业保险业高质量发展进程相适应，与广大人民群众财产保险需求相契合的线上化体系，车险等业务线上化率达到80%以上。鼓励具备条件的公司探索保险服务全流程线上化。2020年6月，针对投诉暴露出的互联网保险领域突出问题，银保监会立足互联网新形式与消费新行为，结合保险销售可回溯管理经验，以行为监管为抓手，规范互联网保险销售行为，印发《关于规范互联网保险销售行为可回溯管理的通知》（银保监发〔2020〕26号），规范和加强互联网保险销售行为可回溯管理，保障消费者知情权、自主选择权和公平交易权等基本权利，促进互联网保险业务健康发展。同年12月，《互联网保险业务监管办法》这一纲领性指导文件正式出台。规定了保险机构开展互联网保险业务需具备的基本条件等。该办法对互联网保险业务的合规、高质量经营提出了从准入条件到售后服务的全面、明确规范，进一步推动互联网保险行业的健康、可持续发展。

2021年10月，银保监会发布《中国银保监会办公厅关于进一步规范保险机构互联网人身保险业务有关事项的通知》，规定了保险公司开展互联网人身险业务需满足的能力等要求；明确了互联网人身险的产品范围，以及保险中介应满足的条件。

三、我国互联网保险的发展现状

近年，我国互联网保险市场发展迅猛，互联网保险的保费收入已经占到总体保费收入的6%左右，但和金融行业的其他细分类别相比，互联网化程度仍然偏低；在渠道方面，互联网保险业务主要来源于第三方。

（一）互联网保险保费规模稳步增长，占保险行业原保费收入比重较上年基本持平

根据中国保险行业协会发布的2020年保险业运行数据，我国互联网保险保费收入总额为2 908.75亿元，较2019年增加212.43亿元，同比上升7.88%。2020年我国保险业保费收入总额为4.53万亿元，同比增长6.12%，增速较2019年同期下降了6.05个百分点。2020年全年互联网保险保费收入占保险业原保费收入的6.43%，较上年基本持平（图7-1）。

（二）互联网财产保险业务规模有所收缩，非车险业务发展优于车险业务

根据中国保险行业协会发布的《2020年互联网财产保险市场分析报告》，2020年全国共有73家财产保险公司开展了互联网保险业务，累计保费收入797.95亿元，同比下降4.85%，低于整体财产保险市场同期近9个百分点的增长率。互联网保险保费收入占财产保险公司总保费收入的比重为5.87%，同比下降0.57个百分点（图7-2）。

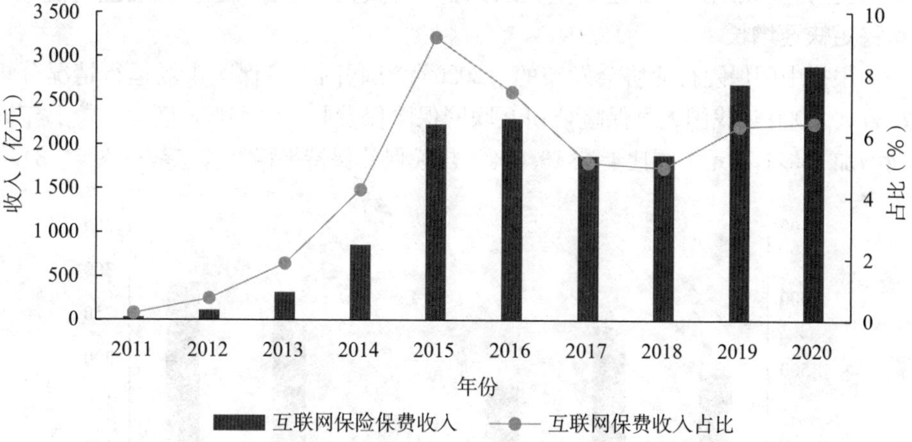

图 7-1　2011—2020 年互联网保险保费收入规模及占比

数据来源：根据中国保险行业协会发布的《2020 年互联网人身保险市场分析报告》和《2020 年互联网财产保险市场运行情况分析报告》整理。

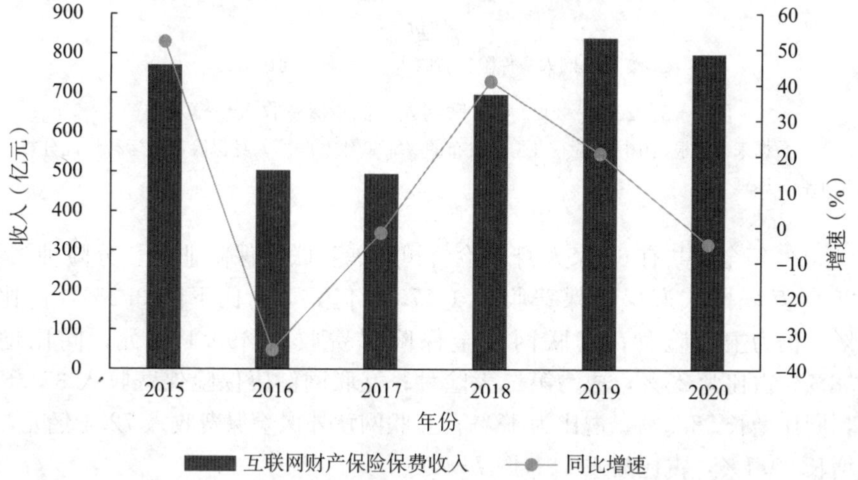

图 7-2　2015—2020 年互联网财产保险保费收入规模及增速

数据来源：根据中国保险行业协会发布的《2020 年互联网财产保险市场运行情况分析报告》整理。

从险种来看，2020 年，互联网车险累计保费收入 220.60 亿元，同比下降 19.64%，占比为 27.65%；互联网非车险累计保费收入 577.35 亿元，同比增长 2.35%，占比为 72.35%，相较 2014 年 4.41%的份额增长超 15 倍。

（三）互联网人身保险保费收入保持平稳增长态势，健康保险业务连续 6 年稳定快速增长

根据中国保险行业协会发布的《2020 年互联网人身保险市场运行情况分析报告》，2020 年我国人身保险公司互联网保险保费收入 2 110.8 亿元，较上年同期增加 253.1 亿元，同比上涨 13.6%，规模保费保持平稳增长态势（图 7-3）。

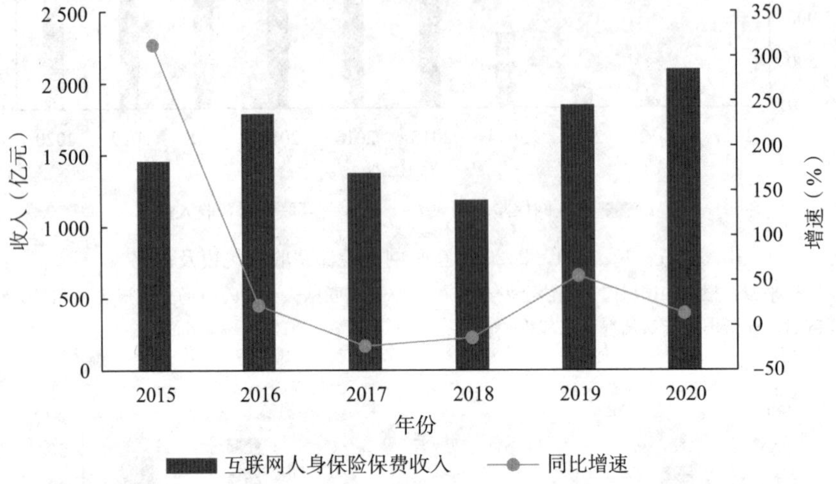

图 7-3　2015—2020 年互联网人身保险保费收入规模及增速

数据来源：根据中国保险行业协会发布的《2020 年互联网人身保险市场运行情况分析报告》整理。

2020 年全国共有 61 家人身保险公司开展互联网保险业务。分险种来看，2020 年互联网人寿保险保费收入 1 173.5 亿元，同比下降 3.2%，占比为 56%，仍为主力险种；互联网年金保险保费收入 490.1 亿元，同比增长 38.8%，占比为 23%，成为第二大险种；互联网健康保险保费收入 374.8 亿元，同比增长 58.8%，占比为 18%；互联网意外保险保费收入 72.4 亿元，同比增长 29.1%，占比为 4%。（图 7-4）。

（四）第三方平台是互联网保险业务的首要渠道

从互联网财产保险来看，2020 年，第三方（包括第三方网络平台和保险专业中介机构）合计保费收入 593.23 亿元，占比为 74.34%，同比上升 5.45 个百分点；其中第三方网络平台保费收入 335.28 亿元，占比为 42.02%，同比下降 3.76 个百分点；保险专业中介机构保费收入 257.95 亿元，占比为 32.33%，同比上升 9.21 个百分点。自营网络平台保费收入 187.85 亿元，占比为 23.54%，同比下降 5.68 个百分点。

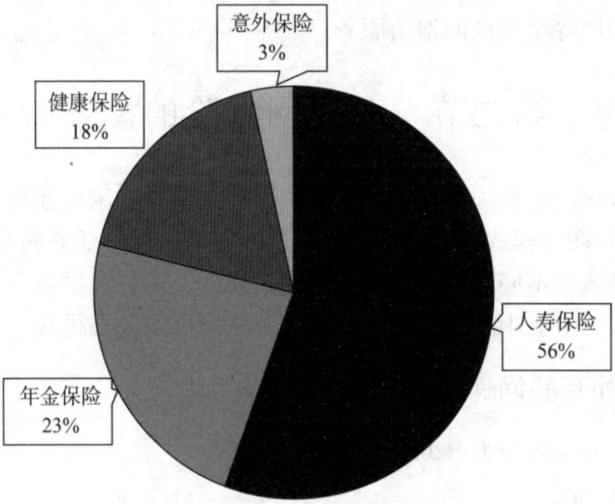

图 7－4　互联网人身保险保费构成

数据来源：根据中国保险行业协会发布的《2020 年互联网人身保险市场运行情况分析报告》整理。

从互联网人身保险来看，仍然呈现以渠道合作为主、保险公司官网自营为辅的经营模式。2020 年通过渠道累计实现规模保费 1 787 亿元，较 2019 年同比增长 10.3%，占比为 84.7%；通过官网自营平台累计实现规模保费 323.8 亿元，较上年同比增长 36.1%，占比为 15.3%。尽管公司官网自营平台规模保费已实现连续六年平稳增长，但渠道销售占比依旧是绝对 C 位。

（五）保险科技从追求规模转向追求高质量增长

2020 年至今，我国保险科技受到了人工智能这一强大技术的支持。主要应用从单一的保险产业链延伸至全业务流程及组织经营管理与外部机构连接。线上销售主流渠道相较于之前更加生活化，如公众号、抖音、小红书等，内容创作从图文转向更易懂的视频、直播，从而提高保险渗透率。参与主体除保险行业内的科技企业外，更多保险行业外部的关联科技公司参与其中。

保险科技参与主体由个体创新至团体，保险科技从追求规模转向追求高质量增长。2020 年国内首个保险科技创新联盟“保创联盟”成立。“保创联盟”初期由 30 家保险企业、10 家天使投资基金、20 家高校和孵化加速机构、100 家科创企业共同组成，是保险行业信息交流和保险科技创新成果展示的平台。

2021 年众安在线推出尊享 e 生 2022 版，开启投保“不生病也能用服务”百万元医疗险的量体裁衣时代；宠物险、手机碎屏险等创新业务蓬勃发展，其中宠物险服务超百万宠物主。两年后，尊享 e 生 2023 版融入了癌症筛查、互联网医疗、中医等全方位的增值服务。

第二节　互联网保险的模式

本节结合案例分析国外及国内互联网保险的模式。国外互联网保险主要包括 B2C 和 B2B 两种模式。现阶段，由于国内互联网保险业务的运营主体不同，采取的运营模式也不同，主要包括官网自营模式、第三方平台合作模式、网络兼业代理模式、专业中介代理模式和专业互联网保险公司模式。

一、国外互联网保险的模式

国外互联网保险分为 B2C 和 B2B 两种模式。

（一）B2C 模式

互联网保险 B2C 模式大致可分为保险公司网站、第三方保险超市网站及互联网金融超市三种形式。

保险公司网站是一种典型的 B2C 电子商务模式。保险公司开设的网站旨在宣传公司产品，提供联系方式，拓展公司销售渠道。按照是否从事销售活动，可以进一步将网站细分为两类：宣传公司产品型与网上销售产品型。宣传公司产品型可以宣传公司及产品，方便客户联系，树立公司及产品形象，提高知名度，但只能称其为“保险电子化”。网上销售产品型不仅在于选择合适的互联网保险产品，充分利用网络渠道的优势，还在于开发专门适用于互联网的保险产品。例如，美国林肯金融集团建立了一个名为 eAnnuity. com 的网站，提供名为 eAnnuity 的专业互联网年金产品。

第三方保险超市为保险人和客户提供了一个交易场所。众多保险人和客户在这个超市中相互接触，使保险人发现合适的客户，使投保人找到自己需要的险种。这种保险超市可以细分为三类：连接保险公司型、连接代理人型、第三者管理型。连接保险公司型提供网上比价功能，将客户与保险公司相连接，保险公司每收到一个连接都要向该网站支付一定的费用，但不发生真正的网上销售，如美国的 InsWeb 网站。连接代理人型与连接保险公司型相似，这类网站也不发生真正的网上销售，不同的是其将顾客与代理人连接，如印度的 Policybazaar 网站。第三者管理型运用其数据库来确定消费者的最佳交易，他们是注册代理人，而其电话代表并不是代理人，几乎不提供咨询建议，如美国的 Insure. com。第三方保险超市网站的数量在全球迅速增加，并积极扩张服务范围。但由于市场容量有限，而且许多产品可比性差、供应商议价能力较强等因素，这类网站面临激烈的市场竞争，生存者必须在市场营销和品牌战略等方面下大力气。

互联网金融超市模式也为客户提供了一个交易场所。互联网金融超市与保险公司网站的关系犹如传统超市与专卖店的关系。

专栏 7-1

Policybazaar：印度互联网保险聚合独角兽

成立于 2008 年的 Policybazaar 如今是印度互联网保险聚合市场的行业巨头。Policybazaar 向用户提供种类繁多的保险产品。截至 2023 年初，Policybazaar 为用户提供了约 50 家保险公司设计的超过 250 种保险计划，涵盖了定期寿险、健康险、车险、具有投资属性的保险产品以及其他小众保险产品（如宠物险）等。平台每年的用户访问量约为 1 亿人次，每月保险销售额超过 1.5 万份。

1. Policybazaar 的运作模式——连接传统保险机构与保险用户

在机构合作方面，Policybazaar 已与超过 50 家印度保险公司达成了合作（如 HDFC Ergo、Bajaj Allianz、ICICI Lombard 等），并集合了合作机构的保险产品，展示在互联网平台上以供用户比较和购买。通过与 Policybazaar 合作，保险公司获得了更大范围展示自己产品的机会，增加了其客户覆盖面和渗透率，并改善了销售和分销渠道。此外，平台还为保险公司提供各种增值服务，如数据分析、用户洞察和营销支持，可以帮助保险公司更好地了解客户、改进产品以提升销售业绩。Policybazaar 会从其平台销售的保单中赚取佣金，通常是消费者支付的保险费的一定百分比。

在用户服务方面，平台会定期添加新的保险合作伙伴，使用户能够获得市场上最新、最全面的保险产品。平台将各家保险公司同类产品包括价格在内的重要信息进行比较，帮助用户根据自己个性化的需求和预算进行选择，从而最大限度满足用户真实需求的情况下，节省用户的时间、精力和金钱。

因此，实际上，Policybazaar 在传统保险市场中的买方和卖方之间起到了桥梁作用，一方面为用户提供了广泛的保险选择、简化的购买流程和增值服务；另一方面帮助保险公司以具有成本效益的方式触达和获得更多的客户。本着轻资产运作的原则，Policybazaar 对于在其平台上销售的保险不承担任何责任和风险。

随着业务的不断发展，Policybazaar 不断增加和细化服务内容。如今平台能够全流程处理保险业务，除了代售保费和索赔支持，甚至将业务延伸至帮助用户分析家庭生活方式和病史，判断用户未来可能面临的风险，并以此为基础推荐保险产品。

2. Policybazaar 的盈利模式

截止 2022 财年，PB Fintech（Policybazaar 的母公司）尚未实现盈利。通过对 PB Fintech 的营收数据进行分析可看出，2020—2022 年，PB Fintech 的营业收入主要来源于保险佣金、外包服务和线上市场营销和咨询服务。其中，保险佣金来自旗下互联网保险聚合平台 Policybazaar 为保险机构代销保险产品的佣金；外包服务来自 Policybazaar 为保险机构提供的外包服务费，外包内容包括电话推广、销售及售后服务、账户管理、保费收取等。这两部分的收入近三年呈现稳定增长的态势。除此之外，Policybazaar 从保险机构依据保险销售量和质量获得的奖金收入也在近三年不断增长。Policybazaar 营收占比集团总营收超过 50%，是集团最核心的业务板块。

互联网保险聚合服务的出现可以在一定程度上提高保险产品信息的透明度、增加不同保险机构之间的竞争，从而提高保险服务水平，推动民众对保险产品的接纳度和购买意愿。除此之外，由于互联网保险聚合服务商受到印度保险监管和发展局（IRDAI）的监管，从该类平台上选购保险产品可以降低普通民众在购买保险过程中遭遇不当销售和欺诈情况的发生。

Policybazaar 于 2021 年 11 月在印度上市，成为印度第一家上市的互联网保险聚合服务商，这为平台进一步提高品牌知名度产生了积极影响。按保单数量计算的 93.4%的市占率也证明了该平台作为保险销售市场在保险销售领域的认知度较高。

（二）B2B 模式

B2B 模式大致可分为互联网风险市场和互联网风险拍卖两种形式。互联网风险市场使不同国家和地区的商业伙伴能够不受地域、国别限制，共同分担风险，尤其是地震、洪水、泥石流等巨灾风险。例如，Global Risk Mark Place 和提供巨灾风险交易的 CATEX 都是采用这种模式，Global Risk Mark Place 提供全球性的风险交换服务，CATEX 则把巨灾风险的交易搬至虚拟网络。互联网风险拍卖就是大型公司或其他社会机构通过互联网把自身的风险“拍卖”给保险公司。集团式购买比较适合这种方式，如汽车协会可以为其成员挑选一种最便宜的保障。这种模式虽然刚刚开始，但由于它关注了投保人的需求，因此具有强大的生命力。

二、我国互联网保险的模式

现阶段，我国互联网保险业务的运营主体主要包括传统保险公司、电子商务平台、保险中介代理机构、专业互联网保险公司、新型网络互助保险平台（机构）等。不同的互联网保险运营主体根据各自业务发展策略的不同，所采取的商业模式也不同。

（一）官网自营模式

官网自营模式是保险公司最早所采用的互联网保险模式，是指传统保险公司自己建立的官方网站和移动 App 来展现其自身品牌、保险产品信息、保险产品销售和提供在线咨询和服务等。

官网自营模式可以通过官方平台树立品牌形象，具有销售成本低廉、手续简单、流程快等特点，可以帮助保险公司获得价格优势，并有效拓宽投保群体。同时，自营平台也是大数据时代险企最重要的数据交互和处理中心。目前，绝大多数保险公司都开通了官网销售保险的功能。

专栏 7-2

国喜保中国人寿保险商城

为更好地满足人民群众线上便捷购买保险产品的需求，充分发挥互联网“触达快、覆盖广、效率高”的优势，中国人寿保险股份有限公司秉承“数字化、智能化、共享化”的互联网理念，打造了集“产品＋服务＋内容”于一体的“国喜保中国人寿保险商城”。

2023 年 1 月 17 日，该商城已经在中国人寿寿险 App、官方微信及微信小程序多点上线，初步形成“一个平台、矩阵投放、万千触点、全域链接”的互联网直销新模式。该商城的上线是中国人寿保险股份有限公司探索销售模式转型、加速数字化转型的重要里程碑。

（二）第三方平台合作模式

第三方平台合作模式是指保险公司与第三方电子商务公司合作，在第三方电子商务平台开展保险业务。第三方平台包括两类：一类是综合电商平台，包括淘宝（天猫）、京东、腾讯、百度等；另一类是保险中介电商平台，主要是由保险专业中介机构（包括保险经纪公司、保险代理公司等）建立的网络保险平台。

第三方平台合作模式的特点是流量大、用户多、产品全、信息透明、便于比较，用户可以像购买普通商品那样随时与店家沟通，购买体验较好，与目前互联网行业中多数生活服务领域的业务相似，为大众所普遍接受。从金融监管角度看，第三方电子商务平台模式存在着诸多漏洞。一些在售保险产品的第三方平台网站没有保险中介资质，在实际意义上不受监管约束，从而给消费者带来一定的风险。

过去，部分老牌保险公司依靠自身品牌效应，通过线下直销团队或线上自营商城从既有客源中拓展市场，对外依存度极低，包括中国人寿、中国平安等都是如此。但在互联网新型模式的冲击之下，增长空间受到极大挑战。因此，近年头部险企显著加快了与第三方平台的全面合作，从营销侧、产品供给侧再到服务侧，均展开了各种合作。

专栏 7-3

蚂 蚁 保

蚂蚁保是蚂蚁集团旗下的互联网保险代理机构，主要在支付宝 App 上为用户提供保险服务，用户可以在蚂蚁保上完成保险购买、保单管理、理赔报案等一站式服务。目前，蚂蚁保已与全国 90 家保险机构合作，共同服务超 6 亿保民，超过 55%的在保用户来自三线以下城市。

为了降低消费者买保险的选择难度，蚂蚁保于 2022 年 2 月正式推出“金选”服务，从投保门槛、保障范围、性价比等五个维度，建立了评估保险产品的 AIMM 金选模型，筛选出平台上综合竞争力最强的保险产品供消费者参考。

一直以来，蚂蚁保通过技术、产品能力的开放为保险机构提供数字化运营阵地和工具。2022 年 9 月，蚂蚁保发布了业内首个数字化经营平台“星云 1”，并向合作的保险机构开放，借助星云平台，保险机构可以在蚂蚁保上实现售卖、经营以及服务的全流程在线化、数字化运营。在理赔环节，蚂蚁保研发的智能理赔技术“理赔大脑”，可自动识别 107 种医疗、理赔凭证，让理赔核赔率提升 70%以上。这一技术能全流程优化用户理赔体验，辅助保险机构提升理赔效率，降低理赔成本。

（三）网络兼业代理模式

网络兼业代理模式是在互联网时代衍生出的保险产品代理模式之一，它的优点在于办理简单、低门槛和对经营主体的规模要求不高，现已经成互联网保险公司中介行业最主要的业务模式之一。

这种模式通常是由航空、银行、旅游等非保险企业通过自己的官方网站代理保险公司销售保险产品和提供相关服务，如东方航空、携程等。网络兼业代理机构一般销售与其主业有一定关联的保险产品种类，如航空公司代售航空意外险，银行代售投资连结保险产品。网络兼业代理机构可以提供给客户更好的增值服务，同时也能获取收益。缺点是兼业代理机构大都以自己的主业为主，代理的保险产品种类较单一，因而对保险产品的销售也不会投入较大的财力和物力，从而影响客户的体验度。

（四）专业中介代理模式

专业中介代理模式是指由保险经纪或代理公司搭建自己的网络销售平台，代理销售多家保险企业的产品并提供相关服务，客户可以通过该平台在线了解、对比、咨询、投保、理赔等，这些公司实际发挥的是中介代理的作用。专业中介代理模式包括两类：一类是聚焦保险产品的垂直搜索平台，利用云计算等技术精准、快速地为客户提供产品信息，从而有效解决保险市场中的信息不对称等问题，典型的包括富脑袋保险网、大家保等；另一类保险门户定位于在线金融超市，充当网络保险经纪人的角色，为客户提供简易保险产品的在线选购、保费计算以及充当综合性保障安全等专业性服务，代表的包括大童保险经纪网、慧择保险网等。

专栏 7-4

慧择保险网

慧择保险网是中国银行业保险监督管理委员会批准的首批在线保险销售平台之一，目前已与中国平安、中国人寿、中国人保等 100 多家保险机构达成战略合作协议，已合作开发达 1 000 余种保险产品，服务了超过 5 000 万的用户。

自 2006 年成立以来，慧择多年沉淀海量用户、深耕保险行业，更理解行业，懂得消费者的痛点，不仅在保险产品形态上不断创新，还不断完善闭环服务体系，先后推出了智能核保、自助保全、一键续保、服务记录可追溯、快速理赔等服务项目，贯穿购前咨询到出险理赔的全服务链条，以科技的力量不断完善服务品质。

为了让用户对产品的选择更便利，慧择提供了智能化和自助化的产品对比、需求测评、智能核保工具，方便用户对比不同产品、优化产品组合方案，提前向用户提示被拒保的风险。在理赔方面，通过多个官方渠道提供 7 天×24 小时的协助理赔服务，并配有专业的理赔协助专家 1 对 1 全程协助用户申请理赔，含理赔流程指引、指导准备资料、提示注意事项、理赔案件预审、提示理赔进展、分析理赔结果。索赔金额在 2 000 元内的理赔案件，责任无误且资料齐全，3 个工作日内垫付理赔款。

慧择保险网基于互联网的平台化发展模式，始终致力于前沿科技与金融业务的有效融合，成为目前国内保险垂直领域科技领先的保险电子商务平台之一。

（五）专业互联网保险公司模式

专业互联网保险公司，即纯互联网保险公司，是指拥有互联网保险牌照，不设分支机构，销售和理赔均在线上进行的保险公司。目前，我国有四家专业互联网保险公司：众安保险、安心保险、易安保险和泰康在线。

专业互联网保险公司缺乏线下服务能力，其优势体现在与生俱来的互联网基因，即不断捕捉场景并开发设计出优质产品的能力，能够独立、完整地通过互联网实现销售、承保、理赔、退保等全流程服务的保险业务上。因此，纯互联网公司与传统保险公司，特别是大型保险公司实行错位竞争。

目前，我国专业互联网保险公司发展呈现了明显的分化格局，拥有雄厚资源和资金的企业发展良好，专业互联网保险公司在关键的费用率、综合成本率等指标方面并未显现出相对传统保险公司的明显优势。

专栏 7-5

四家专业互联网保险公司发展分化

2013 至 2016 年，众安保险、泰康在线、安心保险、易安保险四家专业互联网保险公司先后获批并开业，开启了互联网保险创业之路。

自成立以来，由于股东背景、资源投入等多方面原因，四家专业互联网保险公司的发展出现了明显的分化。

众安保险是国内最早成立的专业互联网保险公司，也是股东背景最强、资源或资金投入最大的一家，其整个发展历程，伴随着各家重要股东不断的资源和资金投入，“三驾马车”全力支持众安发展：蚂蚁作为公司第一大股东，与公司业务发展最为密切，公司健康生态的百万医疗险在其支付宝平台销售、生活消费生态的退货运费险主要源于淘宝和天猫平台；公司另一股东腾讯为其提供了销售产品的平台——微保；公司第三大股东平安则在车险领域，以共保的模式与众安一同向用户提供车险产品。另外，平安旗下的资管公司还为其提供了资产管理服务。2020 年众安保险首次实现全年盈利。

泰康在线于 2000 年 9 月上线，并开出了中国第一份电子保单。在取得互联网保险牌照前，泰康在线已历经 15 年发展，从传统保险网销平台到互联网保险公司，经历了“互联网十保险”的发展历程。泰康的互联网布局较早：2000—2005 年，搭建保险电子商务核心业务平台；2006—2008 年，设计并推出包括虚拟保险电子贺卡、保险卡单、网络名片、网上分期交费等产品；2008

年6月，泰康人寿创新事业部成立。泰康在线的业务布局，基于内部生态建立业务壁垒、基于外部生态进行广泛合作，最终用互联网的方式解决保险行业痛点。经过超过20年的探索与布局，在2021年上半年，泰康在线首次实现了盈利，专业互联网保险公司的经营难度可见一斑。

另外两家专业互联网保险公司：易安保险和安心保险，在股东背景、资源和资本方面，均不具备众安和泰康的强大优势，经过多年探索，仍未能找到一条符合自身特点的可持续发展路径。2020年，易安被接管。2021年，安心被出具监管函并暂停车险业务。

第三节 互联网保险的风险与防范

随着互联网等技术在保险行业的不断深入运用，互联网保险业务作为保险销售与服务的一种新形态，深刻影响了保险业态和保险监管。互联网保险业务在快速发展的同时也暴露出了一些问题和风险隐患，给行业和监管带来了挑战。

一、互联网保险的风险

（一）信用风险

互联网保险领域的信用风险主要是由于信息不对称引发的风险，具体表现为逆向选择和欺诈风险两方面。一是逆向选择。逆向选择是指保险公司对于投保人真实信息不了解的情况下，出险概率更高的客户更倾向于购买保险。互联网保险由于网络平台上身份识别困难，加之互联网保险的场景化、碎片化特征，加剧了逆向选择风险。二是欺诈风险。互联网的虚拟特征使得信息更加不对称与不透明，从而加剧了欺诈风险。这里既有投保人的欺诈风险，也有承包人、保险代理人的欺诈风险。例如，利用淘宝网运费险进行诈骗的“骗保师”、互联网保险平台的虚假宣传和保险代理人的误导销售等。

专栏 7-6

利用运费险漏洞的“骗保师”

网购的江湖，从来都不风平浪静。前有“差评师”“缺货师”“维权师”……让卖家闻风丧胆，最近又有媒体曝光了“骗保师”这个灰色职业——他们利用某宝的“七天无理由退货”和退货运费险，来赚取赔付的“运费险”和实际退货运费之间的差价。

据了解，同样针对网购风险保障的保险，除了华泰保险的“退货运费险”以外，还有阳光保险的“拒签运费险”，同样免不了被高明的“骗保师”利用，成为空手套白狼的赚钱工具。

2018年，上海市黄浦区人民检察院办理了某宝运费险诈骗系列案。检察机关先后依法起诉了19名被告人，犯罪金额合计150余万元，为保险公司追回经济损失人民币80余万元。在该系列案中，某宝买家和某宝外包客服人员相互勾结，买家使用自己控制的某宝账号，在自己或同案犯控制的某宝店铺内进行虚假货物交易，为骗取最高额的运费赔付，虚构境外收货地址并投保退货运费险。随后买家使用虚假快递单号以虚构卖家发货和买家退货的事实，向某宝申请运费险理赔。遭某宝系统拒绝赔付后，买家将订单发送给某宝外包客服人员，由该客服人员利用其负责复审运费险理赔申请的职务便利，违规审核通过骗保订单，帮助买家骗得运费险并共同分赃。该过程都是在电脑或手机上操作完成，借助网络通信和支付平台的便利，犯罪分子在短时间内大量作案。

本案的9名某宝买家，在2016年下半年至2017年上半年的8个多月时间里，共计虚构6万多笔某宝网购物订单。10名某宝外包客服人员帮助买家审核通过虚构订单，骗得保费几万元至数十万元不等并共同分赃。最终，法院采纳了检察机关的公诉意见，认定19名被告人均构成保险诈骗罪，根据被告人各自的犯罪金额和情节，分别判处有期徒刑十个月至十年不等的刑罚，并处罚金。

（二）合规风险

在开展互联网保险业务时，保险公司容易在以下几个方面触碰监管红线，为公司带来合规风险。

1. 违规经营

在机构方面，持牌和非持牌机构职责定位有待进一步明确，存在持牌机构超范围经营、非持牌机构违规经营的问题。例如，某专业互联网保险公司与某区域性保险专业中介机构合作，涉嫌违反专业互联网保险公司经营范围应“与互联网交易直接相关”、区域性保险代理机构不能经营互联网保险业务的要求。部分互联网企业和科技公司在没有保险从业资质的情况下，实质从事拟定投保方案、代办投保手续等保险经营。

2. 产品设计不合规

互联网保险产品的产品设计不合规主要表现在两个方面：一是过度创新造成产品异化，偏离保险本质，导致其违背保险原则；二是产品展示设计上存在误导现象。互联网保险产品的过度创新、产品异化主要表现为个别保险产品的费率厘定不符合公平性原则或违背保险原理。为了销售便利，部分互联网保险产品名称设计得较为模糊。例如，个别第三方网销保险平台在销售时过分包装保险产品名称，“恋爱险”“退房险”“扶老人险”等字样频现，这些产品实质为责任险或意外险。这种做法不符合监管规定，存在歧义与误导。

3. 不规范营销

为了扩大市场、提高客户留存度，一些互联网保险公司及代理人存在不规范营销行为，主要体现在产品信息的不真实，如提供虚假信息、夸大保险收益或弱化或隐瞒产品的风险等；在营销时使用“首月1元”“1元升级”“免费赠险”“实物抽奖”“限时停售”等诱导、误导性的内容。保监会发布的保险消费投诉显示，2017年保监会及各地保监局共收到涉及保险公司的保险消费投诉93 111件，其中互联网保险投诉达到4 303件。这些保险消费投诉反映的问题主要集中在销售告知不充分或有歧义、理赔条件不合理、拒赔理由不充分等方面。

专栏 7-7

保监会提示防范互联网平台购买保险两大类风险

近年，互联网保险业务蓬勃发展，在给保险消费者带来便捷的同时，也出现了一些风险隐患。中国保监会保险消费者权益保护局提醒广大消费者，在互联网平台购买保险时着重要注意两类风险。

一类风险是产品宣传藏“忽悠”。目前，互联网保险险种主要涉及电商类保险、旅行类保险、车险、意外险、健康险，以及一些场景创新类产品（如航班延误险、退货运费险等）。有的保险公司为片面追求爆款、吸引眼球，存在保险产品宣传内容不规范、网页所载格式条款的内容不一致或显示不全、未对免责条款进行说明、保险责任模糊等问题，容易造成消费者误解。

另一类风险是不法行为“鱼目混珠”。一些不法分子利用互联网平台虚构保险产品或保险项目，假借保险之名非法集资。或承诺高额回报引诱消费者出资；或冒用保险机构名义伪造保单，骗取消费者资金。

上述风险侵害了保险消费者权益，对行业形象造成负面影响。为此，中国保监会保险消费者权益保护局提醒以下两点。

——针对销售误导风险。在互联网平台购买保险时一定要仔细阅读保险合同。建议保险消费者：一方面要主动点击网页上的保险条款链接，认真阅读保险合同和投保须知，了解保障责任、责任免除、保险利益及领取方式等重要内容。另一方面不要望文生义，如果有疑问，及时咨询保险公司客服。

——针对不法行为“鱼目混珠”的风险。保险的主要功能是为社会公众提供风险保障，而不是提供高额投资回报。建议保险消费者：首先，要合理评估自身需求，选择符合自身保险保障实际需求的保险产品。其次，在网上投保后，可通过拨打保险公司统一客服电话、登录官方网站或前往保险公司柜面等方式核验所购保单的真实性。最后，要提高警惕，不盲目相信高收益宣传，不随意在可疑网站提供个人信息，自觉抵制诱惑，谨防上当受骗。

保监会保险消费者权益保护局表示，要提醒消费者的是，在享受保险服务过程中，如果合法权益受到侵害，请及时投诉；如果遭遇以保险为名实施的诈骗，请尽快通知开户银行和保险公司，并向公安机关报案，维护自身合法权益。

（三）经营风险

一是对渠道过度依赖，自营平台渠道的构建效果不佳。从互联网财产保险来看，自营平台渠道客户数和活跃度有所提升，但整体业务量大幅下滑，销售险种以车险为主。2020年，自营平台渠道保费收入187.85亿元，同比下降23.35%。从细分险种来看，该渠道以车险业务为主，车险保费收入占比为70.82%。随着互联网车险业务的萎缩，自营平台渠道在互联网财产保险业务中的贡献度也在下降。说明保险公司在自营平台渠道的构建上，效果依旧不尽如人意。互联网人身保险业务也呈现与渠道合作为主、保险公司官网自营为辅的经营模式。据统计，60家保险公司通过渠道开展业务，52家保险公司采取官网自营和渠道合作“双管齐下”的模式，1家保险公司仅通过公司官网开展经营。2020年通过渠道实现保费收入占比为84.7%。

二是险种结构单一使其存在一定的经营风险。目前各家保险公司的主打产品过于集中，险种主要为意健险、车险和其他险，这增加了公司的整体风险，也容易受到政策变动的影响。由于受到车险综改因素影响，2020年，互联网车险累计保费收入220.60亿元，延续2019年负增长趋势，同比下降19.64%。信用保证险方面，鉴于个别网贷平台出现不同程度的违约风险情况，信用保证险迎来新规，保险公司纷纷收紧融资性信用保证险业务，规范业务流程，提高风控级别。2020年，互联网信用保证险累计保费收入62.52亿元，同比下降52.18%。

三是专业互联网保险公司综合成本率高。自成立以来，四家专业互联网保险公司的综合成本率虽然呈现缓慢下降趋势，但仍长期高于100%。综合成本率、费用率、赔付率等重要指标相对传统财产险公司，并未表现出明显优势，费用率普遍高于传统保险公司水平。

（四）数据风险

与其他互联网金融形式一样，互联网保险产品购买、审核、理赔各交易环节均在网络上完成，互联网技术的使用带来信息技术风险，如数据风险和网络安全风险。在数据采集方面，保险机构与第三方网络平台在合作过程中，存在不能确保完整记录和保存互联网保险业务的交易信息，不能够完整、准确还原相关交易流程和细节等问题。在数据保护方面，保险机构存在未经客户同意泄露其证件号码等敏感信息，或者将其资料用于其他产品和服务的交叉销售等问题。在数据共享与融合方面，数据交流平台和统一的数据指导标准供给不足、不优，数据难以汇集整合。

二、互联网保险的风险防范

《互联网保险业务监管办法》共五章八十三条，具体包括总则、基本业务规则、特别业务规则、监督管理和附则。重点规范内容包括 6 大方面：一是厘清互联网保险业务本质，明确制度适用和衔接政策；二是规定互联网保险业务经营要求，强化持牌经营原则，定义持牌机构自营网络平台，规定持牌机构经营条件，明确非持牌机构禁止行为；三是规范互联网保险营销宣传，规定管理要求和业务行为标准；四是全流程规范互联网保险售后服务，改善消费体验；五是按经营主体分类监管，在规定“基本业务规则”的基础上，针对互联网保险公司、保险公司、保险中介机构、互联网企业代理保险业务，分别规定了“特别业务规则”；六是创新完善监管政策和制度措施，做好政策实施过渡安排。

除了强化监管外，还要从以下几方面防范互联网保险的风险。

（一）发挥多元主体的作用，保护互联网保险消费者合法权益

当前，监管部门已经构建了以保险法为依据，以互联网保险监管办法为核心，以《关于进一步规范保险机构互联网人身保险业务有关事项的通知》《关于加强自媒体保险营销宣传行为管理的通知》等一系列规范性文件为配套的互联网保险监管制度体系。要发挥多元主体的作用，切实保护保险消费者的权益。第一，监管部门要坚持依法监管、从严监管，坚持机构持牌、人员持证的原则，压实主体责任，整治互联网保险存在的强制搭销、诱导式销售、销售误导等违法违规行为，以负面清单形式明确非保险机构的禁止行为。依托《中华人民共和国网络安全法》《中华人民共和国数据安全法》《中华人民共和国个人信息保护法》，促使保险企业严格地按照合法、正当、最小必要的原则来收集、使用和保护用户信息，充分保障个人的信息隐私和消费者知情权、同意权、异议权、投诉权等合法权益。第二，互联网保险机构要遵循金融行业发展规律，有序创新、合规经营。行业各经营主体应在监管红线范围内推动产品创新、服

务创新和模式创新。要确保网络平台、产品网页与保险条款的一致性，建立互联网保险的销售行为可以追溯机制，定期收集、整理互联网保险业相关的监管规定，加强内部教育，提高内部人员的合规意识。第三，保险业协会要充分发挥行业管理作用，正当引导互联网企业，特别是互联网保险企业合法经营，探索建立互联网保险的作业规范等。

（二）从客户需求出发，完善互联网保险产品和服务创新

一要围绕客户多元化需求加速创新，不断丰富产品供给。互联网保险的销售模式与传统保险行业有着很大区别，监管部门应鼓励互联网保险创新，通过差异化产品，为客户提供个性化的服务。当前，“80后”和“90后”群体逐渐成为社会消费主力，了解和满足他们的真实需求，是互联网保险未来发展的重要基础；而广大老年人群、乡村人群等正加速线上化、数字化，其保险产品和服务有一定的差异性。从不同客户群体的真实需求出发，互联网财产保险要以便捷的体验、实惠的产品，更好地服务用户。

二要完善互联网保险服务体系，提升客户体验。现阶段互联网保险多以营销推动目的为主，服务使用率和服务体验均有待提升，亟须建立根据消费者的年龄、性别、使用场景等提供差异化服务的完备体系。互联网保险与传统销售模式的差异在于全流程线上化，由客户自主了解产品并完成投保过程。保险作为复杂的金融产品，条款内容对于普通消费者而言比较晦涩难懂。特别是随着移动互联网在各年龄群体的广泛使用，中老年人也成为电商平台使用者、成为互联网保险的消费者，如何提升保险产品、服务和流程的“适老化”，需要大力提升保险条款的通俗化和流程简便化，让普通消费者看得明白、买得放心。

专栏 7-8

平安人寿“e无忧惠民版”

“e无忧惠民版”是平安人寿针对老百姓“看病难、就医难”等痛点，于2022年推出的一款互联网医疗保险产品，旨在为广大用户提供全方位的医疗保障。

该产品的保险责任包括住院医疗费用、门诊医疗费用、特殊门诊医疗费用、门急诊医疗费用、住院前门急诊医疗费用、住院前特殊门诊医疗费用、住院前门诊医疗费用、住院期间陪护人员费用、住院期间误工补偿费用等。

该产品匹配了由平安医疗健康管理公司及其合作方提供的全程住院服务。客户出险住院后拨打客服热线，可享受院前指导、院中服务、医疗垫付的全流程医疗服务。

把医疗服务过程与保险产品做深度的融合，为用户提供有温度的一站式健康服务，平安人寿的这一创新思路，充分发挥了互联网保险的优势。

（三）提升信息安全技术，建立互联网保险数据共享平台

互联网保险从投保到服务全流程线上化，且因其产品普惠、碎片化的特点，涉及海量客户的个人信息和行为数据采集、存储和使用，数据泄露和滥用的风险高于传统业务，这对各经营主体的信息安全管理提出了巨大的挑战。因此互联网保险从业机构一方面要按照相关法律法规要求，遵循正当和必要原则收集、处理及使用个人信息，重视信息安全和客户信息保护工作，不断完善数据管理制度；另一方面，也要发挥技术优势，在信息安全技术上不断精进、提升，升级和改造信息安全系统，提升数据和客户信息安全保护能力。

互联网保险作为一种线上“无接触”的销售方式，险企与消费者之间存在信息不对称的问题，难以核验客户真实的健康、财产等状况，导致一些不法分子利用互联网保险骗保骗赔，给行业的健康持续经营造成了隐患。针对线上隐蔽性强、涉众性广、复杂性高的风险，互联网保险机构要立足消费者权益保护和风险防范，充分利用大数据、区块链、人工智能等科技手段，加快建立完善的保险数据共享平台，在不侵犯个人信息安全的基础上，公开对行业发展有利的信息，推动和完善行业信息共享机制建设，不断完善和提升全面风险管理能力。

（四）尽快完善保险信用体系，细化信息披露规则

目前我国还没有完全建立以市场为基础的信用服务体系，然而互联网保险这种以网络技术为载体的新兴商业模式，可能会增加道德风险和逆向选择的可能性，因此，完善互联网保险信用体系迫在眉睫。互联网保险行业应该引入第三方保险信用评级机构，利用互联网评级技术专业化提供信用风险信息，提升参与主体对信用管理和风险控制的意识和能力，提高信用审批的效率。另外，监管部门应定期跟踪评估保险机构的服务和信用等级，并建立起相应的信用奖罚机制。除此之外，保险信息的披露也至关重要。监管部门应监督互联网保险机构明确披露保险责任等条款，设立线上线下信息披露的公开标准，在防止销售误导的同时也利于监管的实施。

（五）加快培养互联网保险专业人才

互联网保险亟须培养一批年轻化、专业化的复合型人才，不仅拥有保险行业的专业知识，也要对互联网技术有较深入的了解。高校可开展分层次、分体系、分专业的适应性培养，提高保险业人才的精算、管理和营销能力，不断为互联网保险行业注入高质量的人力资源。第三方培训机构作为高校和企业之间的桥梁，可以将理论与实践结合，更适应互联网保险行业的人才需求。不仅如

此，监管部门还需要加强监管队伍的建设，采取措施完善监管队伍的整体素质，加大对监管人员相关知识的培训和考核，明确职能分工，提高监管人员的工作效率。

三、互联网保险的发展趋势

（一）互联网保险发展空间巨大

随着互联网产业的快速发展，社会生活全面走向线上化、数字化，保险行业作为金融服务的重要组成部分，必然将加速拥抱互联网、拥抱数字经济。目前，我国的互联网普及率、使用深度持续提升，数字经济蓬勃发展，互联网基础设施高度发达，为保险业的数字化转型以及互联网保险的发展提供了坚实的基础。截至2022年6月，我国网民规模达到10.51亿，互联网普及率较2021年底提升1.4个百分点。与此同时，数字经济成为国家的战略性新兴产业，2021年底国务院印发的《“十四五”数字经济发展规划》中明确提出，到2025年，数字经济迈向全面扩展期，数字经济核心产业增加值占GDP比重达到10%。互联网保险作为保险行业数字化转型的先锋，必将加速融入数字经济大发展的浪潮。2021年12月，中国保险行业协会出台的《保险科技“十四五”发展规划》中提到，2025年保险行业信息技术应实现的详细目标。这是首次在行业共识的基础上发布保险科技领域的中长期规划，为保险科技的发展提出了明确的量化指标。

（二）互联网保险新自营模式正加速形成

互联网保险起步于保险公司的官方网站，自营平台的重要性不言而喻。但从近期保险行业的经营实践中能够看到一种新的趋势，部分险企尝试转变经营思路，除了自营平台和中介平台之外，公众号和抖音成为保险公司近年深耕的线上渠道。

近年，视频号成为各机构布局的新战场，保险公司、保险中介、业务员等进入视频号蔚然成风。71家财险公司中，有44家已经开设了视频号，36家开设抖音号。人身险公司开设视频号的比例更高，84家人身险公司中，有69家开设了视频号，51家开设了抖音号。98家保险中介中，有62家公司开设了视频号，另外有6家保险中介公司旗下有惠民保产品的视频号，51家保险中介有抖音号。

目前，保险公司的视频号内容主要是面向客户的品牌宣传、科普，个别公司还专门构建了面向业务员和传递内部资讯的视频号账号。对大多数保险机构来说，目前更多聚焦于通过视频号挖掘新客户，在视频号上直接做转化，或者将新用户导流到公众号。代理人、经纪人等个人做视频号的很大原因是维护老客户，相当于更生动的朋友圈名片，可以不断向已成交客户及潜在客户展示自己的专业性。

（三）进一步场景化，更多碎片化的保险需求将得到满足

互联网不断普及和发展的伴生物就是高频化、碎片化的各类需求，而场景化则是挖掘、满足这些需求的有效途径。线下场景催生了传统保险产品的发展，而伴随着互联网技术的不断普及和发展，很多线下场景将逐渐迁移到线上，线上场景的出现为互联网保险产品异军突起提供了契机。

未来的保险公司将会更多地基于互联网生态圈的高频化、碎片化风险需求，开发出可以嵌入互联网生态圈中某一个环节应用场景（或者多个环节和应用场景）的“碎片化”创新产品。它将实现互联网保险产品设计和营销的突破，将互联网保险产品“无缝式”地嵌入互联网消费的购买、支付、物流等各个环节，从而在不影响用户体验的前提下以较低成本满足消费者高频化、碎片化的保险需求。

（四）数字化赋能互联网保险转型升级

互联网保险场景碎片化、交互频次高、交易时效强、业务峰谷波动大等特点推动了大数据、云计算、人工智能、区块链等新兴技术在行业广泛地应用。从长远看，保险机构需要借助新兴技术带来的强大计算资源和大数据分析处理能力，对用户数据、保险业务场景数据和外部大数据进行深度分析和快速适配，并建立起应对多元化场景需求、多样化产品类型、多层次产品运营、多维度风险监控要求的智能化保险运营体系。新技术的应用不仅会激发互联网保险行业的创新活力，也将加快行业数字化转型升级。

延伸阅读

盘点全球十大保险比价网站

保险比价平台作为一种创新的互联网保险模式，如今已经成为国外互联网保险的主要形态之一，并撑起了国外线上保险交易量的半壁江山。

保险比价平台之所以能够成功，原因是多方面的，其中最主要的原因是保险比价平台揭开了保险产品定价的神秘面纱。对于消费者来说，通过保险比价平台的网站可以更加清晰和透明地了解产品的费率和相关条款，同时也可以迅速地获得初始价格报价，对其进行微调，从而轻松获得优惠并达成交易。因此，哪怕面对嵌入式保险等新模式的冲击，保险比价网站在市场上依然有一定的竞争优势，通过向用户提供最新报价，一些比价网站也能获得数亿美元的融资金额和可观的利润。

近日，全球最大的保险技术数字社区 InsurTech 发表了《全球最值得关注的十大保险比价网站》的文章，引起了业内的广泛关注。接下来我们分别介绍这十家保险比价网站的基本情况（排名不分前后）。

1. Confused. com

Confused. com 网站成立于 2001 年，总部位于威尔士，是英国第一家汽车保险比价网站，同时也是全球最早一批的保险比价网站，在早期的互联网时代，曾被誉为世界第一保险比价网站。Confused. com 专门为客户群体提供比较保险和金融服务，包括汽车保险、家庭保险、货车保险、摩托车保险、旅行保险、人寿保险等，与 160 家保险公司建立了合作关系，旨在为客户提供最优惠的价格。

虽然近年 Confused. com 开始提供人寿保险和旅游保险的比价，但主要业务还是在汽车保险领域。据悉，Confused. com 每年帮助英国超过 100 万的汽车司机办理汽车保险，51%的客户最高可以每年节省 514 英镑的保费。

2. GoCompare

GoCompare 成立于 2006 年，是位于威尔士的一家金融服务比较网站，同时也是一家注重保险产品特性以及保单细节，而不仅仅是标价的比较网站。

与其他的保险比较网站不同，GoCompare 除了比较汽车保险、家庭保险、宠物保险、旅行保险等市面上比较常见的保险种类之外，还比较包括婚礼保障保险、家用工具保险、手机保险、家庭紧急保险、葬礼计划保险在内的 11 种小众生活类型保险。

3. Yallacompare

Yallacompare 成立于 2011 年，总部位于阿联酋迪拜，目前活跃在埃及、沙特阿拉伯、黎巴嫩在内的中东和北非地区。作为该地区唯一一家保险比价网站，Yallacompare 致力于加速该地区金融行业的透明度，从而提高整个中东地区的金融知识水平。使用 Yallacompare 平台，用户可以在中东和北非地区的多个市场中比较和申请银行账户、保险单、信用卡、贷款等。

目前，Yallacompare 主要为客户提供汽车保险、健康保险、旅行保险、家庭保险、人寿保险、宠物保险、团体保险、珠宝保险在内的价格比较服务，客户在 Yallacompare 平台上购买保险产品可以平均节省高达 30%的费用。

4. Samlino Group

Samlino Group 成立于 2014 年，总部位于伦敦，是欧洲领先的保险、家庭服务和银行比较平台，通过采取结构化和分析性的方法来帮助客户找到满足其需求的最佳保险和银行产品，从而节省大量的时间和金钱。如今 Samlino Group 旗下拥有多个运营品牌，业务范围覆盖了丹麦、葡萄牙、芬兰、比利时和希腊等多个国家，平台的员工数量超过 100 人，平台用户的总规模已经超过了 1 000 万美元。

Samlino Group 主要比较汽车保险、房屋保险、住宿保险、意外保险四大类，通过为用户提供免费和独立的在线比较工具，做到 100%免费、100%真实、100%中立、100%快速容易，客户仅需选择要比较的保险产品类别、比较方案以及最终的解决方案，就能马上获得来自不同保险公司的最佳产品报价。

5. Compare the Market

Compare the Market 成立于 2006 年，是 BGL 集团旗下子公司，经过多年的发展，如今已经成为英国最著名的保险价格比较网站之一。Compare the Market 允许客户比较多种保险产品的价格，包括汽车、人寿、宠物、旅游等 50 多种保险。Compare the Market 还扩展到可转换项目的比较，如能源、宽带、数字电视，以及一系列金融产品，如贷款、信用卡、活期账户和抵押贷款等。

虽然保险比价网站的市场竞争极为激烈，但是 Compare the Market 依旧能保持良好的口碑。截至 2023 年 10 月，在知名的第三方客户评论网站 Trustpilot 上，Compare the Market 的平均评分达到了 4.8 分（满分为 5 分）。如此高口碑，主要得益于 Compare the Market 能帮助客户节省大笔的保费费用，据 Compare the Market 的官网统计，通过 Compare the Market 购买汽车保险，最高可以节省 516 英镑；购买家庭保险，最高可以节省 176 英镑。

6. Rates

Rates 成立于 2013 年，总部位于加拿大多伦多，是加拿大最大的在线保险和金融产品比价公司。Rates 提供公正的内容和工具，并与加拿大 50 多家保险公司进行合作，帮助用户比较汽车保险、房屋保险、旅游保险、抵押贷款利率和信用卡的价格，为用户提供尽可能优惠的价格。

Rates 平台最大的特点就是内容真实和信息安全。Rates 由准确和动态的利率信息平台、直观的计算器工具、专家新闻和资源的中心以及平台的编辑团队组成，客户可以随时随地免费了解任何产品的最新真实报价，内容和相关文章都是基于事实，不受合作伙伴和广告商的影响。

7. Finder

Finder 成立于 2006 年，总部位于澳大利亚，是一家允许用户比较大量金融产品的平台网站，包括房屋保险、汽车保险、旅游保险等。如今 Finder 在澳大利亚、美国、英国、加拿大、菲律宾、波兰和新加坡都设有办事处，并收购了 GoBear、Finch 等比价网站，规模和业务范围不断扩大，据悉 Finder 的官方网站每个月有 260 万次的访客量，为 30 万客户提供财务数据的保护。

与其他的保险比价网站不同，Finder 自建了保险分析师、保险产品专家、金融安全专家等团队，在网站上会定期更新关于保险产品的特色指南和特色视频，帮助客户了解保险产品的基本知识的同时，还提供一对一的服务，对客户购买产品进行指导和财务管理。

8. Compare. com

Compare 成立于 2013 年，总部位于美国，是一家专注于汽车保险领域的比价平台，与超过 75 家顶级汽车保险公司合作，为客户提供真实、准确的报价。值得一提的是，Compare 已获得 1. 85 亿美元的总投资，成为保险科技类别中资金最充足的公司之一。

Compare 平台包含三大核心要素，分别是了解真相、个性化报价、节约时间和金钱。首先，Compare 能够提供超过 75 家车险公司的真实报价。其次，只需回答几个简单的问题，如年龄、性别、职业、驾驶历史、车的品牌等，就能获得准确的实时报价。最后，Compare 会自动为客户比较几十家汽车保险公司对不同驾驶情况和评级因素的平均报价，为其提供最适合的解决方案，节省了客户的时间和金钱。

9. The Zebra

The Zebra 成立于 2012 年，总部位于美国，是一家专注于不同保险公司汽车保险和房屋保险费率的比价网站。截至 2022 年，The Zebra 总共提供了来自 200 多家保险公司的 1 800 多种汽车保险产品的比价服务，在全美服务了超 800 万用户。

The Zebra 为客户提供了一种通过填写在线表格从汽车保险公司获得实时报价的方式。随着客户填写表格，回答更多的问题，如年龄、驾驶记录和信用评分，报价的准确性也会随之增加。也就是说，客户填写的相关信息越完善，就越能获得合适自己且低价的产品。这一方面能调动客户的积极性，另一方面也能为 The Zebra 制定主题报告增加数据来源。

10. Moneysupermarket. com

Moneysupermarket. com 成立于 2000 年，是一家总部位于英国的比价网站，提供在线服务来比较货币、保险、旅游和家庭服务市场中的各种产品，其总部位于伦敦的母公司拥有约 700 名员工，自成立以来已筹集了 3 亿美元资金。

目前，Moneysupermarket 提供汽车保险、房屋保险、旅游保险、人寿保险和宠物保险的比价服务。通过公开透明的定价，描述不同保险产品价格结构之间的确切差异，协助客户选择更加优惠、更适合自己的保险产品。

资料来源：百度网，https://baijiahao. baidu. com/s? id=1781340698621129700&wfr=spider&for=pc。

8

第八章 互联网消费金融

2015年7月，中国人民银行等十部委发布《关于促进互联网金融健康发展的指导意见》，互联网消费金融作为互联网金融的业态之一首次出现在官方文件中。发展互联网消费金融对于扩大内需、促进消费、促进经济结构合理化发展具有重要意义。

第一节 互联网消费金融概述

互联网消费金融指依托互联网技术发展起来的新型消费金融模式，即借助网络进行线上的审核、放款、消费、还款等业务流程。传统消费金融专注于大额信贷产品，且用户大部分为净值较高的人群，互联网消费金融是作为传统消费金融的补充而存在的，具有金额小、期限短、手续不烦琐等特点，受到消费者的广泛欢迎。

一、互联网消费金融及其优势

（一）消费金融的含义

消费金融是向各阶层消费者提供消费贷款的现代金融服务方式。

20世纪80年代，我国商业银行开始开展消费金融业务，最早开办的是个人住房贷款，之后又陆续开办了汽车贷款、耐用消费品贷款、教育助学贷款、旅游贷款等。为加大金融对扩内需促消费的支持力度，2009年7月，银监会发布《消费金融公司试点管理办法》，启动消费金融公司试点审批工作，首批在北京、上海、天津和成都四个城市进行试点。2013年11月，银监会又重新修订并发布了《消费金融公司试点管理办法》，规定消费金融公司是指经银监会批准，在中华人民共和国境内设立的，不吸收公众存款，以小额、分散为原则，为中国境内居民个人提供以消费为目的的贷款的非银行金融机构；消费金融公司向借款人发放的是以消费（不包括购买房屋和汽车）为目的的贷款。2015 年 6 月，消费金融公司试点扩大至全国，截至 2018 年底，共有 23 家消费金融公司获批成立。

2016 年 3 月，中国人民银行、银监会联合印发《关于加大对新消费领域金融支持的指导意见》，提出推动专业化消费金融组织发展，鼓励消费金融公司针对细分市场提供特色服务，加大对养老消费、信贷消费、绿色消费、休闲消费、教育文化消费、农村消费六大领域的支持，消费金融在一系列外部环境变革下逐渐成为金融创新发展的风口。截至 2020 年，我国境内住户消费贷款余额达 49.57 万亿元，但我国消费金融仍处于发展初期，具有较大的增长空间。

（二）互联网消费金融的优势

1. 互联网金融的定义

互联网消费金融是“互联网＋消费金融”的新型金融服务方式，它以互联网等技术为手段，以小额、分散为原则，向各阶层消费者提供以消费为目的的贷款。与传统消费金融相比，互联网消费金融的受众广泛，主要是一些薪酬稳定的中低端收入人群，且具有单笔授信额度小、审批速度快、无须抵押担保、贷款期限短、提供服务方便快捷等特点，受到消费者的广泛欢迎。

根据互联网消费金融业务是否依托于场景、放贷资金是否直接划入消费场景中，可将互联网消费金融产品分为消费贷和现金贷。由于消费金融机构不能完全覆盖各类生活场景，因此直接给用户资金的现金贷成为有场景依托的消费贷的有力补充。

2. 互联网消费金融的优势

（1）获客能力强。传统消费金融机构主要通过地推、上门推销的方式开展业务，而互联网消费金融主要运用海量的用户数据进行有针对性地推送和主动授信，通过营销活动能够使存量用户迅速转化为有效的金融客户。

（2）产品设计更加场景化。传统消费金融机构需要客户到网点申请办理，而且要频繁往返网点进行签约、提现。互联网消费金融是以无形的方式嵌入到消费场景中，申请更便捷，使用更方便，在购物和支付行为中让客户体会不到申请贷款的难度和困扰。

（3）风险管理更加技术化。互联网消费金融采用大数据技术构建有效的风控模型，并不断利用云计算、区块链、数据挖掘、人工智能等先进技术丰富和完善系统评估的数据维度、策略体系，不断提升系统风控的质量和效率，将传统金融机构需要大量人力服务的业务，转变成无须人工审核的线上自动化贷前风险识别、贷中与贷后风险管理。

二、国内互联网消费金融发展概况

2013 年以来，我国陆续出现了一些消费领域的互联网金融融资平台。2013 年 8 月，分期乐（乐信）成立。2014 年 2 月，京东发布了消费金融产品——京东白条，随后，阿里和苏宁也分别推出了自己的互联网消费金融产品。电商巨头的进入，让更多人开始关注互联网消费金融领域，广阔的市场空间也成为创业公司的沃土。

2015 年 7 月，中国人民银行发布了《关于促进互联网金融健康发展的指导意见》，一方面明确了互联网消费金融的业务边界及监管要求；另一方面不仅鼓励消费金融机构依托互联网技术，积极开发基于互联网技术的新产品与服务，而且支持消费金融机构与互联网企业开展合作，拓宽金融产品销售渠道，创新财富管理模式。此后，越来越多的商业银行、消费金融公司、电商平台等机构开始抢占互联网消费金融市场，涵盖了购物、租房、装修、旅游、教育等各个垂直细分领域，覆盖了白领、蓝领、大学生及农民等各类人群。例如，以大学生为主要用户的“趣分期”、专注于蓝领人群的“买单侠”、租房分期市场的“斑马王国”、装修领域的“小窝金融”等。

2016—2017 年，我国互联网消费金融出现了爆发式增长，互联网消费金融交易规模从 2013 年的 60 亿元猛增到 2017 年的 4 367.1 亿元，年均复合增长率达到了 317.5%。截至 2020 年 6 月，银保监会审批的持牌消费金融公司数量共 27 家，消费金融公司资产规模达 4 861.5 亿元，贷款余额为 4 686.1 亿元，服务客户数 1.4 亿人。

在快速增长的同时，互联网消费金融行业也暴露出了诸多不合规经营问题。因此，2017 年以来，有关部门先后出台了一系列互联网消费金融的监管政策（表 8-1），尤其是 2020 年密集发布了一系列监管文件，行业开始进入整顿洗牌期。

表 8-1　2017—2020 年互联网消费金融监管政策

发布时间及部门	监管政策	主要内容
2017 年 5 月 银监会、教育部、人力资源社会保障部	《关于进一步加强校园贷规范管理工作的通知》	要求未经银行业监管部门批准设立的机构禁止提供校园贷服务；且现阶段一律暂停网贷机构开展校园贷业务，对于存量业务要制定整改计划，明确退出时间表。同时，杜绝公共就业人才服务机构以培训、求职、职业指导等名义，捆绑推荐信贷服务

（续）

发布时间及部门	监管政策	主要内容
2017年8月 银监会	《民营银行互联网贷款管理暂行办法（征求意见稿）》	监管机构应当将互联网贷款纳入监管重点，根据本办法全面评估辖内民营银行互联网贷款的管理情况和风险情况，提出监管意见，督促民营银行持续完善互联网贷款管理，有效防范风险
2017年11月 互联网金融风险专项整治工作领导小组办公室	《关于立即暂停批设网络小额贷款公司的通知》	各级小额贷款公司监管部门一律不得新批设网络（互联网）小额贷款公司，禁止新增批小额贷款公司跨省（区、市）开展小额贷款业务
2017年12月 互联网金融风险专项整治工作领导小组办公室	《关于规范整顿"现金贷"业务的通知》	提高认识，准确把握"现金贷"业务开展原则；统筹监管，开展对网络小额贷款清理整顿工作；加大力度，进一步规范银行业金融机构参与"现金贷"业务等
2018年11月 银保监会	《商业银行互联网贷款管理办法（征求意见稿）》	异地放款上报到当地的中国人民银行分支机构进行备案；强力遏制暴力催收；对联合贷款出资比例做出新的规定；单户个人授信额度不能超过30万元
2019年10月 最高人民法院、最高人民检察院、公安部和司法部	《关于办理非法放贷刑事案件若干问题的意见》	首次明确实际年利率超过36%的为非法放贷行为，非法放贷数额以实际出借给借款人的本金金额认定
2020年3月 银保监会	《中国银保监会非银行金融机构行政许可事项实施办法》	对消费金融公司的设立条件以及出资人资质作了进一步规定。其中在设立条件方面，重点对注册资本最低金额、董事和高级管理人员任职资质、公司内部治理及基础设施等多个方面提出了要求，在出资人资质方面，则是重点在从业经验、资产总额、盈利能力、资金来源等方面进行了明确
2020年5月 银保监会	《商业银行互联网贷款管理暂行办法（征求意见稿）》	单户用于消费的个人信用贷款授信额度应当不超过人民币20万元，到期一次性还本的，授信期限不超过一年；商业银行应当建立健全借款人权益保护机制，完善消费者权益保护内部考核体系
2020年7月 银保监会	《商业银行互联网贷款管理暂行办法》	同上。明确消费金融公司开展互联网贷款业务也参照该办法执行。该办法将金融机构互联网贷款业务纳入全面风险管理体系，并在授信、合作机构管理、联合贷款、贷款用途等方面进行了重点规定
2020年9月 中国人民银行	《金融控股公司监督管理试行办法》	符合条件的互联网集团被纳入金融控股公司监管体系，旗下互联网消费金融业务将接受金融管理部门的监督指导，在准入资质、股权结构、公司治理与风险管理方面建立监管规范

（续）

发布时间及部门	监管政策	主要内容
2020年11月银保监会、中国人民银行	《网络小额贷款业务管理暂行办法（征求意见稿）》	要求经营网络小贷公司通过银行借款、股东借款等非标准化融资形式融入资金的余额不得超过其净资产的1倍；通过发行债券、资产证券化产品等标准化债权类资产形式融入资金的余额不得超过其净资产的4倍；对网络小贷公司跨省经营做出规定；对借款人保护在多个方面均有明确要求

资料来源：中国互联网金融协会网站。

上述一系列监管政策的出台，使消费金融监管框架不断趋于完善，尤其是《商业银行互联网贷款管理暂行办法》的发布填补了互联网贷款业务的监管空白，消除了制度的不确定性，在管控跨区域、资金被挪用、核心风控外包等潜在风险的基础上，为有关金融机构及其合作机构参与互联网消费金融业务提供了参考性规范。可以预见，在新监管形势下，一些不合规的消费金融机构将会逐渐被规范整顿，以商业银行和持牌消费金融公司为主的持牌经营机构将会成为消费金融行业主导。互联网公司也将通过获得相应牌照或借助已有牌照（如网络银行、网络小额贷款公司等），不断规范与健康发展。

专栏 8-1

互联网平台纷纷加快消费金融业务牌照布局

近年，互联网平台纷纷加快消费金融牌照布局。2020年多家新成立的消费金融公司存在互联网平台关联主体持股情况，持股比例在25%～70%不等。截至2020年末，部分互联网平台系消费金融公司有关情况如表8-2所示。

表8-2　互联网平台系消费金融公司

序号	公司名称	注册地	注册资本（亿元）	关联平台
1	杭银消费金融	杭州	25.61	滴滴
2	晋商消费金融	太原	5	360
3	哈银消费金融	哈尔滨	15	百度
4	蒙商消费金融	包头	5	新浪
5	尚诚消费金融	上海	10	携程
6	平安消费金融	上海	50	陆金所
7	小米消费金融	重庆	15	小米

互联网平台积极布局消费金融业务牌照，一方面是严格落实“金融是特许行业，必须持牌经营”的监管要求，积极将自身消费金融业务活动纳入牌照管理。另一方面，多数互联网平台此前以小额贷款公司作为经营主体开展消费信贷业务，受制于融资渠道及成本约束，公司对内贷款规模十分有限，主要通过联合贷等模式开展业务，而通过持有消费金融业务牌照，将具有较为丰富的融资渠道和较低的融资成本，并且结合自身丰富的消费场景和流量优势，以及科技赋能风控、运营的能力，互联网平台系持牌消费金融业务将为市场持续注入新的活力。

第二节　互联网消费金融的模式

基于互联网消费金融服务客群及场景分布的不同，可以将互联网消费金融市场的运营主体分为三类：商业银行、持牌消费金融公司和互联网平台。

一、商业银行

商业银行开展互联网消费金融，即传统消费金融的互联网化。

目前，商业银行在我国消费金融市场仍然占据着绝对的霸主地位，主要通过信用卡和消费贷款（含抵押消费贷款及信用消费贷款）两大产品为消费者提供服务。信用卡是商业银行较为成熟的消费金融产品，近几年各家银行在信用卡发卡和推广方面持续发力，行业格局较为稳定。自 20 世纪 90 年代商业银行开办消费贷款业务以来，经过多年发展，消费贷款逐步从线下向线上发展，业务形态也发生了较大变化。基于互联网技术，消费贷款产品的申请门槛降低、流程更加便捷高效。但是，无法有效监控资金流向、确保客户真实消费用途成为消费贷款的“痛点”，给银行风控带来不确定性。

商业银行以传统方式推进消费信贷业务的同时，也积极拓展新的消费场景，并将金融服务嵌入场景中，包括自建场景模式和“借场景”模式。

（一）自建电商平台，嵌入购物分期等消费金融产品或服务

2012 年，建设银行推出“善融商务”商城，交通银行推出“交博汇”；2013 年，农业银行推出“E 商管家”；2014 年，工商银行“融 e 购”正式上线。相比互联网电商平台，商业银行在电子商务的品类管理、客户服务、用户体验、营销活动等方面都较为欠缺，依靠自建电商平台的方式来发展互联网消费金融的难度较大。

（二）开发基于互联网的消费金融产品

例如，工商银行的“融 e 借”、建设银行的“快 e 贷”、招商银行的“闪电

贷”、中信银行的“信金宝”等。以建行的“快e贷”为例，客户可以全流程线上自助贷款，包括实时申请、批贷、签约、支用和还款。银行开发的互联网消费金融产品在用户体验上虽然有所提高，但仍然延续了过去的高门槛，大量缺乏信用记录的用户仍然被排斥在外。

（三）银行与电商平台合作推出消费金融产品

例如，中信银行和京东合作推出“小白卡”，打通京东和中信银行的产品体系、风控体系、用户体系，用户可以通过在网上消费、借助消费数据通过京东的审批模型，申请到“小白卡”，享受“京东白条＋信用卡”的双重账期。

表8-3是部分商业银行互联网消费金融产品。

表8-3　部分商业银行互联网消费金融产品

	工商银行“融e借”	建设银行“快e贷”	招商银行“闪电贷”
产品简介	工行“融e借”是向符合特定条件的借款人发放的，用于个人合法合规用途的无担保无抵押人民币贷款。可分为线上办理和线下办理两种	“快贷”是建行推出的个人客户全流程线上自助贷款，客户可通过建行电子渠道在线完成贷款，包括实时申请、审批、签约、支用和还款	“闪电贷”是指通过招行手机银行等线上渠道向个人客户发放的，用于借款人企业经营或者合法消费的个人网络贷款
贷款额度	最高100万元；线上申请最高20万	最高20万元	最高30万元
申请条件	18～60周岁；工作单位或固定住所在发卡机构所在地；有固定工作、稳定的收入来源或可靠的还款保障等	25～60周岁；信用状况良好；持有建行个人金融资产（包括存款、理财产品等），或建行住房贷款客户等	23～60周岁；有稳定的工作；有良好的个人信用；在招商银行办理过存款、理财、签约代发工资业务等
还款方式	等额本息、等额本金、按期还息一次性还本（仅12个月）	到期还款；随借随还	按月付息到期还本；等额本息
贷款利率	以申请时工行系统显示的实际贷款利率为准	根据客户具体情况实行差别化定价，执行利率以客户申请时实际显示的利率为准	以放款页面为准
贷款期限	1～3年；线上申请最长2年	最长1年	最长3年

资料来源：根据各银行网站资料整理。

二、持牌消费金融公司

2009年《消费金融公司试点管理办法》颁布以来，我国消费金融公司不断发展壮大，现已成立23家持牌消费金融公司。消费金融公司的运营模式主要通过与线上线下商家建立合作关系，然后基于消费者在线上线下商家的消费需求，为消费者提供现金贷或者场景消费金融产品。相比传统银行的个人消费信贷业务，消费金融公司具有单笔授信额度小、审批速度快、弱化抵押担保、服务方式更加灵活等特点，在小额、分散和面向中低收入人群的消费金融服务方面进行了有益探索，弥补了商业银行服务空白。

消费金融公司分为银行系、零售系和互联网系三种模式。目前，23家持牌消费金融公司中，银行系消费金融公司占据九成以上。银行系消费金融公司依靠母行强大的资金优势和客户基础，面向中低收入人群差异化消费金融需求，与线下商户积极开展合作，广泛采取电话直销、互联网金融服务平台等互联网渠道受理客户申请。零售系消费金融公司依托线下零售网点，线上申请、线下提款消费，开展互联互通的O2O消费新模式。互联网系消费金融公司更多发挥线上平台优势，贷款审批和客户资信审查主要依赖数据决策，短时间内即可完成贷款申请。

专栏8-2

北银消费金融有限公司

北银消费金融有限公司成立于2010年3月1日，是经中国银行保险监督管理委员会（原银监会）首批批准筹建、由北京银行发起设立的国内首家消费金融公司，是一家专为我国境内居民提供以消费为目的的贷款的非银行金融机构。主要股东包括西班牙桑坦德消费金融公司、利时集团、联想控股、大连万达等知名企业。

北银消费金融有限公司的产品包括轻松付和轻松贷两个系列，具体见表8-4。

表8-4　北银消费金融公司产品

产品类型	产品名称	申请方式
轻松付	教育e付、装修e付、租房e付、旅游e付、车险e付	线下或线上申请
	轻松e付	线上申请
轻松贷	居易贷、宅抵贷	线下申请
	尊享时贷	线下或线上申请
	轻松e贷	线上申请

资料来源：根据北银消费金融官网资料整理。

三、互联网平台

互联网消费金融业务依托于电商平台、分期购物平台、网络借贷平台等互联网平台开展，有的平台获得由银保监会批复的消费金融公司牌照，或者拥有网络小额贷款公司牌照、小额贷款公司等其他牌照，有的甚至无牌照从事同质消费金融业务。

（一）电商平台模式

随着互联网消费的崛起，电商平台交易额迅速增长。电商平台在聚集起庞大交易规模的同时也形成了一条比较完整的产业生态，以阿里巴巴、京东、苏宁为代表的电商平台开始依托这种优势推出互联网消费金融产品与服务。

电商平台依托自有线上消费场景，面向自营商品及开放电商平台商户的商品，提供分期购物及小额消费贷款服务。用户在电商平台（如京东、天猫、淘宝等）基于消费目的提出消费信贷申请后，电商平台对用户申请进行审核，待电商平台批准通过后，用户就可以直接享受其消费金融产品或服务。由于电商平台类在互联网金融、网络消费场景、用户大数据等领域，均具有较明显的优势，故而在细分的互联网消费金融领域中，其综合竞争力也最强，引领互联网消费金融市场的发展趋势。

电商平台类消费金融产品主要包括两大类：直接贷款式的现金借贷（现金贷）和受托支付式的分期购物贷款（场景消费金融）。在直接贷款式中，消费者申请的贷款可以直接打入电商支付账户，并允许转账到银行卡，其使用范围不再局限于电商自身的平台，如京东金条、蚂蚁借呗等。在受托支付式中，消费者在购买电商平台上的产品时，可以先行赊销购物，分期付款，如京东白条、蚂蚁花呗、唯品花等。

专栏 8-3

京东消费金融

京东金融是京东数字科技集团旗下个人金融业务品牌，已推出白条、基金、银行理财、小金库、金条、联名小白卡、小金卡等在内的近万个金融产品，涵盖理财、借贷、保险，分期四大业务板块。

京东白条是京东金融消费金融板块的核心产品，于 2014 年 2 月推出，是国内首款面向个人的互联网消费分期产品。通过白条，消费者可以对在京东商场购买的商品进行分期付款，额度根据京东金融的风控体系授信得出。京东白条最高授信额度根据个人信用评级和使用记录而定，在 1 000～15 000

元之间，最低 1 000 元，大部分人的授信额度区间为 2 000～5 000 元，最高分期 24 期。

2015 年初，白条又进一步扩充人群与场景，适用范围覆盖了校园、旅游、租房、装修与农村等。目前，白条业务已经走出京东体系，线下场景中的京东白条交易量逐步上升。此外，在白条客户中，京东金融会挑选出一部分优质用户，为其提供现金借贷服务“金条”，给予其更高的自由度的消费金融支持。

为了进一步满足消费者需求，覆盖更多的消费场景，京东金融于 2016 年 9 月推出白条闪付业务，这是白条功能上的拓展和延伸，基于银联云闪付技术，实现在全国近 2 000 万台银联闪付 POS 机上都能“打白条”，覆盖 800 多万家商户。

与此同时，京东金融对外开放生态，与传统金融机构合作，分别与中信银行、光大银行合作，推出了“互联网＋”属性的信用卡——白条联名信用卡（又名“小白卡”）。通过风控模型、数据资源上的对外输出，京东金融帮助外部机构覆盖了更广泛的用户群体、提高了金融效率，同时也使得更多的年轻消费者享受到了信用卡服务。用户既可以在线下通过小白卡进行消费，同时也能够参与更多线上的优惠活动，享有银行＋互联网的组合权益。

2018 年 11 月，京东金融品牌升级为京东数字科技。京东数字科技成为整个公司的母品牌，京东金融是京东数字科技集团旗下子品牌。

（二）分期购物平台模式

互联网分期购物平台是对互联网巨头在细分领域布局缺口的垂直深耕，分期平台针对特定的消费场景或消费人群，将注意力放在消费金融产品设计上，市场定位更加精准，提供更加精细化的产品，与综合电商平台进行差异化经营。切入垂直细分领域是近年消费金融的发展趋势，众多垂直分期平台从某细分领域做起，在时空上延展服务场景，不断渗透到房产后市场、汽车后市场、结婚、教育等场景，提供综合消费金融服务。

专栏 8-4

趣　店

趣店（前身为趣分期）是我国较早专门做大学生消费分期的公司，最初只针对 3c 产品。其消费产品模式是搭建一个消费分期网站，大学生用户可以直接在分期网站选择商品分期购买，也可以从京东或者天猫上复制想要购买的产品链接到趣分期的网站上进行申请。之后，由线下风控人员上门审核借款人身份并与借款人签订《借款合同》，趣分期将购买的商品邮寄到用户的地址，借款人按期还款。2017 年 10 月 18 日，趣店集团在美国纽约证券交易所挂牌上市。

（三）网络借贷平台模式

网络借贷平台主要是指为用户提供现金借贷的网络借贷平台，如二三四五贷款王、现金巴士、永利宝等网贷平台。网贷平台提供消费金融业务的模式只有直接借贷式，即直接借钱给消费者去消费。由于网贷借贷平台存在的问题较多，如高利贷、砍头息、平台坏账率高、风控弱、无放贷资质等，因此，2017 年 12 月互联网金融风险专项整治工作领导小组办公室正式下发《关于规范整顿“现金贷”业务的通知》，对现金贷、小额网贷进行清理整顿工作。经过一段时间的整顿，现金贷平台的乱象已基本被清除，部分现金贷平台已经关闭，不合规的现金贷业务也已被取缔。对于部分虽然没有牌照但在数据、技术、规模等方面有一定积累的现金贷公司，将来可转型为更纯粹的助贷机构，把放款流程更多地交给持牌金融机构来完成。

四、几种模式的对比分析

商业银行的优势在于资金成本较低，实力雄厚，能提供利率较低、额度较大的消费金融产品。同时，商业银行拥有丰富的金融资源，还能围绕用户提供除消费信贷外的其他多种多样的金融服务。其主要问题在于服务门槛较高，大量无资产、信用水平较低或者缺乏信用记录的人群则无法覆盖，造成服务人群的断层；并且授信、定价、风控等仍然主要围绕用户综合信用水平展开，与消费场景结合的紧密度以及产品的精细化程度不高。

消费金融公司的优势主要在于牌照优势和股东资源优势。相对于银行来说，消费金融公司不吸收存款，在经营限制上相对宽松一些。因此，消费金融公司的消费信贷产品一般较银行申请手续简单，审批时间更短，用户门槛也有所降低。

电商平台一是可以利用既有用户数据解决部分用户的征信问题，基于自有场景生态能够更好地控制资金流向以及用户状态，管理信用风险；二是可以低成本大规模快速获客；三是消费金融产品与消费场景可以无缝融合，用户体验更好。分期购物平台体量小，往往更加灵活、决策效率更高、调整更快，对新的技术、模式接受程度更高，并且更加注重产品创新。这类机构特点决定了其通常专注于某个垂直细分领域，做深做透并达到一定业务规模和品牌影响力后，再逐步进行产品业务的扩展。

第三节　互联网消费金融的风险与防范

对于互联网消费金融的风险，本节分别从消费者和互联网消费金融机构两个方面进行分析，并有针对性地提出风险防范措施。

一、互联网消费金融的风险

近年，互联网消费金融投诉继续走高，在公益投诉平台21CN聚投诉公布的十大行业投诉排行榜中，互联网消费金融一直占据首位，仅2018年上半年聚投诉就受理互联网消费金融行业有效投诉约65 000件，占聚投诉上半年有效投诉量的61.2%。互联网消费金融投诉量不断增长的背后，折射出其野蛮生长的态势，给消费者和互联网消费金融机构带来较大的风险。

（一）消费者的风险

对于消费者来说，主要面临以下风险。

一是过度负债风险。互联网消费金融属于新生事物，用户以年轻人为主，好奇心强、乐于尝试，但是风险防范意识和金融消费经验不足，易被一些广告和虚假宣传所影响，加之互联网消费金融产品无抵押且手续便捷，导致消费金融产品的过多使用及过度负债。更有甚者，一些违规放贷机构的利息、罚金、手续费等还款成本畸高，轻则影响个人财务和信用，重则加重借款人负担，影响正常工作、生活和学习等。

二是个人信息泄露的风险。互联网消费金融机构发展时间不长，内部信息防控机制不完善，存在着较大的客户信息泄露风险。互联网消费金融机构在“授信”过程中，可能存在着“诱导”客户提供信息，或者通过“大数据”和“人工智能”等金融科技手段为名窃取、滥用客户隐私信息，甚至客户信息被多次倒卖的情形。2016年，全国公安机关共侦破网络侵犯公民个人信息案件数量2 100多起，查获公民个人信息500多亿条，抓获的犯罪嫌疑人5 000多人。

专栏8-5

M公司因违规被罚

M公司是一家为中国国内居民提供个人消费金融服务的互联网消费金融公司，成立于2015年，注册资本13亿元。

2017年3月27日，中国人民银行重庆营业管理部发布行政处罚决定书，显示M公司违反规定被中国人民银行重庆营业管理部罚款39万元。

行政处罚决定书显示，M公司违反《征信业管理条例》第四十条规定和第四十一条规定以及《个人信用信息基础数据库管理暂行办法》第三十九条规定，中国人民银行重庆营业管理部依法对该公司罚款39万元。作出行政处罚决定日期为2017年3月17日。

《征信业管理条例》第四十条涉及的违规行为包括：违法提供或出售信息；因过失泄露信息；未经同意查询个人信息或者企业的信贷信息；未按照规定处理异议或者对确有错误、遗漏的信息不予更正；拒绝、阻碍国务院征信业监督管理部门或者其派出机构检查、调查或者不如实提供有关文件、资料。第四十一条涉及的违规行为包括：向征信机构、金融信用信息基础数据库提供非依法公开的个人不良信息，未事先告知信息主体本人。

三是被不当催收的风险。互联网消费金融的借款额度小，催收成本相对较高，因此大部分机构在遇到消费者违约时以软催收（如电话、短信、邮件、社交平台）措施为主，看似温和，但由于生活网络化的加深，这些措施的过度使用同样会给消费者带来超过其应受惩戒的伤害。同时，部分机构因为掌握线下渠道，可以与消费者实地接触，或者委托当地机构实地催收，可能给消费者带来更大的直接伤害。

（二）互联网消费金融机构的风险

对互联网消费金融机构来说，除了面临互联网金融普遍存在的法律风险、网络安全风险、操作风险等风险外，还存在以下几种风险。

1. 行业风险

由于互联网消费金融的目标客户下沉，主要集中在没有中国人民银行征信记录的中低收入群体，还款能力与意愿较低，导致行业风险较大。数据显示，我国互联网消费金融行业的不良贷款率上升速度非常快，从2012年的0.56%，上升到2015年的2.85%，2016年的4.11%，2017年的6.62%，5年时间不良贷款率上升了10倍。与此同时，消费金融公司目前面临司法清收立案难、执行难等问题。消费金融具有小额分散的特点，传统的司法审判方式难以满足消费金融不良资产案件处置需求。在法律诉讼过程中，互联网法院诉讼处于起步阶段，存在电子证据收集确认难、系统对接难、各地政策不一致等问题。在案件执行过程中，由于进入司法阶段的消费金融逾期用户大多处于失联状态，判决书无法直接送达客户，判决后依然难以及时追回款项。

2. 融资风险

相比于商业银行，消费金融公司特别是中小消费金融公司，在融资渠道、融资门槛和融资成本上仍然受到较多限制。在融资渠道方面，经过十年多的发展，消费金融公司获取资金的渠道由股东增资和同业借款，逐步向同业拆借、发行金融债券、资产证券化（ABS）等多元化方式发展。但对于成立时间较晚、盈利能力较弱的消费金融公司而言，受到经营期限、资本充足率、现金流等条件的约束，主要资金来源还是股东增资和银行信贷。在融资门槛方面，除股东增资和同业借款，其他融资渠道均存在准入门槛。

3. 产品同质化风险

互联网消费金融产品的同质化现象非常严重。按照是否具有场景来划分，产品集中在两类：现金贷产品与场景分期产品（场景消费金融）。从现金贷来看，产品大同小异，产品设计与管理相似，不同的仅是综合利率上的差异。场景分期产品也高度同质化，其产品主要扎堆集中在3C（计算机、通信、消费电子）场景、租房场景、教育场景、家装场景、汽车后市场场景等，导致一些场景领域竞争过度，但是在另外一些亟待普惠金融的场景，如农村消费场景、蓝领消费场景等领域，却呈现短板甚至出现空白。这不但加剧了行业竞争，也脱离了消费金融发展的初衷——金融助推实体经济发展，消费促进经济升级与转型。

二、互联网消费金融的风险防范

（一）完善互联网消费金融机构信息公开机制，保护金融消费者合法权益

互联网消费金融的核心是消费者金融，其落脚点是消费者。首先，互联网消费金融机构应充分尊重消费者的知情权和自主选择权，完善其信息公开机制，履行告知义务，在了解消费者风险偏好及承受能力之后，提供与其真实需求和风险承受能力相符合的产品及服务。其次，互联网消费金融机构应充分尊重消费者的个人金融信息安全权，采取有效措施加强对个人金融信息的保护，确保信息安全，在经消费者授权或同意的情况下，收集消费者个人信息或向第三方提供消费者个人信息，保护消费者信息安全权益。最后，互联网消费金融机构应建立完善的金融消费者投诉受理、处理机制，切实维护金融消费者对金融机构侵害其权益的行为，向金融机构投诉并提出赔偿请求和获得合理赔偿的权利。

（二）加强互联网消费金融的风控能力建设，完善全面风险管理

互联网消费金融主要为商业银行等传统金融机构无法触及的个人用户提供消费金融服务，其主要客户是缺乏中国人民银行征信、中低收入的“长尾”利基人群，具有单笔授信额度小、审批速度快、无须抵押担保、服务方式灵活、贷款期限短等特点。正因为如此，与传统金融机构相比，互联网消费金融公司

具有明显的两面性特征：一方面是创新能力强，发展速度快，服务方式多样，用户体验好，展业获客能力强；另一方面是行业发展速度快，风险也很大，尤其是“现金贷”的无场景消费贷款，一旦形成不良贷款后，后续催收比较困难。

互联网消费金融行业要想获得更好的发展，务必要加强风险控制能力建设，具备良好的风险识别和防范能力。以大数据为代表的风控技术，以及线上、线下相结合的审核体系是互联网消费金融健康发展的重要保证。通过技术、文化、模式的创新，建立与完善由识别、评估、应对、监察和披露体系而构成的全面风险管理体系，不断降低不良率与坏账率，互联网消费金融才能走上可持续发展之路。

（三）加大场景消费金融的发展力度，助推实体经济发展，谨防现金贷风险

互联网消费金融行业需要回归行业本质，正本清源，助推实体经济发展。针对“现金贷”的过度发展，我们既要充分肯定“现金贷”在一定程度上满足了消费者的消费金融需求的积极作用，也要谨防无场景支持、无指定用途、无抵押担保的“现金贷”加大行业风险的消极作用。对此，我国要在传统消费金融的产品体系上，不断探索更多的消费场景，专注于细分场景开发与市场挖掘，加大在农村场景、蓝领场景、养老场景、教育场景、旅游场景、房产后市场场景（租房、装修等）、汽车后市场场景等领域的产品创新，推进场景消费金融发展的力度，从而助推实体经济稳健发展。

三、互联网消费金融的发展趋势

（一）互联网消费金融行业规范与鼓励发展并重

随着监管部门颁布多项涉及互联网消费金融领域的政策法规，行业监管体系逐步完善与规范，行业发展更加有序。同时，为构建“双循环”的新发展格局，在促进传统消费的同时，积极培育新型消费，全面促进消费，提升社会整体消费意愿和能力，相关部门推出一系列政策促进消费，金融监管部门也出台一系列政策鼓励消费金融行业发展，支持消费复苏。不断释放的利好政策信息，为互联网消费金融的发展带来新的机遇。

（二）行业治理体系持续优化完善

现阶段，针对互联网消费金融行业监管框架正在逐步完善，多维度的监管政策持续推出，行业治理体系将进一步完善。随着国内首个互联网贷款业务的从业指引《商业银行互联网贷款管理暂行办法》（中国银行保险监督管理委员会令〔2020〕9号）出台，监管部门对互联网贷款业务的重视程度正在逐步提升，后续有望进一步制定配套政策。此外，中国互联网金融协会等行业自律组

织也在着手制定有关行业标准，并在行业基础设施、调查研究等方面发挥作用，不断完善行业自律体系。从业机构层面，部分机构已着手启动内部改革工作，不断完善内部制度及内控体系建设，配合监管部门政策要求，对业务流程查漏补缺，提升自身业务合规性。可以预见，随着监管政策、自律体系、从业机构内部管理逐渐完善，行业整体的合规性将进一步提升。

（三）金融科技发展助推互联网消费金融行业转型升级

近年，金融科技的发展对互联网消费金融行业产生了巨大的影响，无论是在贷前获客、贷中审批，还是贷后催收等环节，大数据、人工智能等技术都有很多成熟应用，大幅提升了互联网消费金融从业机构的服务效率及业务能力，助力互联网消费金融行业转型升级。同时，消费金融机构利用金融科技布局新业务、开展新服务模式，不断降低服务门槛和运营成本，覆盖更多的中低收入人群，促使消费金融更具普惠性。此外，消费金融机构将金融服务融入租房、教育、装修、医美消费等多个民生应用场景，形成具有差异化、多元化的金融产品，满足不同消费群体的个性化需求，从而推动消费金融行业的创新发展。

（四）个人信息保护不断加强

加强个人信息保护，促进数据合规使用，是消费金融行业规范健康发展的重要基础。在个人信息保护方面，2019 年 10 月 22 日，《个人信息安全规范》（GB/T 35273—2017）出台更新版征求意见稿，针对市场环境及技术环境的变化加入大量新增合规要求，更为契合市场实践，为企业和金融机构开展相应的合规工作提供了更具可执行性的操作方案。2019 年 12 月 27 日，中国人民银行发布《金融消费者权益保护实施办法（征求意见稿）》，明确要求金融机构收集、使用消费者金融信息，应当遵循合法、正当、必要原则，不得收集与业务无关的消费者金融信息。因此，未来消费金融行业个人信息保护要求必将越来越严格，并逐步成为行业合规发展的基本要求。

延伸阅读

消费金融 2020：我们见证历史，也在创造历史

疫情还没有结束，2020 年即将过去，消费金融市场仍然热火朝天，一些新的模式不断涌现，监管政策密集出台，有些玩家正在离去，但无法阻挡新的力量进场。

在 2020 年终岁末之际，回头看看经历疫情“黑天鹅”袭击的这一年，似乎成了消费金融行业的一个转折点，我们在见证历史，同样也在创造历史。

2020 年，消费金融的 10 大关键词——

1. 新冠疫情的影响

一场疫情，将消费金融行业隐藏的诸多风险提前暴露在大众面前。

在2020年初新冠疫情暴发的影响下，线下消费金融机构受到极大影响，不良攀升，随之带来的催收政策调整、产品模式调整、人员优化等，让之后的消费金融市场出现了明显分化。

在这场浪潮中，线下场景分期主力军捷信开启了全国范围内的减员优化，并启动“ALDI”2.0模式，进一步在业务环节中“去人工化”。

同样主要依靠线下业务的兴业消费金融，上半年新增放款量同比下降83%。

疫情中，虽然暴露了风险，但也是各机构突破传统、创新业务的好时机。

当然，一波中小银行在疫情驱使下，加大金融科技投入，布局“无接触贷款”等业务，从而为第三方金融科技公司带来了更多发展机会，同样值得市场关注。

2. 商业银行《商业银行互联网贷款管理暂行办法》

5月的一纸《商业银行互联网贷款管理暂行办法（征求意见稿）》正式为这些年银行的互联网贷款业务做了“正名”，且对助贷这一新兴的贷款合作模式开了正门。

此外，允许保险公司和担保公司向借款人收取合理的费用（银行业监督管理机构规定的其他情形除外），也是极具突破性的规定。

第三方金融科技公司在这一新规中看到了更多与银行合作的可能性。

这份新规中“单户互联网消费贷款额度不能超过20万元，且到期一次性还本的，授信期限不超过一年”的规定影响了很多银行在本就艰难的疫情面前，做大余额新增。

而为了突破这一规定，一些银行机构就需要将互联网消费贷款变成带有经营性质的抵押贷款。

不难发现，2020年下半年以来，许多银行，尤其是民营银行，开始加大布局房抵贷等业务，这不仅是因为争夺优质资产，也有可能是为了突破贷款额度的限制。

3. 4倍LPR

8月，最高人民法院修订《最高人民法院关于审理民间借贷案件适用法律若干问题的规定》，界定民间借贷利率的司法保护上限为一年期LPR的4倍，根据LPR市场报价计算，当前司法保护上限为15.4%。

尽管该规定针对民间借贷，民间借贷是指自然人、法人和非法人组织之间进行资金融通的行为，而不是金融机构的借贷行为。但市场上仍然有探讨——

银行信用卡、持牌消费金融公司的产品利率没有理由高于民间借贷、银行和消费金融公司是否也应该遵守“4倍LPR”的规定？各地方法院针对是否按照民间借贷利率新规来判决持牌金融机构的案件仍存在较大的分歧。

2019年的年终复盘中，新流财经还总结了一个关键词“IRR36%”，2019年，由最高人民法院、最高人民检察院、公安部、司法部下发的《关于办理非法放贷刑事案件若干问题的意见》中明确，在定罪量刑时以单次实际年利率超过36%的非法放贷为基准。一时间各大互联网贷款平台纷纷将年化利率压降到36%以下，而持牌消费金融的年化利率更是趋向24%。

如今再看消费金融市场上的产品，不管多不愿意，已经有消费金融公司在默默调整产品，储备年化利率15.4%以内的资产。

从36%、24%、18%，再到15.4%……

市场在变化，唯有拥抱监管，方能长久发展。

4. 助贷分润

长久以来，助贷合作中，保证金兜底合作模式使得助贷平台压力重重。2020年，乐信、360数科等头部助贷平台纷纷力推“分润”合作，马上消费金融等持牌消费金融公司也在和银行合作中早已转变成分润合作。

所谓分润，即助贷机构和资金方是以对客户的实收息费来进行按比例分润，一般资金方和助贷机构之间的分配比例是75%∶25%，亦有65%∶35%。这一模式中，助贷机构并不需要向融担缴纳保证金，但可能会设置一定的阈值。

2020年第一季度时，乐信采取分润模式的资金合作量占整体合作量的26%，360数科按照余额口径计算，分润模式占比达到21.2%，两家均希望分润模式在2020年底能达到整体资金合作的一半以上。

从2020年前三个季度的数据来看，360数科、乐信、信也科技的分润助贷规模分别为660亿元、483亿元和170亿元。

尽管一些中小银行风控实力不足，难以接受分润合作模式，但这仍然是助贷市场的大趋势。

5. 信用支付

和助贷分润一样，信用支付成为2020年金融科技巨头争先布局的主要业务，如乐信的乐花卡、360数科的微零花、小赢科技的摇钱花、平安消费金融的小橙卡、微众银行的we2000、美团的月付、滴滴的月付、字节跳动的放心花等。

虽然花呗、白条两大信用支付工具已经渗透进无数消费场景，但似乎并不影响新兴玩家再挤入这个市场。降利率也好，补贴商家息费也罢，金融科技巨头无非是希望通过信用支付连接更多场景，积累用户包括消费行为偏好、履约能力等信用数据。

只是，新兴的模式也要注意未来可能面临的监管。中国人民银行相关负责人曾公开谈到这类业务处理过程难以被穿透监管，极易引发风险跨市场传染蔓延。

6. 网络小贷新规

蚂蚁集团暂缓上市和《网络小额贷款业务管理暂行办法（征求意见稿）》（以下简称网络小贷新规）发布，几乎可以评为本年度消费金融行业影响最深远的两件事，又因为这两件事几乎同时发生（网络小贷新规于 11 月 2 日发布，11 月 3 日上交所暂缓蚂蚁集团上市，同日蚂蚁集团宣布暂缓在港交所上市），以至于微博热搜都密集出现对消费金融行业的热议。

多数分析认为，网络小贷新规中核心的两点：注册资本和联合贷出资比例，似乎都是在针对蚂蚁这个庞然大物，通过两张网络小贷牌照撬动万亿元余额贷款，以及在与银行等金融机构合作联合贷业务时，出资比例极小。

但不可忽视的是，除了蚂蚁集团，还有无数的集团企业、互联网巨头，同样在近几年通过网络小贷牌照杀入消费金融行业，从而衍生出了一些监管盲点。

这纸网络小贷新规中，10 亿元的注册资本，跨省级小贷甚至要 50 亿元的注册资本——仅这一条规定就将曾经的网络小贷公司几乎全盘否决。

要整改达到监管要求的机构，其实只会是蚂蚁这样的巨头。所以，还是那句话，愁蚂蚁，不如愁自己。

达不到注册资本要求的网络小贷公司，后续要以何种形式与银行合作？纯助贷模式又会遇到怎样的监管？这才是市场上多数玩家最应该焦虑的问题。

7. 蛋壳爆雷（再议场景金融）

长租公寓爆雷并不新鲜，但 2020 年的长租公寓爆雷出现在蛋壳这家美股上市，且管理着超过 40 万间公寓的知名平台身上，背后还牵扯着微众银行这样的知名大机构。一时间，消费金融行业针对场景分期的探讨再次被推向高潮。

最终，微众银行选择单方面向蛋壳追讨债务，租金贷客户在与微众银行签署新的协议后所产生的贷款损失将由微众银行承担。

回看近几年的教育分期、医美分期、二手车分期等市场，均曾曝出各种商户端风险。尽管如此，仍然有不少新的玩家入场。例如，在医美分期市场，虽有乔融、米么、捷信等玩家退场，但美团、新氧却正在入场。

所以，小额贷款是否真的该做到场景归场景、金融归金融？

8. P2P 清零

11 月 27 日，银保监会首席律师刘福寿表示，全国实际运营的 P2P 网贷机构由高峰时期的约 5 000 家逐渐压降，到 2020 年 11 月中旬已完全归零。

P2P 从繁荣到归零，仅不到十年时间，其中诞生过一夜暴富的故事，但更多的是非法集资、诈骗等骗局丛生。

当前，虽然 P2P 已经清零，有平台已经顺利清退、转型，但还有上百亿的余额存量尚未处置，有更多的平台甚至还没有清退方案。

北京互联网金融行业协会称，网贷平台风险处置是一项长期持续的工作，并不会随着特定时点而宣告终止。

P2P 这场"游戏"，由于涉及的机构和投资人多、地域广泛、数据量巨大，可以预见的是，存量清理整顿，还有一段十分漫长的路要走。

9. 金融科技巨头上市

8 月 25 日，蚂蚁集团在上交所及港交所递交招股书；9 月 11 日，京东数科在上交所递交招股书；10 月 8 日，陆金所在美国纽交所递交招股书；10 月 30 日，陆金所在美上市；11 月 3 日，上交所、港交所暂缓蚂蚁集团上市……

金融科技巨头走向上市，对于金融科技市场其他玩家而言，是一大利好。但同时也应该注意到巨头企业强者愈强，市场将出现马太效应，行业资源向头部企业倾斜。

近段时间，监管又发声，金融监管要强化反垄断和防止资本无序扩张，坚持金融创新必须在审慎监管的前提下进行。

巨头的金融科技创新之路充满机遇，也伴随不可想象的挑战。

10. 巨头收揽金融牌照

1 月，拼多多通过收购付费通，获得支付牌照。

4 月 9 日，平安消费金融开业。

5 月 29 日，小米消费金融开业。

6 月 5 日，360 集团发布公告认购金城银行 30%股份，成为其第一大股东，拿下银行牌照。

8 月 11 日，阳光消费金融开业。

9 月，字节跳动通过收购合众支付，获得支付牌照。

9 月，携程通过上海国企东方汇融，获得支付牌照。

9 月 30 日，唯品会和富邦华一银行的四川省唯品富邦消费金融有限公司获批筹建。

9 月 30 日，江苏银行的苏银凯基消费金融有限公司获批筹建。

11 月，快手通过收购易联支付，获得支付牌照。

……

金融市场，持牌为王。

国家监管部门不止一次强调，既要鼓励创新、弘扬企业家精神，也要加强监管，依法将金融活动全面纳入监管，有效防范风险。

巨头们争相将各类金融牌照收入囊中，不过是为了开展金融活动更加合规且被监管。

拿到牌照之后的金融布局，值得市场想象。

资料来源：东方财富网，https://caifuhao.eastmoney.com/news/20201229173516003715220。

9

第九章 互联网金融监管

随着大数据、人工智能、区块链、云计算等新兴信息技术的兴起，金融与科技加速融合，移动支付等互联网金融新业态的持续涌现，不仅改变了人们的生活方式，同时也重塑了金融生态格局，提升了金融服务效率。但互联网金融未改变金融的风险属性，其相关风险的扩散速度更快、波及面更广、溢出效应更强。面对互联网金融发展带来的这些新问题，国家监管部门及时作出响应，不断完善互联网金融监管框架，防止监管套利和风险交叉感染，制定并实施了较为审慎的监管政策，并取得成效。

第一节　互联网金融监管框架

互联网金融各业态的风险在前面的章节中已经有所介绍，本节则从总体的角度对互联网金融风险的类型和特征进行解析，在此基础上对互联网金融监管进行探讨。

一、互联网金融风险的再认识

金融和互联网都是高风险性的行业。互联网金融是传统金融与互联网相融合的新型业态，兼具了互联网和金融的双重因子。互联网金融在提升金融效率、带来金融创新红利的同时，不仅没有改变金融行业和互联网行业的高风险属性，而是其风险变得更加复杂，传统金融的主要风险都有所体现，也蕴藏着互联网深度使用带来的新风险。梳理互联网金融各业态，其风险主要包括以下几个类型。

（一）传统金融风险

1. 信用风险

信用风险又称违约风险，是市场经济社会中普遍存在的风险，一般指交易主体双方不愿或者不能履行原定双方的交易契约而导致的对资产所有者造成损失的可能性。信用风险存在的起因，是由于信息不对称所导致的道德风险。对于传统金融活动来说，信用双方在交易前互相要进行详细的情况调查，在交易达成前还要进行抵押担保以保证借款人的资金能够按期偿还，尽管如此，传统金融交易中的信用缺失风险仍然频发。互联网金融交易业务中交易主体都是通过互联网虚拟空间产生联系，尽管节约了时间和交易成本，但交易双方的真实信息得到验证的难度也在不断加大，交易双方的信息不对称的情况更加突出，投资人所面临的信用风险更大。互联网金融的信用风险最常见于 P2P 网贷、互联网消费金融等业态中，在众筹、第三方支付等业态中也存在一定程度的信用风险。

2. 流动性风险

在传统金融领域，流动性风险是指金融机构虽然有清偿能力，但无法及时获得充足资金或无法以合理成本及时获得充足资金以应对资产增长或支付到期债务的风险。造成流动性风险的原因主要是期限错配、超出预期的资产损失（如大量不良贷款或大额保险理赔支出）、因市场恐慌导致的大规模集中提取、赎回（如银行挤兑、基金份额集中赎回等）。互联网金融领域，由于备付金制度的不完善、期限错配、资金被挪用以及技术因素引起的支付系统不能正常运转等也会产生流动性风险。由于无法参与银行之间市场拆借、也得不到中国人民银行作为“最后借款人”的紧急支持，再加上互联网的瞬时性特点，互联网金融机构一旦遇到投资者大量同时撤资，很难提供即时流动性，极容易引发支付危机。

3. 操作风险

操作风险是指内部程序、人员和系统的不完备或失效，或由于外部事件而造成损失的可能性。在互联网金融各业态中，由于人为操作不当、业务程序缺陷、信息系统不完善、内部管理与监管缺失等原因，均有可能导致操作风险，而操作风险一旦发生，将会对互联网金融主体的利益产生重大影响，如客户资金失窃、个人隐私信息泄露等。

4. 市场风险

市场风险是指因市场价格包括利率、汇率、股票价格和商品价格等的不利变动而使市场主体发生损失的可能性，具体可以分为利率风险、汇率风险、股票风险和商品价格风险等。互联网金融面临的市场风险基本上与传统金融类似，存在于互联网金融各业态中，其表现也更为复杂、传染性更强。互联网金融市场交易多为在线交易，具有更高的虚拟性和网络技术依赖性，相比传统金融其更容易受到市场因素或者市场事件的影响。并且，汇率、利率等外部市场条件的变动在互联网的网络辐射、扩大效应下，会迅速传导并影响互联网金融的线上交易，从而增加互联网金融资产价值变动的不确定性。

此外，互联网金融领域的传统金融风险还包括声誉风险、经营风险等。

（二）特殊风险

1. 技术风险

技术风险与互联网相生相伴，互联网在推动金融创新的同时，也带来了新的技术风险。技术风险包括内部安全风险和外部攻击风险。内部安全风险是指互联网金融交易系统的基础设施较差，或者内部工作人员采取一些手段攻入系统而造成损失的可能性。外部攻击风险主要来自黑客、竞争对手及平台提供商，一旦平台系统被外部攻击，最终可能给平台和客户带来损失。

2. 政策法规风险

政策法规风险是指在交易过程中的行为不具有法律意义上的效力或者交易行为不受到法律保护，而遭受损失及受到处罚的可能性。政策法规风险主要分为两种情况：一是交易行为本身违法违规导致的风险。例如，一些互联网金融平台在交易过程中非法设立资金池、涉嫌非法集资、违规发行理财产品、设立虚假投资标的、洗钱等诈骗行为。二是法规政策空白导致的风险。例如，一些交易行为在政策法规中没有依据，一旦在交易过程中出现问题，投资者无法通过法律来维护自身的权益。我国互联网金融业务由于发展起步较晚，相比西方发达国家，在完善市场准入机制、资金托管、消费者信息安全等方面缺少具体的法律规定，使得一些潜在的问题一旦爆发，无法保障消费者的权益。

3. “长尾”风险

“长尾”风险是互联网金融所独有的风险。传统金融业信奉“二八定律”，而互联网金融的服务对象覆盖了大量未被传统金融服务的“长尾”人群，这部分人群具有以下特征：一是金融知识储备、风险识别能力和风险承受能力相对匮乏，极易受到误导、欺诈等不公平甚至非法的待遇；二是“长尾”人群的投资额度相对较小且分散，单独的个体参与者没有足够的精力和资源去监督自己所投资的互联网金融企业；三是这部分人群极易出现个体非理性和集体非理性的现象，一旦出现整个互联网金融市场的非理性，容易带来风险的传染，造成金融市场的动荡不安。以“长尾”涉及的人数来衡量，显然互联网金融的潜在风险对社会的负外部性更大。

（三）互联网金融风险的特征

1. 具有不同于传统金融风险的高隐蔽性

随着传统金融与互联网技术的高度融合，互联网金融的表现形式在不断丰富和演进之中，这使得互联网金融风险更加隐蔽。首先，互联网技术打破了传统金融的空间地域限制，带来了金融的虚拟化，使得互联网金融的交易都是基于“虚拟化”的数字信息。其次，这种虚拟化也使得交易对象、目的和过程更加不透明，在一定程度上增加了信息的不对称。此外，互联网金融交易所依赖的互联网信息系统的复杂性也使得交易背后的运行机制更加复杂和不透明。因此，在这样的环境下运作的互联网金融交易所产生的风险具有不同于传统金融风险的高隐蔽性。

2. 高隐蔽性导致突发性

互联网金融风险的隐蔽性导致其突发性的产生。网络借贷是互联网金融的主要业态之一，由风险引发的平台倒闭和跑路问题往往在发展的初期毫无迹象。其背后的原因就是经营者对于互联网金融风险的隐蔽性认识不清，导致对于平台建立之初的风险防范措施缺失，为风险的突然爆发埋下了隐患。

3. 风险的传导性更强、扩散传播速度更快

互联网金融风险的扩散性体现为在信息技术的高流动、无边界、跨时空等特性中风险的传导性更强、传播速度更快。在互联网金融中，传统金融的物理隔离有效性减弱，曾经的“防火墙”也更加脆弱。业务流程中被忽视的细微风险漏洞在互联网平台的传导作用下会迅速传播，并不断放大。高科技网络技术支撑下的大数据金融、众筹平台、网络借贷等具有快速远程处理功能，在提供便捷服务的同时也加速了支付、清算等过程中的风险传导与扩散。互联网金融平台是一个高传导、高关联的体系，PC端、手机移动端的交易多元化使得金融业务打破了地理和时间界限，金融企业与支付平台、银行等都有着密切联系，任何一个环节的风险都会迅速传染其他环节，因此管控成本较大。

二、互联网金融监管框架

（一）互联网金融监管的定义

互联网金融监管是针对互联网金融风险特征及监管要求，从互联网金融健康发展的角度出发，形成的对互联网金融风险进行管控的理念思路、制度框架、权责关系、操作流程、监测方法、技术手段的一整套系统及具体活动。监管理念是互联网金融监管的核心，制度框架是互联网金融监管的组织保障，权责关系是互联网金融监管的核心要素，操作流程是互联网金融监管的实施路径，监测方法是互联网金融监管的工具依托，技术手段是互联网金融监管的实现载体和支撑手段。互联网金融监管系统各个行为主体之间存在多元动态博弈关系，对这种关系的充分认识是互联网金融风险有效监管的基础。

（二）互联网金融监管的一般框架

互联网金融是利用互联网平台及其相关技术所开展的在线金融活动，其本质属性还是金融，人们对它的关注仍然聚焦于金融风险防范和消费者权益保护，这与传统金融并没有本质的区别。因此，并不存在专门的互联网金融监管理论。在欧美国家，与我国“互联网金融”概念相近的称谓是“金融科技”（fintech，即 financial technology 缩写），两者包含的金融新业态多数相同，后者内涵范围略广。随着金融科技快速发展，金融新业态层出不穷，其中蕴含的金融风险也逐渐显露，如何平衡金融科技的创新和监管成为各国政府和金融监管机构面临的难题，针对各种具体互联网业态监管的政策和法律也陆续出台。结合发达国家的各种互联网金融业态监管政策和实践，运用现代金融监管理论可以对互联网金融监管进行一定深度的理论阐释。

按照一般的逻辑，当一种新的金融业态出现时，人们会首先考虑要不要对其进行监管，然后探讨如何监管的问题，这就构成了互联网金融监管理论发展演进的总体线索。互联网金融的大多数业态在国内外出现和兴起不过十余年。因此，互联网金融监管理论仍在不断的发展过程中。总体来讲，围绕如何实施互联网金融监管这一问题，可顺着这样一个不断深化的逻辑线条展开，即应该由谁来监管、监管目标的取向、监管的法制基础及监管的内容和监管的方式等。

1. 应该由谁来监管——监管主体的确定

确定监管主体是构架互联网金融监管体制的基本问题。鉴于互联网金融的金融本质属性，在现有金融监管体制之外新设监管者不切实际，互联网金融监管人只能来自现行监管体制的监管主体，具体选择取决于现行监管体制的特点。现行监管体制是统一监管还是分散监管，是机构监管还是功能监管，是中央一元监管还是中央、地方二元监管，决定着互联网金融机构监管主体。例如，美国实行联邦地方共治的双元多头分散监管体制，也就是功能监管体制。因此，其互联网金融监管主体总体呈多元化特点，每一种互联网金融业态均有联邦和州的多个监管主体共管。以 P2P 网络借贷为例，美国证券交易委员会和州证券监管者作为证券功能型监管者，围绕投资者（放贷人）保护的发行注册、信息披露和投资者适宜资格，对 P2P 实施监管。同时，美国消费者金融保护局（CFPB）对平台借款人的权益负责保护性监管，使其免受不公正待遇。而英国的情况却完全不一样，在其中央政府一元化统一监管体制下，2014 年 4 月 1 日之前，P2P 属消费者信贷规范的业务，由公平交易局（office fair trading，简称

OFT）监管，2014年4月1日之后，由英国金融行为监管局（financial conduct authority，简称FCA）监管。

2. 监管目标的取向——保护消费者和维护金融稳定

根据现代金融监管的理论，金融监管有两个基本目标，即保护消费者权益和维护金融稳定。互联网金融监管的需求不仅没有增添新的目标诉求，而且还将主要目标锁定在消费者保护方面。英国FCA将P2P网络信贷和众筹的监管目标明确表述为“使消费者获得恰当保护，并且在符合消费者利益的前提下促进（行业）有效竞争”，而美国CFPB及州证券监管机构的互联网金融监管，更是强调了消费者保护目标的单一性。

互联网金融强调消费者保护目标的逻辑在于：一是互联网金融还处于发展的初级阶段，其市场规模和份额相对于传统金融还微不足道，其服务长尾客户的行业特点与传统金融交集不多，因此，互联网金融至少在可以预见的较长的时间内不可能成为诱发系统性金融风险的主要因素。二是互联网金融虽然通过大数据、云计算、人工智能、区块链等技术，大大弱化了小额金融交易中的信息不对称问题，但网络世界中非实名制带来的虚假信息、信用“刷分”等现象，又给互联网金融的征信增加了新的信息辨别难度，投资者由此而面临的网络欺诈风险也许会更加突出。三是自从英国经济学家泰勒提出了盯住目标的“双峰”监管体制理论后，人们对维护金融稳定与消费者保护之间的目标冲突有了更为清晰的认识，即稳定目标的实现在相当程度上依赖监管当局与被监管者的合作。保护消费者则把两者放在一个可能会产生激烈冲突的位置。稳定目标的实现，需要建立与金融机构之间的合作关系，通过设置一系列审慎经营标准和指标，以及监测金融机构遵守这些标准的情况。督促其保持财务健康，实现稳健运营。与之不同的是，消费者保护目标的实现过程，使消费者与金融机构在很多利益关系中处于对立的地位，消费者保护机构借助立法权规定金融机构在交易中应遵循的规则，并且通过行使权力约束和处罚违规机构。这种差异被形象地描述为审慎监管。

当然，互联网金融监管把保护消费者列为单一目标，并不是说互联网金融监管与防范系统性风险、维护金融稳定彻底绝缘。事实上，金融消费者保护是金融机构稳健经营的重要条件：金融业是典型的服务行业，没有客户就没有业务。不难设想，大规模损害金融消费者权益的事件必然涉及一个国家的金融风险与金融稳定。

3. 监管的法制基础

监管的英文表达为regulation and supervision，regulation意指立法，supervision有执法的含义。因此，现代金融监管就是立法和执法的统一，通常讲的依法监管原则，既是对金融监管立法和执法统一内涵的很好体现，又彰显了金融监管法制基础的重要性。英国互联网金融监管的法制基础比较简单，其监管主要由消费信贷规制体系支撑。这是因为，互联网金融的实质可看成是网络版的民间借贷，而英国的民间借贷受到以保护消费者权益和市场公平运作为主旨的1974年《消费信贷法》规范。2014年2月，即将履职互联网金融监管的FCA颁布了其对消费信贷进行监管的详细规则。美国的情况要复杂得多，一方面美国互联网金融引入了银行机构的参与，另一方面美国将网络平台借方的权益保护纳入了信贷法规体系，而将贷方的权益保护归到了证券法规体系中，因此，美国对互联网金融监管的法制基础是在传统信贷法规叠加证券注册管理规则的基础上形成的，所涉信贷方面的具体法规有《诚实借贷法》《信贷机会均等法》《公正资信报告法》《公平债务催收法》《银行保密法》《电子资金转账法》《全球和全国商业电子签章法》《联邦贸易委员会法》《格雷姆-里奇-比利雷法》和《现役军人民事救济法》等。在证券法规方面，《1933年证券法》《1934年证券交易法》《1940年投资公司法》和《1940年证券投资顾问法》等法规，对互联网金融中的贷方（即投资者）权益进行了保护。

4. 监管的内容——审慎监管和行为监管

根据现代金融监管理论，监管可分为审慎监管和行为监管两大类。前者是指围绕金融机构业务经营所实施的风险预防性监管，目标是促使其稳健经营、保护公众客户的资金安全，核心是保证金融机构的清偿力，广泛牵扯社会公众利益的银行和保险公司通常侧重于审慎监管；而后者区别于审慎监管对机构稳健运营和金融体系稳定的关注，出于保护消费者的目标，更多地通过行为监管，确保金融市场的公平、有效和透明，信息披露是行为监管的核心，证券行业通常以行为监管为主。

自从英国经济学家泰勒提出了"双峰"监管理论之后，审慎监管与行为监管成了解析或构筑金融监管结构的两大主线，这两大主线在现代金融监管理论体系中的地位越来越重要，过去十余年来，澳大利亚、荷兰、美国和英国等发达国家的金融监管改革实践，都无不深受其影响。虽然审慎监管和行为监管的适用性对象各有侧重，但金融无论沿着机构、业务还是产品线来看，事实上都存在同时实施两类监管的必要性。例如，以审慎监管为主的银行业或银行机构，其产品营销和信息披露方面的行为监管需求在金融危机之后也日益被重视起来。审慎监管和行为监管所具有的跨机构、跨市场和跨产品的性质，在金融混业背景下对构建有效金融监管更有意义。

然而，就美、英等国互联网金融监管而言，其政策实践折射出的却是行为监管的单一理念，审慎监管基本上没有什么地位，这与其互联网金融监管注重保护消费者利益的单一目标相呼应。究其原因，一方面，互联网金融还处于初步发展阶段，相对于庞大的传统金融体系而言，互联网金融的规模还比较小，影响还非常有限，在可以预见的未来，互联网金融还不足以成为引发系统性金融风险的风险源。因此，美、英等国初步的互联网金融监管框架，只把关注点放在行为监管方面。另一方面，即使在互联网金融监管领域没有审慎监管的内容，也不等于仅存的行为监管对互联网金融以至整个金融体系的稳定没有贡献。首先，由于行为监管多采用主动和介入式的监管方法，其可以帮助监管者甄别互联网金融产品服务和商业模式的变化对金融体系而言是否有严重的系统性风险。其次，互联网金融机构的产品、服务或商业模式的创新都具有很强的可复制性，这就意味着其中的问题往往具有群体效应，带有较大的系统性意义。基于这两个因素，行为监管的实施能够帮助监管者预判互联网金融商业模式或销售行为中潜伏的系统性风险或影响。

5. 监管的方式——机构监管和功能监管

按照监管机构设置及监管权限划分的差异，金融监管可划分为机构监管模式和功能监管模式。在机构监管模式下，特定类型金融机构的所有监管事项均由相应监管机构统一负责；在功能监管模式下，同类金融业务由相同监管机构监管。总结金融监管发展的国际经验，金融结构的变迁决定了监管方式的变迁方向。在以分业经营为主的发展阶段，机构监管是合宜的监管方式，如在大萧条后制定的1933年《格拉斯-斯蒂格尔法案》确立了美国分业监管的框架。随着20世纪80年代后全球经济和金融一体化的发展，信息技术进步和金融创新活动使全球金融业出现自由化趋势，分业经营的金融体系不断受到挑战，金融机构通过各种方式寻求跨行业渗透，各主要国家最终都允许金融混业经营，这种经营方式得到了监管当局的认可，进而改变了监管方式——监管从传统的机构监管向功能监管变迁。例如，在《1999年金融服务现代化法案》确立后，美国形成的双层多头的伞形监管模式，在不改变分业监管基础的前提下，实行功能监管，最大限度地促进了对金融控股公司监管的一致性和统一性。

互联网金融的发展不仅模糊了金融机构之间的界限，互联网金融产品也模糊了银、证、保等行业的界限，加速了金融跨界和混业的趋势和特征，这客观上要求监管方式从机构监管向功能监管转变。

第二节　国外互联网金融的监管实践

互联网金融在欧美发达国家的发展相对较早，欧美发达国家不断加强与完善对互联网金融的监管，通过补充与创新相匹配的法律法规，使得原有的金融监管规则不断地适应互联网金融迅速发展的需求。本节以美国和英国为例，介绍其对互联网金融的监管实践。鉴于互联网金融各业态所实现的金融功能有较大差异，监管思路和适用法律也有所不同，本节主要对第三方支付、网络借贷、众筹融资这几个典型业态加以分析。

一、美国互联网金融监管实践

美国虽然没有明确提出互联网金融这一概念，但相关业务和产品早在20世纪90年代就已出现。针对互联网金融这个新生事物，美国通过对现有的监管法律法规进行修改和完善，将其逐步纳入现有的金融监管框架中。美国对金融行业实行分业监管，设有联邦和州两级监管机构，实行“双线多头”监管模式，这一制度安排也沿用到互联网金融监管之中。

（一）第三方支付的监管

美国是最早出现互联网第三方支付的国家之一。但是在初期，美国相关法律规范并没有对其进行限制和监管。后来，随着第三方支付市场的不断壮大，用户数日益增多，从20世纪90年代开始，美国逐步制定并完善了对第三方支付的监管措施。

1. 监管主体

美国对第三方支付实行功能性监管，监管重点在于交易过程而非第三方支付机构。在美国，第三方支付被视为货币转移业务（其本质是传统支付服务的延伸），因而没有专门针对第三方支付进行立法监管，而是将其纳入货币服务业务管理框架，在现有法规中寻找监管依据。依据《格雷姆-里奇-比利雷法案》和《统一货币服务法案》，第三方支付机构被界定为非银行金融机构，就无须取得银行业务许可证，但须取得从事货币转移业务的营业许可证。

第三方支付的监管主体分为联邦和州两级，联邦层面由联邦存款保险公司（federal deposit insurance corporation，简称FDIC）负责监管，各州根据联邦法律制定本州监管标准，承担相应监管责任。

第三方支付平台的沉淀资金被明确定义为负债（而非存款），必须存放于FDIC开立的无息账户中。产生的利息用于支付保险费。对于第三方支付业务中的消费者数据安全问题，如果第三方机构是金融机构的外包机构，由美国消费者金融保护局依据《格雷姆-里奇-比利雷法案》实施监管；如果第三方机构是不涉及外包的非金融类机构，则由联邦通信委员会依据《公平贸易法案》实施监管。

2. 法律体系

（1）注册。美国绝大部分州制定有《统一货币服务法案》（uniform money

services acts)，根据该法律的规定，美国的第三方支付管理权归属于各州，同时绝大部分州有牌照的要求。第三方支付企业想要从事第三方支付业务必须先取得相应的牌照才能开展。

（2）电子转账规则。电子转账规则主要由《电子转账法案》（electronic fund transfer act，简称 EFTA）及《监管指令 E》（regulation E）等法律法规构成。电子转账规则系列法案主要适用范围包括从消费者的账户进行的支付。根据电子转账规则的要求，第三方支付企业在支付之前就应明确地向消费者揭示其拥有的权利和承担的相应义务，并且建立起争议解决机制。尤其对于那些未经授权的交易，第三方支付企业必须让消费者知晓需承担的最大损失额度。

（3）消费信用规则。消费信用规则主要由《诚实借贷法案》（truth in lending act，简称 TILA）和《监管指令 Z》（regulation Z）等法案构成，其适用范围主要包括第三方支付业务消费者的信用支付类业务。与电子转账规则相类似，消费信用规则同样要求企业主动向消费者揭示其面临的信贷成本，并且建立起争议解决机制。

（4）账单信息规则。账单信息规则主要由《诚实账单规则》（troth-in-billing）等法案构成，其适用范围包括各种无线网络运营商，其具体要求是无线网络运营商应当提供准确、清晰并且详尽的单据。账单信息规则的监管方一般是联邦通信委员会，而不是传统意义上的金融行业监管机构。

（5）公平贸易规则。公平贸易规则具体包括《反不公平、欺诈和滥用法案》（anti-injustice，fraud and abuse acts）（对金融机构）和《公平贸易法案》（fair trade act）（对非金融类机构）等法律法规，其适用范围包括所有涉及第三方支付的业务和行为。对于金融类机构的第三方支付业务，由消费者金融保护局监管；而非金融类机构的第三方支付业务，其监管方则是联邦贸易委员会。

（6）消费者隐私保护规则。消费者隐私保护规则主要由《格雷姆-里奇-比利雷法案》（亦称《金融服务现代化法案》）的隐私和数据安全保护等条款构成，其适用范围主要包括各类金融机构。根据消费者隐私保护规则，各类型的金融机构在与消费者签订合同的同时及每个会计年度都必须向消费者表明对其的隐私保护规则，允许消费者灵活地依据自己掌握的信息，自主选择个人信息的分享范围。同时，该法律还针对金融机构消费者的信息安全制定了明确的指引和规范。

（7）存款保险规则。存款保险规则主要由《联邦存款保险法案》（federal deposit insurance，适用于商业银行）和《全国信贷联盟份额保险法案》（NCUA share insurance，适用于信贷联盟）等法案构成，其适用范围主要包括各大商业银行一定额度内的存款，以及 FDIC 和全国信贷联盟监理署（national credit union administration，简称 NCUA）共同确定的账户。

（8）反洗钱规则。美国政府一贯高度重视反洗钱，反洗钱规则的要求包括需要进行对客户身份的识别；对金额较大的交易主动提供可疑交易报告；交易的记录最少保存五年；企业应当拟定书面的合规方案，至少包括针对反洗钱的内部控制机制，同时对企业内部的员工开展持续的培训来培养企业员工的反洗钱意识；发现洗钱行为应当主动向有关部门检举揭发。

专栏 9-1

美国的监管实践：PayPal

PayPal 最初是 1998 年在美国加利福尼亚州成立的一家非银行第三方支付公司。其目前能够在包括美国在内的全球 100 多个国家和地区进行支付，只不过在有些地区被明确视为银行（bank），而不是单纯的第三方支付公司。

在消费者保护方面，2006 年，美国 28 个州的检察官曾对 PayPal 发起诉讼，要求 PayPal 对消费者澄清：网络购物时，是否与信用卡消费一样享受《监管指令 Z》的保护。PayPal 不得不明确表示，因为自己不是信用卡机构，所以不会承诺与《监管指令 Z》完全一致的条款，但会明确揭示自己版本的消费者权利和纠纷解决机制条款。但与此同时，PayPal 明确承诺完全遵守《监管指令 Z》的要求，特别是对未经授权交易的损失，PayPal 承诺客户最高只用承担 50 美元。

在存款保险方面，PayPal 一直主动征询 FDIC 的看法。最终在 2012 年 2 月得到了 FDIC 的回复：PayPal 受客户委托代理客户存入经 FDIC 认可的无息账户（FBO account）中的资金，可以获得 FDIC 的存款保险。

在反洗钱方面，在 PayPal 发展之初，客户只需要提供一个电子邮件地址就可以成为其会员。到了 2003 年，PayPal 因在处理非法离岸赌博业务时，被控掩盖非法货币转移，触犯了《美国爱国者法案》，最后不得不花费了 1 000 万美元来进行诉讼和解。此后，PayPal 为满足反洗钱要求，管理变得更加严格。例如，在客户身份确认方面，除电子邮件地址外，还要求提供信用卡、贷记卡或银行账户的信息；在对可疑交易额处理方面，PayPal 会对发现的可疑交易账户进行冻结，除非客户能够逐项说明资金的来龙去脉，否则，甚至会关闭其账户；PayPal 还明确规定，信托机构不能持有 PayPal 账户。此外，PayPal 还明确提醒，不要与他人共享账户，不要代替他人转账，以免造成麻烦。

尽管上述规定给客户造成诸多不便，引起客户抱怨，甚至离开，但为了满足监管要求，PayPal 仍不得不严格加以执行。

（二）网络借贷的监管

美国将网络借贷纳入证券业监管，侧重于市场准入和信息披露。

1. 监管主体

2008年以前，美国P2P网络借贷监管中对借款人资格的限制较少。金融危机后，这种情况发生了改变。P2P网络借贷平台开始接受美国证券交易委员会（SEC）的监管，需要遵守《美国证券法》和《证券交易法》。由此，美国针对P2P网络借贷业务的多部门分领域监管框架成形，主要涉及证券监管、电子商务监管和消费者保护监管三方面。其中，证券监管强调市场准入与信息披露，电子商务监管侧重保护信息与交易安全，而消费者权益监管旨在保护消费者合法权益。

除此之外，美国P2P网络借贷监管框架还具有联邦与州并行的双重监管机制，即除遵守联邦机构监管规定外，P2P平台还需遵守各州的相关法律法规。美国P2P网络借贷监管机构如表9-1所示。

表9-1　美国P2P网络借贷监管机构

监管机构	监管范围
美国证券交易委员会（SEC）与州一级证券监管部门	对投资者进行保护，要求P2P平台完整、透明、无误地披露应披露的信息
联保存款保险公司（FDIC）与州一级金融机构部门	对借款人进行保护，主要对存款进行保险、检查和监督，维护金融体系的稳定和发展，对于P2P相关公司关联银行承保，检查和监督流经银行款项
美国消费者金融保护局（CFPB）	对P2P平台的金融消费者的权益进行保护和监督
联邦贸易委员会（FTC）	监督管理P2P平台在法律意义上的“不公平或者欺骗性”行为，对P2P行业的消费者投诉具有执法权力

2. 法律体系

截至目前，美国并未制定专门针对P2P网络借贷的监管法律。不过，美国完善的基础性法案体系已经可以对P2P网络借贷形成较完整的覆盖。根据Chapman and Cutler LLP2018年4月的报告，与P2P网络借贷监管相关的法律体系包括了几十项法律、法案和法规，如表9-2所示。

表9-2　美国P2P相关法律、法案及法规

监管职能	涉及主要相关法律、法规
证券监管方面	《1933年证券法》《1934年证券交易法》《风险保留要求规定》《投资公司法》《投资顾问法》《506规则》《资产证券化规定》等

（续）

监管职能	涉及主要相关法律、法规
消费者信贷保护	《真实借贷法案》《信贷机会平等法案》《公平信用报告法案》《隐私法》《债务催收法案》
结算环节所涉及的金融机构以及收款环节	《银行保密法》《格雷姆-里奇-比利雷金法案》等
电子商务相关	《资金电子转账法案》《电子签名法案》
破产相关	《破产隔离相关法案》（针对无偿还能力风险、转债权等的相关法案）
税收相关	《非美公民投资P2P税收规定》、依据借款人、P2P平台、出资人的证券收益所得税等不同税法规定

3. 监管内容

（1）市场准入。为了保护投资者和借款人，美国联邦政府对P2P网络借贷平台制定了一系列标准，只有符合标准的平台才能进入市场，如缴纳数百万美元的登记费用、提供大量证明文件等。这些标准有效提高了准入门槛，让美国P2P网络借贷行业呈现出寡头垄断的格局。此外，除了需要满足美国联邦政府的要求外，平台还需同时满足其业务经营所在州的相关运营要求，才可以进行展业。

（2）以证券方式进行监管。与英国按照金融借贷活动监管网络借贷行业的方式不同，美国将P2P网络借贷平台视为证券发行者加以监管，要求网络借贷平台在联邦和州进行正式的证券登记，而且必须每年执行。

以Lending Club为例，由于其平台上的投资人与借款人之间并不存在直接的债权债务关系，而是通过购买平台发行的“会员偿付支持债券”，成为平台的无担保债权人，因此这些P2P债务的实质属于证券，而这也是美国P2P网络借贷行业的主要业务模式（图9-1）。

在此模式下，平台通过与美国联邦存款保险公司（FDIC）担保的州特许银行合作，由州特许银行向通过审核的借款用户放贷，州特许银行再将贷款本票以凭证形式卖给平台。平台和州特许银行不承担贷款违约的风险。投资者获得的收益完全取决于所投资贷款的表现。

（3）设定较高投资人资格限制并要求登记注册。由于美国网络借贷监管的思路是证券监管，P2P网络借贷被认定为高收益债券，因此网络借贷机构需要持有经纪人执照，平台借款合同参与者（借款人、投资人）均需通过平台在SEC登记，而SEC对于投资人的资格和注册有着严格的要求。例如，投资人持有净资产必须超过100万美元，不包括居所价值，或者上一年的个人收入超过20万美元等。这些严格的限制促使P2P网络借贷的投资人不再是中小散

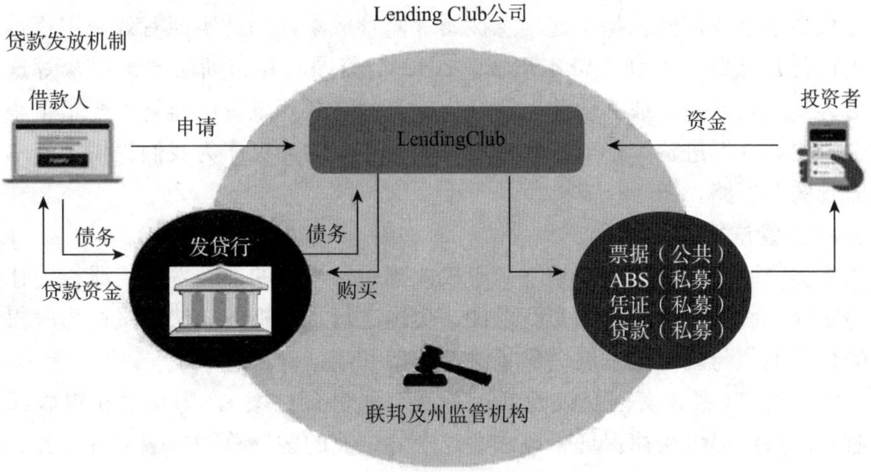

图 9-1　Lending Club 贷款发放机制

户，而是集中在机构投资人。

（4）信息披露。SEC 要求平台注册时提供风险措施等全面信息，并要求网络借贷平台定期甚至每日进行数次披露财务状况及重大事项，及时向投资人披露借款人的信息，包括借款人的年龄、工作、学历、收入范围、信用等级等。此外，SEC 要求平台每天多次向美国证券交易委员会提交贷款信息列表，并对外公布，从而形成一种"持续的信息公开披露机制"。对于平台的发行说明书存在遗漏、错误、误导而引致的损失，投资者可以对平台进行追责。

（5）借款人信息保护。《金融服务法现代化法案》对于金融机构向第三方披露非公开个人信息有着严格的规定，要求平台以匿名的方式公布借款人包括信贷报告数据在内的个人信息，并且采取措施阻止借款人上传过多的可鉴别身份的个人信息。这是因为平台需要将相关信息包含在提交给 SEC 的发行说明书附属材料中，而这些材料将通过 EDGAR 数据库公之于众。

（6）破产隔离或后备计划。美国是一个证券化产品市场较成熟的国家，其所特有的法律特性使 P2P 网络借贷被监管定义为"证券化产品"。鉴于"证券化产品"特征，美国监管允许网贷平台设立特殊目的公司（SPE）以实现破产隔离，使平台面对的破产程序影响的可能性降到最低。同时，当平台运营公司面临破产时，SPE 作为第三方机构可以接管、继续经营，从而使投资者的投资不受损失。

（三）众筹的监管

为了保护投资者利益，美国《证券法》要求公开发行的证券注册并进行公开持续的信息披露，虽然对于小企业的公开融资活动给予了一定程度的豁免，但是众多小企业依然承担不起信息披露等监管成本，因此不能有效利用资本市场进行公开融资，不利于资本形成。2012 年美国《乔布斯法案》将众筹这一融资方式纳入监管，成为合法融资行为。美国对众筹融资的监管平衡了中小企业融资便利（促进资本形成）和投资者保护之间的冲突，为我们提供了资本市场监管的新思路。

1. 监管法律

在美国原有证券法律框架下，股权众筹平台进行的证券发行与股权转让都是违法的。面对众筹融资的实践发展，美国进行了积极的立法尝试，为股权众筹的合法地位与规范化发展提供了法律框架和依据。

2011 年 11 月，美国众议院通过了《企业融资法案》，为众筹获得联邦证券监管的豁免提供法律保证。该法案对众筹企业的融资总额、融资者义务、合格投资者标准等方面都进行了限制性规定，保护了投资者。

2012 年 4 月，《乔布斯法案》颁布，该法案第三章又称为众筹法，为众筹创建了法律框架。《乔布斯法案》使小企业尤其是新兴成长型企业可以通过众筹方式获取股权资本，明确了融资者、投资者、众筹平台三方的权利与义务，确立了众筹平台的合法性，为众筹行业的发展提供了监管指引。作为证券市场的主要监管者，美国证券交易委员会（SEC）负责《乔布斯法案》的落实及法规、监管细则的制定。众筹法授予了 SEC 对集资门户网站的检查、执法和其他规则制订权，以及对发行人和中介机构的各种法定监管权力。另外，州一级的机关保留对辖区内的发行人或中介机构从事欺诈或非法行为的司法权。

2013 年 10 月，SEC 依据《乔布斯法案》发布了关于众筹融资的指导规则，对众筹平台行为规范、投资限制、发行要求、信息披露等方面作出了详细的规定，力图在投资者保护与融资便利之间进行平衡。

2. 监管内容

《乔布斯法案》针对小公司融资和普通投资者投资的两方面特点，提供了新的监管思路，特别是从强制信息披露重点转向设定投资者投资上限。

《乔布斯法案》要求证券发行人每年众筹最多不能超过 100 万美元。众筹交易不能直接在发行人和投资者之间完成，而是必须通过在 SEC 注册的金融中介机构来执行。中介可以注册成经纪自营商，或者为众筹创设的专项中介牌照“集资门户”。这些金融中介机构一方面承担了投资者教育的责任，另一方面承担了对发行人必要的尽职调查。

（1）对发行人的要求。由于众筹主要针对小公司的公募，因此对发行人的规则有两个核心原则：应采用措施切实降低发行成本，并尽可能简单明了。

首先，信息披露分层。信息披露要求不再一刀切，而是根据发行规模，要求相关企业对财务状况进行不同层次的披露。对于10万美元或以下的发行，在过去财政年度的所得税纳税申报表和未经审计的财务报表只需由主要行政人员确认无误即可；对于10万美元到50万美元的发行，财务报表需要一个独立的会计师审阅；对于50万美元到最多100万美元的发行，财务报表需要经审计。

其次，规则简单明了。众筹排除了上市公司、投资公司等类型的发行人，只对小企业、初创企业以及其他不常与监管者打交道的实体开放，因此SEC所起草的规则必须足够简单明了。

（2）对中介机构的要求。《乔布斯法案》的监管重点在于对中介机构的监管。这种监管思路是合理的，因为中介机构是市场的重复参与者，能够有效地应对SEC的监管和分散监管成本。

一是注册和披露。《乔布斯法案》规定中介机构必须在SEC注册为经纪自营商或集资门户。除了注册，中介机构还必须提供包括风险披露、投资者教育等SEC要求的其他材料。

二是投资者教育。根据《乔布斯法案》，中介机构有教育众筹投资者的责任。该责任分为三个组成部分：首先，确保每个投资者阅读按照SEC标准制定的投资者教育资料；其次，确保每个投资者正面肯定他理解自己可能损失所有投资；最后，确保每个投资者回答各种问题以表明他理解投资企业的风险和众筹证券的低流动性。

三是减少欺诈风险。根据《乔布斯法案》，中介机构有责任采取SEC规定的各项措施以降低欺诈风险，包括对发行人高管、超过20%的股东进行背景调查和相关证券监管执法历史记录的核查。但这种事前的尽职调查如果过于复杂，容易推高众筹融资的发行成本，因此，SEC主要依靠事后执法和年度投资上限的结构性制度安排来保护投资者利益。另外，还可以采取其他市场手段，如电商的信誉评价机制来减少证券欺诈风险。

四是确保投资额度合规。确保投资者的投资额度合规是实行众筹的核心，SEC要求从事众筹业务的中介机构完成这一工作。

五是对中介行为的限制。《乔布斯法案》要求中介机构不能持有投资者的资金或者证券，不能提供投资建议，不能劝诱或通过他人劝诱购买所提供的众筹证券等。

另外，中介机构还承担了一系列责任：向SEC和潜在投资者发布发行人的披露文件和财报；当众筹发行未达到目标金额时帮助投资者取消投资并收回本金；对投资者收集信息的隐私保护等。

(3) 对投资者的要求。众筹最有争议的地方在于可能存在的证券欺诈，因此对于投资者保护进行有效的制度设计就成为《乔布斯法案》的核心所在。

一是投资上限。《乔布斯法案》规定了投资者被允许投资在所有众筹产品的最高上限。如果一个投资者的净资产或年收入在10万美元以下，他可以在众筹证券上投资2 000美元或年收入的5%；如果一个投资者的净资产或年收入在10万美元以上，他将被允许投资其年薪的10%。上述规则对于大多数人的影响就是他们被允许投资在所有众筹产品的总额度不能超过每年5 000美元。

二是二级市场转让。《乔布斯法案》规定众筹证券自购买日起，一年内禁止转让或出售，除非转让对象为发行人、合格投资者、原投资者的家庭成员或该证券作为在SEC注册发行的一部分。另外，在实际操作中，对于任何给定的众筹证券，流通在外的股份很小，缺乏一个如纽约证券交易所这样的正式市场。因此，众筹证券难以形成有流动性的二级市场。

二、英国互联网金融监管实践

（一）网络借贷的监管

1. 监管主体

英国是P2P网贷的发源地，世界上首家P2P网贷平台Zopa率先在英国成立。虽然英国宽松的法律政策环境认可P2P网贷的合法地位，但在其发展初期也存在监管模糊的问题，没有一个权威机构对其进行监管。英国公平交易办公室根据《消费者信贷法》将网络借贷认定为消费信贷范畴，要求网贷平台向公平交易办公室申请信贷许可证并接受其管理。2008年次贷危机之后，英国对本国的金融监管体制进行了改革，取消金融服务管理局（FSA），在英格兰银行下成立了金融政策委员会（FPC）、审慎监管局（PRA）和金融行为监管局（FCA）。

成立于2010年的FPC主要对互联网金融系统风险进行监管，保护整体经济体系。

2014年4月，FCA接替英国公平交易办公室对消费信贷领域进行监管，成为网络借贷和众筹行业的主要监管机构。

2017年3月，审慎监管委员会（prudential regulatioh committee，简称PRC）成立，取代PRA，开始对金融机构、互联网理财业务进行监管。

英国网络借贷的监管可分为三个层次，分别是行业协会自我监管、政府监管、FCA的专门监管。

第一重监管——行业协会自我监管。P2P在英国起步时间早，刚开始运行的时候并没有相关的政府部门对其进行监管，基本上没有法律法规的保护和监督，为了可以让消费者接受和信任，P2P 行业自主建立起自律组织。英国的 P2P 协会成立于 2011 年 8 月 15 日，是由三家领头 P2P 公司成立，它们分别是 Zopa、Rate Setter、Funding Circle。

第二重监管——政府监管。除去行业自律以外，英国还实行政府对 P2P 行业进行专门监管，对于 P2P 平台的最低资本要求、客户资金、信息披露等进行规范。在英国，对于具有重要作用的银行、保险公司、投资公司等，均由审慎监管局和金融行为监管局进行双重监管，但是由于 P2P 现阶段并没有发展到与银行等同样需要如此大的监管的程度，所以暂时不属于这两个监管局同时管理，仅仅受控于金融行业监管局。

第三重监管——FCA 的专门监管。英国的 FCA 成立于 2013 年，作为一个独立的机构承担保护消费者的职能，FCA 从三个方面着手，首先是确保对金融消费者的适度保护，其次是提升整个金融市场的诚信度，最后从消费者角度出发促进金融市场的合理竞争。

2. 法律体系

英国网络借贷行业法律体系是比较完善的，2014 年颁布的《关于网络众筹和通过其他方式发行不易变现证券的监管规则》（以下简称《众筹监管规则》）成为世界上第一部关于众筹领域的法案。英国 P2P 行业监管的法律法规主要由国家宏观金融法律法规、行业监管法律法规、行业自律规章构成，如表 9-3 所示。

表 9-3　英国网络借贷行业监管法律体系构成

法律法规类别	相关法律法规
国家金融监管法律法规	《2012 年金融服务法案》《金融监管新方法：改革蓝图》白皮书、《金融监管的新方法：判断、焦点及稳定性》《2009 年银行法》《改革金融市场》白皮书、《电子商务条例》
行业监管法规	《关于网络众筹和通过其他方式发行不易变现证券的监管规则》
行业自律规章	P2P 协会规定了 10 项《协会原则》

3. 监管内容

（1）《协会原则》。为了建立更加有序的市场，保护消费者的权益，英国 P2P 行业协会要求必须履行“8 个必须”和 10 项《协会原则》。在《协会原则》中，要求公司的董事会必须有一位以上的符合金融服务管理局规定的认可代理人；公司最低营运资本是 2 万英镑和 3 个月营运费用两者的较高值；公司必须将客户资金和自营资金分离，存在单独的银行账户里；公司必须遵循反洗钱和反诈骗政策；公司要对客户的贷款期限、风险、收益等进行披露；公司内部需要明确投诉处理政策，使客户的投诉可以有效地解决；公司需要提前对可能的破产情况做出安排等。这些规定的推行在一定程度上弥补了法律的空白，也为之后建立法律体系建立了一个基础，对全世界P2P行业的发展起到了模范作用。

（2）《众筹监管规则》。为了适度保护消费者以及促进有效竞争，2014年FCA颁布实施《众筹监管规则》，将纳入监管的众筹分为两类：借贷型众筹与股权型众筹，并制定了相应的监管标准。FCA认为，不管是个人对个人的借贷（P2P），还是个人对企业的借贷（P2B、P2C），都属于借贷型众筹。

对P2P网络借贷型众筹的监管规则主要有以下内容。

一是最低资本要求。《众筹监管规则》规定静态最低资本和动态最低资本孰高确定最低资本。静态最低资本在2017年4月1日前为2万英镑，在2017年4月1日后为5万英镑。动态最低资本是指P2P网络借贷企业要根据平台借贷资产总规模的情况，采取差额累计制，达到最低资本限额的要求。

二是客户资金。网络借贷平台如果破产，应当继续对已存续的借贷合同进行管理，对贷款管理做出合理安排。

三是争议解决及补偿。如果网络借贷平台没有二级转让市场，投资者可以有14天的冷静期，14天内可以取消投资而不受到任何限制或承担任何违约责任。投资者在向公司投诉无法解决的情况下，可以通过金融申诉专员（FOS）投诉解决纠纷。需要注意的是，虽然众筹公司取得了FCA授权，但投资者并不被纳入金融服务补偿计划（FSCS）范围，不能享受类似存款保险的保障。

四是信息披露。网络借贷平台必须百分之百用通俗易懂的语言告知消费者其从事的业务，在与存款利率作对比说明时，必须公平、清晰、无误导，在平台上任何投资建议被视为金融销售行为，需要同时遵守金融销售的相关规定。

五是报告。网络借贷平台要定期向FCA报告相关审慎数据，如客户资金情况、客户投诉情况、上一季度贷款信息等。

（二）众筹的监管

如前所述，自2014年起，FCA开始对英国各种类型的众筹活动进行统一监管，明确了以FCA为主要监管机构、以《众筹监管规则》为全国性监管办法的统一监管模式。相比借贷型众筹，股权型众筹的投资成功率更低、回报时间更长、风险更高，因此在借贷型众筹监管规则的基础上又强调了股权众筹合格投资者准入门槛，对股权型众筹投资者的投资额度、年财富收入进行限定，并通过个人信息申报和在线问卷调查等方式判别合格投资者，加强对投资者的保护。英国也是最早拥有众筹行业协会进行自律监管的国家。

《众筹监管规则》对股权型众筹的要求主要有以下几方面。

1. 投资者限制

投资者必须是高资产投资人，指年收入超过10万英镑或净资产超过25万英镑（不含常住房产、养老保险金），或者是经过FCA授权的机构认证的成熟投资者。

2. 投资额度限制

非成熟投资者（投资众筹项目2个以下的投资人），其投资额不对超过其净资产（不含常住房产、养老保险金）的10%，成熟投资者不受此限制。

3. 投资咨询要求

众筹平台需要对项目提供简单的说明，但是如果说明构成投资建议，如星级评价，每周最佳投资等，则需要再向FCA申请投资咨询机构的授权。

（三）"监管沙箱"——针对金融科技监管的新模式

"监管沙箱"由FCA于2015年11月最先提出。所谓"监管沙箱"，是指监管机构所构建的一个不受当下金融监管体制监管的"真实的、较小的安全市场空间"。在此市场空间之中，获准测试的公司不仅能对自身的金融科技创新产品进行试验性经营，而且还能对其创新的金融创新服务和模式进行试错，以便及时发现自己的金融科技创新产品的缺陷及其存在的风险，并在此基础上积极寻找更为系统化、成熟化的解决方案；同时，监管机构也能借助于这种测试有效进行风险分析和预判这项金融科技创新产品是否符合进入大面积市场推广的条件，如果无法进行大范围的实践推广，应该做出何种调整，或者应该对金融监管规则做出怎样的改变，监管机构也会给出相应的意见和建议。英国的"监管沙箱"于2016年5月正式开放申请，截至2018年7月，已经成功进行了4批沙箱测试，从276个测试申请中接受99个项目。英国推出"监管沙箱"之后不久，多个国家和地区也接连开展了针对金融科技监管的"沙箱模式"试验。

三、美、英互联网金融监管的经验总结

美、英对互联网金融监管政策既有差异，又有共同特征。应当看到，美、英监管实践中的共同特征越来越多；即便是那些差异性特征，也并非截然对立、互不相容。这些差异性特征，或者是因为两国对于互联网金融监管的侧重点有所不同，或者是由于两国的金融监管体制存在差异，两国在将本质上相似的互联网金融监管理念贯彻到本国现行金融监管框架的过程中，形成了差异化的外在特征。下面我们对美、英在互联网金融监管实践中的主要经验加以归纳和总结。

（一）依托既有金融监管制度构建互联网金融监管框架

在对互联网金融进行监管时，美、英并不是另起炉灶，而是依托已有的金融监管制度，利用已有的金融监管法规，运用已有的金融监管方法，在充分尊重互联网金融行业自身发展规律的前提之下，因地制宜、因时制宜，构建适合于本国实际情况的互联网金融监管框架。

美国对金融业实行分业监管模式，不同金融业务的监管分别由不同的监管机构负责实施，这一制度安排也被沿用到互联网金融监管之中。例如，第三方支付在美国被纳入货币转移业务监管框架，主要由 FDIC 实施监管；而 P2P 网络借贷和众筹融资则被纳入证券交易监管框架，主要由证券交易委员会实施监管。除了接受联邦一级机构的监管之外，在美国“双线多头”的监管体制下，互联网金融业务还需接受州一级机构的监管。

英国对金融行业实行集中监管体制，将包括互联网金融在内的金融业作为一个整体统一进行监管。在早期，英国金融市场由 FSA 负责实施统一监管，互联网金融行业也被纳入 FSA 的监管职责中。金融危机之后，英国为了加强审慎监管，对金融监管体制进行了全面改革，在中央银行之下新设 FPC，并新设 PRA 和 FCA 替代 FSA，分别承担审慎监管职能和行为监管职能。互联网金融行业的业务行为由 FCA 负责监管，系统重要性金融机构则由 PRA 实施监管，涉及宏观审慎监管的事项，PRA 和 FCA 都接受 FPC 的指导。

（二）功能监管和机构监管共存，功能监管越来越受到重视

按照监管机构设置及监管权限划分的差异，金融监管模式可划分为机构监管模式和功能监管模式。在机构监管模式下，特定类型的金融机构的所有监管事项均由相应监管机构统一负责；在功能监管模式下，同类金融业务由相同监管机构监管。美、英关于互联网金融监管的总体思路可以归纳为：按照互联网金融各个业态的实质功能和风险特征进行差别化监管。具体监管工作中，机构监管与功能监管并存，监管重心依照业态特点各有侧重。在一些情形下，即使是针对相同的互联网金融业态，两国的监管思路也有差异。应当看到，无论是在理论上还是在两国的监管实践中，机构监管与功能监管都不是非此即彼的关系，而是相互补充、协调配合的有机整体。

面对互联网金融带来的综合化、全能化趋势，功能监管更有利于金融监管的专业性和针对性；同时，针对互联网金融所带来的金融创新，更关注金融产品与服务基本功能的功能监管能够更为有效地解决金融创新产品的监管权责归属问题，因此也更有利于推动金融创新。但功能监管也有局限性，即无法从整体上把握金融机构所面临的风险，难以很好地实现审慎监管目标。相比之下，机构监管在监管整体性及风险防范和控制方面更具优势，更能适应审慎监管的

要求。

（三）行为监管与审慎监管框架日渐清晰

金融危机之后，行为监管和审慎监管越来越受到两国重视，上述监管理念也被两国贯彻到互联网金融监管实践之中。行为监管包括对互联网金融基础设施、互联网金融机构及相关参与者行为的监管，其目的是使互联网金融交易更为安全、公平和有效。在互联网金融机构监管方面，美国证券交易委员会要求众筹融资平台登记为经纪商或集资门户，并且禁止平台与发行人有利益关联。在客户资金保护方面，英国 FCA 要求平台类互联网金融机构一旦持有客户资金，即向客户承担信托义务，且仅能为履行信托职责需要使用资金；同时要求平台将客户资金存放于合适的机构，以使平台资金与客户资金有效隔离。美国也要求第三方支付平台将沉淀资金存放于 FDIC 开立的无息账户中。

互联网金融可能给社会带来负外部性影响，审慎监管的目标是通过引入监管限额管理等风险管理手段规范互联网金融机构的风险承担行为，控制互联网金融的负外部性影响。例如，英国 FCA 对 P2P 网络借贷企业提出了最低审慎资本要求，目的是避免平台借贷规模过度膨胀，保障平台正常运营和发展，并确保其在出现倒闭时能够以自有资本吸收风险。FAC 要求静态最低资本至少为 5 万英镑（2017 年 4 月 1 日前为 2 万英镑），同时根据平台借贷资产总规模采取差额累计制计算动态最低资本，最终取其中的较高值作为最低审慎资本要求。为确保借贷平台符合审慎资本标准，FAC 还对合格的审慎资本工具的范围做了说明。

（四）多措并举，实施金融消费者保护

互联网金融产品在利用其信息优势拓展交易可能性边界、为传统金融无法覆盖的长尾人群创造投资机会的同时，也把风险承受能力最差的人群和风险最高的项目连接在一起。受到专业知识的限制，金融消费者对互联网金融产品的收益和风险的认识远远落后于互联网金融机构，处于信息劣势，消费者权益面临严重的侵害风险。美、英的监管机构都非常关注互联网金融交易中的消费者权益保障问题，主要做法如下所述。

一是美、英两国借助其完善的信用制度，对投资人进行资产认证和阶梯式风险管理，按照投资人资产的高低对其投资额度做出了相应限制，在吸引更多社会闲散资金进入小微企业的同时，又避免给投资者的资产安全带来过大冲击。

二是美、英监管当局要求互联网金融机构加强信息披露，充分履行风险告知义务，并用普通消费者能够理解的语言加以表述，使金融消费者明确知晓产品的风险和收益。

三是在消费者隐私保护方面，美、英监管当局要求互联网金融机构揭示对消费者的隐私保护规则，并制定了违规时的惩罚性措施。

四是美、英监管当局为互联网金融消费者建立了较为完善的维权渠道。

（五）发挥行业自律组织的作用

美、英都通过行业自律的方式引导行业规范发展。行业自律的优势在于行业内的自我监督管理效果更明显，行业成员参与性、自觉性更高。例如，在英国互联网金融发展早期，政府部门还没有专门出台有关网络借贷和网络众筹行业的监管政策时，英国的网络借贷行业与网络众筹行业就成立了自己的行业协会，制定了指导性的监管意见并做出详细的规定，建立了自我约束机制。

第三节　我国互联网金融监管探索

近年，我国互联网金融在提升金融服务效率和金融体系普惠性、降低交易成本方面发挥了重要作用。与此同时，由于其具有跨界、混业、跨区域经营等特征，风险传染速度更快、波及面更广、负面溢出效应更强，对金融监管形成了新挑战，成为金融监管部门面对的新问题。金融监管部门致力于在鼓励互联网金融发展和防范金融风险积聚之间求得平衡，制定并实施较为审慎的监管政策，取得了积极的成效。

一、我国互联网金融的监管历程

在过去10余年间，我国互联网金融市场经历了初期快速发展、中期市场风险频发以及现阶段去伪存真的发展历程。相应地，互联网金融监管大致也可分为三个阶段。

1. 第一阶段（2007—2012年）：**包容性监管**

2007年我国首家P2P网贷平台拍拍贷在上海成立，标志着互联网金融在中国的正式起步。2011年7月，“点名时间”网站上线，将众筹融资模式引入中国。在这一阶段，为支持互联网金融的创新发展，中国互联网金融监管政策主要以包容性监管政策为主。包容性监管是实践“金融包容”理念的金融监管新范式。包容性监管更加突出柔性监管制度环境的塑造和监管机构与监管对象的互信沟通，对于改善传统金融监管过度刚性和监管手段单一性、片面强调金融安全而忽视金融公平和金融效率平衡的困境具有积极作用。

2. 第二阶段（2013—2015年）：**原则性监管**

金融业本身就是一个进行风险传递和风险交易的行业。互联网金融在实现迅猛发展的同时，行业自身积累的信用风险、流动性风险和法律风险也在不断叠加。自2013年底以来，互联网金融市场中的违约事件频发，P2P网贷平台虚假借贷、平台跑路、股权众筹虚构筹资项目等风险事件逐渐显现，给金融市场秩序和金融消费者利益带来了严重影响，倒逼金融监管部门采取相应的监管措施。自2013年起，在“一行三会”分业监管模式下，各监管部门针对互联网金融市场中属于自己监管的部分出台了相应的监管政策，主要包括中国人民银行颁布的《非银行支付机构网络支付业务管理办法》、银监会颁布的《网络借贷信息中介机构业务活动管理暂行办法》及保监会颁布的《互联网保险业务监管暂行办法》等。这些监管政策对互联网金融市场中的具体业务规范进行了规定。2015年7月，中国人民银行等十一部委联合发布《关于促进互联网金融健康发展的指导意见》，确立了“依法监管、适度监管、分类监管、协同监管、创新监管”的互联网金融五大监管原则以及互联网金融各具体子行业的监管部门，构建了具有中国特色的互联网金融“原则性监管”模式。

根据英国金融服务管理局（FSA）的表述，原则性监管是“更多地依赖于原则并以结果为导向，以高位阶的规则用于实现监管者所要达到的监管目标，并较少地依赖于具体规则”的金融监管模式。原则性监管的灵活性虽然有利于金融创新，但其不确定性也为部分互联网金融企业的违法业务创设了制度空间，导致了金融风险的积聚。

3. 第三阶段（2016年至今）：**“运动式”监管**

监管实践表明，原则性监管并未真正解决互联网金融市场乱象问题。2015年以来，大规模的平台跑路、虚假借贷、平台违规搭建资金池等现象在全国范围内陆续曝光，集资诈骗、非法吸收公众存款等事件接连发生。例如，在e租宝事件中，相关犯罪嫌疑人运营的网络平台打着“网络金融”的旗号上线运营，以高额利息为诱饵，虚构融资租赁项目，持续采用借新还旧、自我担保等方式大量非法吸收公众资金，累计交易发生额达700多亿元，涉及投资人约90万名，受害投资人遍布除香港、澳门、台湾以外全国31个省、自治区、直辖市。互联网金融市场乱象引起了国家监管部门的密切关注。从2016年起，互联网金融监管进入快车道。2016年4月14日，国务院组织14部委召开电视电话会议，决定在全国范围内启动互联网金融领域为期一年的专项整治行动。2016年10月13日，国务院正式公布《互联网金融风险专项整治工作实施方案》，要求集中力量对P2P网络借贷、股权众筹、互联网保险、第三方支付、互联网资管等重点领域进行整治。随后，金融监管部门相继发布了6个细分领域的整治方案，全面开启了规范整治互联网金融、防范系统性金融风险的大幕。至此，中国互联网金融正式进入强监管大幕下的“运动式”监管阶段。客观而言，互联网金融风险专项整治行动对于尽快化解此前因为低准入门槛和宽松监管而累积的行业风险具有正向促进作用，有利于维护互联网金融市场秩序并保障金融消费者利益。但互联网金融专项整治行动毕竟是一种国家强制力主导的短期的、阶段性的金融治理运动，在专项整治行动结束之后，此前被强力压制的互联网金融乱象有可能会重新出现，导致互联网金融监管陷入又一轮整治。因此，从长远看，应不断完善互联网金融监管模式，建立防范互联网金融风险的长效机制。

二、我国互联网金融的监管现状

我国在2017—2018年进行了金融监管体制改革，逐步形成了宏观审慎管理与微观审慎监管相结合、机构监管与功能监管相结合的监管理念。同时，也在监管手段上尝试走出传统金融监管的藩篱，结合互联网金融特性创新监管思路，革新监管技术。从互联网金融的特殊业态属性出发，明确提出“穿透式”监管的理念，针对互联网金融采取实质监管手段，以弥补金融创新监管空白，消除监管重叠现象。

（一）现行互联网金融监管体系

1. 中央政府层面——“一委一行一局一会”

2015年7月18日，中国人民银行等十部委出台《关于促进互联网金融健康发展的指导意见》（以下简称《指导意见》）确立了互联网金融主要业态的监管职责分工，落实了监管责任，明确了业务边界。《指导意见》将互联网金融监管部门赋予“一行三会”——中国人民银行、银监会、证监会、保监会。“一行三会”在作为中国传统金融业监管部门的基础上继续履行中央政府层面对互联网金融的监管职责，将互联网金融的监管融入了原有监管体系。《指导意见》被视为互联网金融“基本法”，2015年也被称为我国互联网金融监管元年。

按照《指导意见》，网络支付业务由中国人民银行负责监管；网络借贷业务、互联网信托业务、互联网消费金融业务由银监会负责监管；互联网基金销售、股权众筹融资业务由证监会负责监管；互联网保险业务由保监会负责监管，互联网金融确立了“分业、多头、动态”的监管模式。

2017年7月，全国金融工作会议决定设立国务院金融稳定发展委员会。2018年3月，十三届全国人大一次会议审议通过国务院机构改革方案，我国将不再保留中国银行业监督管理委员会和中国保险监督管理委员会，组建中国银行保险监督管理委员会。该委员会将整合银监会和保监会的职能，并作为国务院直属事业单位。上述举措是我国金融监管体制的重大调整，中国金融监管格局从原来的“一行三会”转变为“一委一行两会”。其中，国务院金融稳定发展委员会承担统筹协调金融政策和监管机构，中国人民银行负责制定货币政策、宏观审慎政策及部分微观审慎管理，银保监会和证监会通过机构监管、功能监管和行为监管，保护消费者权益。

2023 年 3 月，中共中央、国务院印发《党和国家机构改革方案》，决定在银保监会基础上组建国家金融监督管理总局，统一负责除证券业之外的金融业监管。国家金融监督管理总局的设立有利于消除不同部门之间的监管分割、重叠和缺失，实现对各类金融机构和市场的全面覆盖和有效监管。同时，分别组建中央金融委员会和中央金融工作委员会，不再保留国务院金融稳定发展委员会。这也意味着，实施了 5 年的“一委一行两会”金融监管框架，变成中央金融委员会统一领导下的“一委一行一局一会”的新格局。

在“一委一行一局一会”格局下，中国人民银行专注货币政策和宏观审慎监管，国家金融监督管理总局统一负责除证券业之外的金融业监管和金融消费者权益保护，证监会负责资本市场监管，增加企业债券发行审核等职责。“一委一行一局一会”监管格局下我国互联网金融监管的组织体系如图 9－2 所示。

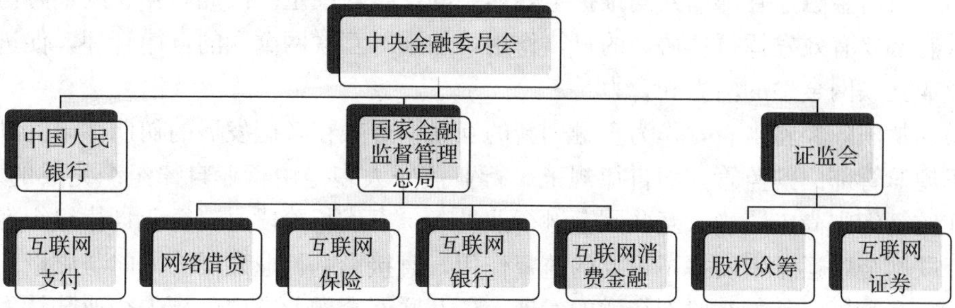

图 9－2　我国互联网金融监管体系

2. 地方政府层面——地方金融监督管理局

互联网金融将很多民间非正规金融活动转移到了互联网平台上，这在缓解地方中小企业“融资难”的同时，也为区域金融体系带来了新的风险，地方金融监管部门对辖区内互联网金融负有监管职责。2018 年机构改革将各省、自治区、直辖市金融办改成地方金融监督管理局，由原来的社会服务机构上升为具有国家管理权限的部门，可以对辖区内类金融机构进行准入、监管和处罚。由“办”到“局”，职能由“服务＋协调”转向“服务＋协调＋管理”，具体内容如下所述 。

（1）组织、协调或配合有关部门打击辖区内各类非法金融活动，防范化解地方金融风险，处置地方金融突发事件和重大事件。

（2）负责对“7＋4”类机构实施监管，即小额贷款公司、融资担保公司、区域性股权市场、典当行、融资租赁公司、商业保理公司、地方资产管理公司"7类机构"；投资公司、开展信用互助的农民专业合作社、社会众筹机构、地方各类交易场所"4类机构"。

(3) 拟订地方资本市场培育发展规划（计划），组织协调、培育、推动企业改制上市。

(4) 拟订地方金融业发展规划、起草金融地方性法规、规章草案和规范性文件。

(5) 承担与辖区中央金融监管部门和金融机构的联系、协调、服务工作。

3. 行业自律组织

相比政府监管，行业自律组织更熟悉本行业的实际情况，其在制定和执行行业内管理条例的过程中，更具有灵活性和预防性，且行业自律内含伦理道德的约束，作用空间较大，又能更好地与业内各金融机构沟通。行业内自我管理、自我规范、自我约束，可以有效地避免各金融主体之间的不正当竞争，规范金融主体自身的行为，促进它们彼此的协作，使它们自觉维护金融秩序，从而与政府金融监管部门共同维护金融体系的安全与稳定。因此，互联网金融监管有必要有效发挥行业协会的自律作用，加强对互联网金融的自律管理，促进形成互联网金融的活力和合力。

从国际经验来看，作为金融创新的互联网金融在各国发展的初期都未受到正规监管部门的监管，而自律规范、行业监督大多是由行业自律组织完成的。在监管细则尚未明确、互联网金融行业处于自发成长阶段时，行业自律组织在互联网金融运营中发挥了重要的监督作用，直接影响行业发展的方向与质量。

在我国，随着互联网金融的发展，各互联网金融业态内的领先企业陆续发起成立了一些区域性的自律性组织，在互联网金融行业规则和标准的制定中也进行了初步的尝试。2012年12月，国内首个网络借贷行业企业自律性组织"网络信贷服务业企业联盟"在上海成立；2013年12月，上海信贷服务业企业联盟发布了网络信贷行业准入标准；2015年1月，国内首家众筹行业组织"深圳市众筹同业公会"成立，并发布了众筹行业自律公约。这些自律组织和规则标准在对本地区的互联网金融行业进行自律管理、引导行业有序健康发展等方面发挥了一定的作用和影响力。但是这些区域性的自律组织结构较为松散，参与的企业机构不够广泛，自律作用不强。随着互联网金融行业的快速发展，有必要建立全国范围内的自律协会组织，制定统一的自律性规范，以提高整个行业的风控能力。

(1) 全国性行业自律组织。中国互联网金融协会是按照2015年7月18日中国人民银行等十部委发布的《关于促进互联网金融健康发展的指导意见》的要求，由中国人民银行会同银监会、证监会、保监会等国家有关部门组织建立的国家级互联网金融行业自律组织。2015 年 12 月 31 日，经国务院批准，民政部通知中国互联网金融协会准予成立。2016 年 3 月 25 日，中国互联网金融协会在上海市黄浦区召开成立会议暨第一次全体会员代表大会，会议签署了《中国互联网金融协会会员自律公约》《互联网金融行业健康发展倡议书》。

专栏 9-2

中国互联网金融协会职责

对行业和会员开展互联网金融监管政策宣传解读，督促会员贯彻执行有关法律法规、政策方针和监管规定，诚信稳健经营，落实社会责任。

制定行业自律公约、团体标准和职业道德规范等，通过自律调查、自律检查等方式监督实施，对违反协会章程、自律公约的会员开展自律惩戒。

建立健全统计分析、风险监测、产品登记和信息披露、信息共享等互联网金融行业基础设施，组织行业机构报送业务数据和信息，汇总分析并定期发布。

组织行业和会员开展业务研究和交流；对从业人员开展职业教育、业务培训和职业技能水平评价；对会员之间、会员与客户之间的纠纷进行调解。

在金融管理部门指导下，对互联网金融创新业务、金融科技创新应用开展评估，代表行业参与制定相关金融监管制度。

指导会员有序推进数字化转型，合规应用金融科技手段，强化网络安全和数据保护措施。

在金融管理部门指导下，开展金融消费者权益保护工作，建立健全消费者投诉处理和权益保护机制，面向社会公众开展宣传教育，普及互联网金融知识。

代表中国互联网金融行业参与国际交往，加强国际交流合作。

完成中国人民银行及其他政府部门委托开展的其他工作；按照中国人民银行及其他政府部门的政策指引和监管要求，依法开展的其他工作。

协会单位会员包括银行、证券、保险、基金、期货、信托、资产管理、消费金融、征信服务以及网络支付、投资、理财、借贷等机构，还包括一些承担金融基础设施和金融研究教育职能的机构，基本覆盖了互联网金融的主流业态和新兴业态。

（2）地方性行业自律组织。在中国互联网金融协会成立以前，很多省、自治区、直辖市就先行先试，在辖区内建立了地方性互联网金融行业协会，为互联网金融行业自律做了一些有益的尝试。在中国互联网金融协会成立以后，各地方协会继续发挥地方行业自律的优势，推动了地方互联网金融生态的构建。作为较早成立的地方行业协会之一，广东互联网金融协会成立于 2014 年 5 月，协会成员涵盖了互联网金融机构、传统金融机构、金融研究教育机构等，以期聚集民间互联网金融智慧，助力互联网金融发展。随后，上海、江苏、浙江、北京等互联网金融发展较为发达的地区相继成立互联网金融协会，以期发挥协会职能，建立有序的市场环境，助推互联网金融行业的健康发展。

（二）监管理念——“穿透式”监管

互联网金融的“穿透式”监管最早是 2016 年 3 月 25 日的中国互联网金融协会成立大会上，时任中国人民银行副行长潘功胜提出的。他表示，要透过互联网金融产品的表面形态看清业务实质，将资金来源、中间环节与最终投向穿透连接起来，按照“实质重于形式”的原则甄别业务性质，根据业务功能和法律属性明确监管规则。同年 10 月由国务院下发的《互联网金融风险专项整治工作实施方案》中正式提出互联网金融监管领域引入穿透式监管。在 2017 中国互联网金融论坛上，时任中国人民银行金融市场司司长纪志宏表示，要实施穿透式监管，落实“所有金融业务都要纳入监管，任何金融活动都要获取准入”要求，建立互联网金融的行为监管体系、审慎监管体系和市场准入体系。

1. “穿透式”监管溯源

“穿透式”监管最初是在基金监管实践中提出的。20 世纪初，美国的证券投资业务发展迅猛，基金公司在基金管理模式不断创新的过程中，出现了恶意规避人数限制，事实上架空合格投资人制度的问题。为应对这一乱象，美国在《1940 年投资公司法》中首次规定了“看穿条款”，允许对基金投资者实施市场主体的“穿透”，以确定最终投资者是否符合合格投资者的要求及对投资人人数的法定限制。但在此后相当长的一段时间里，在以美国为首的多国金融监管实践中，“穿透式”监管始终未得到充分重视和应用，也未形成相对成熟的理论框架，仅作为一种监管辅助措施局部使用。直到 2008 年金融危机爆发后，各国方意识到金融市场乱象源于现有的监管手段无法应对跨市场、跨行业的金融创新，也无法防控层层嵌套、紧密互联的金融产品风险。这促使“穿透式”监管在实践中的应用得以扩展，由以前仅限于对主体的“穿透”，逐渐衍生出对资金和产品结构的“穿透”等多种“穿透”方式，适用范围也从最初的证券投资领域扩展到包括保险、银行、互联网金融在内的多种金融业态。

“穿透式”监管理论普遍被认为源于功能监管。在“后危机时代”，为应对跨市场、跨行业趋势日益凸显的金融创新，世界金融监管体制不断进行变革，各国纷纷摒弃国际金融危机前所采取的分业监管、机构监管等监管方式，转而实施功能监管、行为监管等监管方法。包括英国在内的诸多国家迅速选择了审慎监管与行为监管相结合的“双峰”监管体制，以此消除监管壁垒，避免监管套利。“互联网+”的兴起使全球经济紧密互联，进而使爆发系统性金融风险的隐患持续加大。从产品到产业、从商业模式到资金结构，金融市场的各类业务间的高度互联、深度嵌套、交叉创新使市场透明度越来越低。面对实践挑战，传统功能监管理论也不断完善，进而衍生出“穿透式”监管理论。

2. 互联网金融“穿透式”监管的必要性

近年，我国互联网金融迅速崛起，但面临的风险敞口也更大。互联网金融具有混业经营特征，本身即是交织的，一般涉及或嵌套多项金融业务，形态多样易变，不容易准确辨识业务实质。有些业务和工具分段看可能符合监管要求，但综合看其本质和效果，则会发现挪用、误导、违规或关联交易。“穿透式”监管方式，就是要透过表面现象看清业务实质，把资金来源、中间环节与最终投向穿透连接起来，综合全流程信息来判断业务性质，并执行相应的监管规定。因此，我国借鉴国际金融监管实践中的“穿透式”方法，在互联网金融领域实施“穿透式”监管。

事实上，我国在2018年初进行了金融监管体制改革，逐步形成了宏观审慎管理与微观审慎监管相结合、机构监管与功能监管相结合的监管理念。同时，也在监管手段上尝试走出传统金融监管的藩篱，结合互联网金融特性创新监管思路革新监管技术。为平衡金融效率与秩序，一方面，从金融市场整体出发，明确了“三位一体”的发展核心，创立了由“一行”负责宏观审慎监管、“两会”负责微观审慎监管、“一委”承担协调和统合职能的“准双峰监管”体系；另一方面，从互联网金融特殊业态属性出发，明确提出“穿透式”监管的概念，针对互联网金融采取实质监管手段，以弥补金融创新监管空白，消除监管重叠现象。

从实践来看，互联网金融穿透式监管的机制和框架也正被积极构建和完善。有些地方建立了跨行业、跨领域的穿透式监管平台。2018年4月9日，国务院办公厅下发《关于全面推进金融业综合统计工作的意见》，提出建立由中国人民银行牵头、金融监管部门信息共享，口径统一的资管产品信息系统。这标志着金融统计全覆盖时代的来临，被视为是为全面实施穿透式监管所做的基础工作。但互联网金融行业“穿透式”监管远未成形，未来亟须加强全国性互联网金融统一的“穿透式”监管。

（三）现行监管政策

2016年以来，针对互联网金融领域的监管政策密集出台，在前面的章节已有所介绍，主要规章和规范性文件如表 9-4 所示。

表 9-4　2016—2021 年我国互联网金融主要规章和规范性文件

发布机构	发布时间	法规名称
保监会	2016 年 1 月	《关于加强互联网平台保证保险业务管理的通知》
教育部办公厅、银监会办公厅	2016 年 4 月	《关于加强校园不良网络借贷风险防范和教育引导工作的通知》
国务院办公厅	2016 年 4 月	《关于印发互联网金融风险专项整治工作实施方案的通知》
十五部委	2016 年 4 月	《互联网保险风险专项整治工作实施方案》
十五部委	2016 年 10 月	《P2P 网络借贷风险专项整治工作实施方案》
十五部委	2016 年 10 月	《股权众筹风险专项整治工作实施方案》
银监会办公厅	2017 年 2 月	《关于印发网络借贷资金存管业务指引的通知》
银监会、教育部、人力资源保障部	2017 年 5 月	《关于进一步加强校园贷规范管理工作的通知》
银监会	2017 年 8 月	《网络借贷信息中介机构业务活动信息披露指引》
保监会	2017 年 9 月	《关于在互联网平台购买保险的风险提示》
互联网金融风险专项整治工作领导小组办公室	2017 年 11 月	《关于立即暂停批设网络小贷公司的通知》
互联网金融风险专项整治工作领导小组办公室、网络借贷风险专项整治联合工作办公室	2017 年 12 月	《关于规范整顿“现金贷”业务的通知》
中国人民银行、银保监会、证监会	2018 年 10 月	《互联网金融从业机构反洗钱和反恐怖融资管理办法（试行）》
银保监会	2019 年 11 月	《关于银行保险机构加强消费者权益保护工作体制机制建设的指导意见》
银保监会	2020 年 7 月	《商业银行互联网贷款管理暂行办法》
中国人民银行	2020 年 9 月	《中国人民银行金融消费者权益保护实施办法》
中国人民银行	2020 年 9 月	《金融控股公司监督管理试行办法》
银保监会、中国人民银行	2020 年 11 月	《网络小额贷款业务管理暂行办法（征求意见稿）》
银保监会	2020 年 12 月	《互联网保险业务监管办法》
中国人民银行	2020 年 12 月	《非银行支付机构客户备付金存管办法》
银保监会办公厅	2020 年 12 月	《消费金融公司监管评级办法（试行）》

（续）

发布机构	发布时间	法规名称
银保监会、中国人民银行	2021 年 1 月	《关于规范商业银行通过互联网开展个人存款业务有关事项的通知》
中国人民银行	2021 年 1 月	《征信业务管理办法（征求意见稿）》
银保监会办公厅	2021 年 2 月	《关于进一步规范商业银行互联网贷款业务的通知》
中国银保监会、中央网信办秘书局、教育部办公厅、公安部办公厅、中国人民银行办公厅	2021 年 2 月	《关于进一步规范大学生互联网消费贷款监督管理工作的通知》
中国人民银行	2021 年 4 月	《金融机构反洗钱和反恐怖融资监督管理办法》
九部委	2021 年 12 月	《关于推动平台经济规范健康持续发展的若干意见》

资料来源：中国互联网金融协会网站。

三、我国互联网金融监管探索

（一）厘清互联网金融监管模式

1. 功能监管与机构监管相结合

互联网金融普遍具有“跨界、跨领域”的特性，从国际实践看，应处理好机构监管和功能监管的关系，在以机构监管促进单个机构审慎合规经营的同时，强化功能监管，维护市场统一秩序。同时，完善行为监管，规范信息披露，严厉打击恶意欺诈等行为。众所周知，功能监管的核心是根据互联网金融的业务和风险来实施监管，其主要是针对风险的监管，基础是风险识别、计量、防范、预警和处置。互联网金融兼具“互联网”和“金融”的双重基因，这决定了其风险远比互联网和传统金融本身的风险更为复杂。互联网金融风险主要是流动性风险、信用风险、操作风险、信息技术风险等，互联网金融也存在误导消费、夸大宣传、欺诈等问题。因此，对于互联网金融，功能监管和机构监管的主要监管方式也都适用，监管部门可以在借鉴的基础上加强协同，形成合力，通过部门之间的协作配合，促进监管信息交流和资源共享，提高监管透明度和监管效率。

2. 审慎监管与行为监管相结合

审慎监管分为微观审慎监管和宏观审慎监管两大类。前者是指针对单个互联网金融机构安全和稳健发展的监管，后者是指针对互联网金融对金融系统安全和稳健发展及实体经济的影响的监管。审慎监管的目标是控制互联网金融的外部性，保护公众利益。审慎监管的基本方法论是，在风险识别的基础上，通过引入一系列风险管理手段（一般体现为监管限额），控制互联网金融机构的风险承担行为及负外部性（特别是在事前），从而使外部性行为达到社会最优水平。目前来看，互联网金融的外部性主要表现为信用风险的外部性和流性风险的外部性，对这两类外部性，可以借鉴银行监管中的相关做法（风险准备金拨备、资产损失准备金、不良资产拨备覆盖率、资本充足率、流动性覆盖比率、净稳定融资比率等监管指标），按照“内容重于形式”的原则，采取相应的监管措施。

行为监管就是对互联网金融的运营优化，其主要目的是使互联网金融交易更加安全、公平和有效，具体包括对互联网金融基础设施、互联网金融机构及相关参与者行为的监管，主要内容如下：第一，加强对互联网金融机构的股东、管理者的准入审查监管，严格控制持续经营阶段的关联交易，防止其通过资产占用等方式损害互联网金融机构或者客户的合法权益。第二，对互联网金融有关资金及证券的托管、交易和清算系统的监管。第三，要求互联网金融机构有健全的组织结构、内控制度和风险管理措施，并有符合要求的营业场所、IT 基础设施和安全保障措施。第四，要求规范互联网金融机构提供互联网金融产品或服务的合同条款，并就重要条款或免责条款对消费者做出解释说明。第五，要求互联网金融机构在收集保存、使用、对外提供消费者个人信息时，严格遵守法律规定，采取有效措施加强对个人金融信息的保护，防止信息泄露和滥用。第六，要求互联网金融机构做好消费者教育工作，增强其投资和借贷的能力及诚信意识。

3. 向常态化“回应式”监管过渡

“回应式”监管是指政府通过制度设计，采用多样化的监管手段和策略对互联网金融市场主体进行动态化、智能化、差别化的监管。“回应式”监管强调监管主体的多元化，在监管策略上，采取差异化、阶梯化的监管方式。

自 2016 年以来，监管部门针对 P2P 网贷等领域的互联网金融乱象开展了一系列风险整治，我国互联网金融开启“运动式”监管模式。“运动式”监管模式的特征是对于金融创新尚在初期时放纵其野蛮生长，等其蕴含的风险开始爆发，则展开集中清理整治活动。“运动式”监管缺乏对金融科技创新的包容度。互联网金融在过去的野蛮生长中存在诸多问题，但也需要看到其更贴近市场和用户，创新活力相对比较强，在推动普惠发展、小微企业融资、就业等方面具有积极作用。如何在规范发展的前提下，进一步激发其创新活力，充分发挥其作用，是互联网金融监管面临的新课题。随着制度设计的逐步完善，下一步应实施对互联网平台金融的常态化“回应式”监管，坚持金融科技创新必须在审慎监管的前提下进行，推动平台经济规范健康持续发展。

（二）加强互联网金融立法工作

目前，对于互联网金融的监管，主要依据的法律有《中华人民共和国合同法》《中华人民共和国公司法》《中华人民共和国商业银行法》《中华人民共和国证券法》等，尚缺乏一些专业性较强的符合互联网金融特点的法律作为监管依据。虽然针对互联网金融领域暴露的问题国家出台了许多规范性文件，但大部分都是由国务院、中国人民银行、银保监会、证监会等部委发布的行政法规和部门规章，其位阶较低，无法完全覆盖互联网金融的范围。因此，有必要加强互联网金融立法工作，逐步建立起完备的互联网金融监管法律法规体系，同时完善各项配套措施，构建我国互联网金融监管的制度基础。

1. 补充完善金融领域的基础性法律

中国现行的金融法律，如《中华人民共和国商业银行法》《中华人民共和国证券法》《中华人民共和国保险法》《中华人民共和国合同法》《中华人民共和国支付结算办法》等，其立法基础是传统金融行业和传统金融业务，很少涉及互联网金融相关内容，应尽快将互联网金融纳入法律监管的视野。

2. 更新完善原有的互联网金融法规

原有的法规如《中华人民共和国电子银行业务管理办法》《中华人民共和国电子银行安全评估指引》《中华人民共和国电子签名法》等，由于设立的时间较早，可操作性不强，与新出现的一些业务形态产生了冲突和摩擦，已不能适应互联网金融发展需要，应加以更新完善。

3. 制定《互联网金融法》

目前，我国虽在网络支付、互联网保险、网络借贷、股权众筹等领域颁布了一些业务规范和管理办法，但尚无针对互联网金融行业的法律法规。应系统总结监管实践经验，在条件成熟时制定互联网金融法，对业务规则与风险管理、信息披露、监督管理和法律责任等做出规定，并与现行法律法规做好衔接。

（三）完善互联网金融准入和退出制度

对监管机构而言，由互联网金融发展所形成的虚拟金融服务市场是一个信息高度不对称的市场，容易产生道德风险和逆向选择。互联网金融又以互联网的传播方式开展创新金融业务，其覆盖范围较广、社会影响较大，若发生恶性事件，社会危害性大。因此，需要制定监管规则，设立规范的互联网金融行业准入门槛，以实现市场良性竞争。

优胜劣汰是市场机制配置资源的有力法则，只有引入退出机制，及时清除不合格企业，才能促进互联网金融产业的良好发展。由于互联网金融涉及金融相关服务，牵连到公众利益，所以其市场退出机制也应该有其特殊规则（如注重对公众投资人的保护等），尽量化解互联网金融企业退出市场对市场的冲击，降低普通民众的投资损失。

（四）实施严密的互联网金融运营过程监管

1. 严格的内控制度

对于互联网金融业务的公示、信息披露和系统设计等要有制度性安排，对于互联网金融机构开展的业务，必须具备完善的风险识别、鉴定、管理、风险弥补和处置方案。

2. 完善各类交易操作规程

对客户申请开立账户、客户授权的声明、一般交易程序等拟定细则，防止违法交易和侵害互联网金融交易系统的违法犯罪活动。

3. 完善互联网金融信息披露制度

互联网金融发展所形成的虚拟金融服务市场是一个信息高度不对称的市场，信息披露是解决信息不对称问题的主要途径，也是“穿透式”监管的核心。我国监管部门应要求互联网金融企业按照法律要求，遵循公开、公平、公正的原则，以投资者的利益为核心，制定比传统金融业务更为严格的信息披露制度，规范信息披露的内容、格式、频率等，完善相关数据分析系统，以增强业务运营管理的透明度，让监管机构和投资者充分了解相关互联网金融企业具体运营信息，如风险信息、财务信息、管理信息等，从而增强互联网金融行业的透明度。

4. 实行全方位的互联网金融数据的监测和调控

为了避免互联网金融监管漏洞，防止出现监管“黑洞”，应对互联网金融企业数据信息进行全方位的实时监测，基于监测到的海量交易数据，根据监管对象的主要特征，对大数据进行整体评估，确定互联网金融业务的风险状况。监管部门要根据互联网金融风险形成的基本机理和过程，制定监控标准（包括确定数据类别、定义监控指标、划分统计范围、确定监控频率等）。通过监控精准发现与锁定目标，真正达到“穿透式”监管。

（五）切实保护互联网金融消费者权益

互联网金融消费者是互联网金融市场的重要参与者，也是互联网金融业持续健康发展的推动者。随着我国互联网金融行业专项整治工作的完结和深化创新发展，互联网金融产品与服务日趋丰富，在为互联网金融消费者带来便利的同时，也存在提供互联网金融产品与服务的行为不规范，互联网金融消费纠纷频发，互联网金融消费者权益保护意识不强、识别风险能力亟待提高等问题。加强互联网金融消费者权益保护工作，是防范和化解互联网金融风险的重要内容，对提升互联网金融消费者信心、维护互联网金融安全与稳定、促进社会公平正义和社会和谐具有积极意义。

在借鉴国外互联网金融消费者权益保护经验的基础上，结合国内行业发展实践，国内互联网金融消费者权益保护可以从完善互联网金融监管体系架构、加强互联网金融消费者保护的立法、建立互联网金融纠纷处理机制、推动互联网金融消费者教育活动、发挥行业协会的自律引导功能五个方面着力推动，从而培育公平竞争和诚信的互联网金融市场环境，切实保护好互联网金融消费者合法权益，防范和化解好金融风险，促进互联网金融业持续健康发展。

延伸阅读

关注新型“大而不能倒”风险

一、中国的金融科技应用取得很大成绩

近年，金融科技在中国迅猛发展。金融机构数字化转型持续推进，产品和工具应用日益丰富，金融服务的效率和包容性大幅提高。

随着电子支付特别是移动支付的普及，中国已实现基本金融服务城乡全覆盖。即使在最偏远的农村地区，每个成年人也都有自己的银行账户。中国的移动支付普及率和规模位居全球首位，存款、取款和汇款几乎都实现了实时到账。网上消费蓬勃发展，城乡居民生活更加方便。

数字信贷从根本上改善了对小微企业、个体工商户和农户的贷款服务。银行等机构利用大数据开展智能风控，减少对抵押物的依赖，大大提高了融资的可得性。截至 2020 年 10 月末，中国银行业服务的小微企业信贷客户已达到 2 700 万，普惠型小微企业和个体工商户贷款同比增速超过 30%，农户贷款同比增速达 14.3%。

数字保险显著拓宽了保险覆盖范围。中国基本养老保险已覆盖近 10 亿人，基本医疗保险覆盖超过 13 亿人，并已实现跨省结算。保险机构运用视频连线和远程认证等科技手段，实现业务关键环节线上化。2020 年上半年，互联网人身险保费收入同比增长 12.2%，互联网财产保险公司保费收入同比增长 44.2%。

金融数字化为脱贫攻坚作出了巨大贡献。由于有多种数字化工具的支持，金融机构可以精准帮扶贫困户发展适宜产业。截至 2020 年 9 月末，全国扶贫小额信贷累计发放 5 038 亿元，支持贫困户 1 204 万户次。同时，银行搭建网络供应链平台，建立产销对接机制，通过线上营销、征信、担保、支付，帮助贫困户将农副产品销往全国各地。

金融科技有力地支持了中国的防疫抗疫。金融机构加速优化手机 App 等

“非接触式”服务，提供安全便捷的“在家”金融产品，保障了基本金融业务不中断。不少金融机构通过互联网开辟绿色通道，大幅提高金融服务时效，支持各类企业迅速复工达产。

二、应对金融科技挑战的经验教训

中国金融科技应用整体上在法律规范和风险监管等方面是“摸着石头过河”，遇到过不少问题，也积累了一些经验教训。这里列举几个案例。

第一，全面整治 P2P 网贷机构。P2P 网贷机构本来定位为金融信息中介，但在实践中，绝大多数机构事实上开展了信贷和理财业务。据统计，过去 14 年里先后有 1 万多家 P2P 上线，高峰时同时有 5 000 多家运营，年交易规模约 3 万亿元，坏账损失率很高。近年，我们持续清理整顿，到 2020 年 11 月中旬实际运营的 P2P 网贷机构已经全部归零。

第二，规范第三方支付平台投资功能。过去一个时期中，一些第三方支付公司对客户网络购物备付金附加投资理财功能。投资收益远高于同期银行存款利率，而且可以随时赎回，给银行存款和正常资管市场带来很大冲击。这种投资方式类似于货币市场共同基金（MMMF），但没有受到同等性质的监管，存在违法违规，包括洗钱等隐患。现在，第三方支付公司已将备付金统一缴存至中国人民银行，附加的投资理财产品回归货币基金本源。

第三，推动互联网金融机构审慎经营。一些互联网金融机构通过各类消费场景，过度营销贷款或类信用卡透支等金融产品，诱导过度消费。有的机构甚至给缺乏还款能力的学生过度放贷，出现违约之后进行强制性催收，引发一系列社会问题。对此，我们坚持对同类业务统一监管标准，坚决制止监管套利。

第四，弥补数据隐私保护制度漏洞。一些科技公司利用市场优势，过度采集、使用企业和个人数据，甚至盗卖数据。这些行为没有得到用户充分授权，严重侵犯企业利益和个人隐私。为此，《中华人民共和国民法典》明确了个人信息受法律保护，国家层面制定《中华人民共和国个人信息保护法》，监管部门正在研究制定金融数据安全保护条例，构建更加有效的保护机制，防止数据泄露和滥用。

三、有待深入研究和解决的问题

面对金融科技的持续快速发展，我们将坚持既鼓励创新又守牢底线的积极审慎态度，切实解决好面临的新问题、新挑战。

第一，重视网络安全问题。目前，中国银行业务离柜交易率已达到 90%以上，金融服务对网络高度依赖。相对传统风险，网络风险扩散速度更快、范围更广、影响更大。突发性网络安全事件对金融机构的应急管理提出了更高要求。

第二，促进更公平的市场竞争。金融科技行业具有“赢者通吃”的特征。大型科技公司往往利用数据垄断优势，阻碍公平竞争，获取超额收益。传统反垄断立法聚焦垄断协议、滥用市场、经营者集中等问题，金融科技行业产生了许多新的现象和新的问题。我们可能需要更多关注大公司是否妨碍新机构进入、是否以非正常的方式收集数据、是否拒绝开放应当公开的信息、是否存在误导用户和消费者的行为等。

第三，关注新型“大而不能倒”风险。少数科技公司在小额支付市场占据主导地位，涉及广大公众利益，具备重要金融基础设施的特征。一些大型科技公司涉足各类金融和科技领域，跨界混业经营。必须关注这些机构风险的复杂性和外溢性，及时精准拆弹，消除新的系统性风险隐患。

第四，明确数据权益归属。中国政府已明确将数据列为与劳动、资本、技术并列的生产要素，数据确权是数据市场化配置及报酬定价的基础性问题。目前，各国法律似乎还没有准确界定数据财产权益的归属，大型科技公司实际上拥有数据的控制权。需要尽快明确各方数据权益，推动完善数据流转和价格形成机制，充分且公平合理地利用数据价值，依法保护各交易主体利益。

第五，加强数据跨境流动国际协调。中国近期提出《全球数据安全倡议》，呼吁各国尊重他国主权、司法管辖权和对数据的安全管理权。我们将坚持发展和安全并重原则，与各国加强协调合作，构建更加开放、公正、非歧视性的营商环境。

资料来源：郭树清，原银保监会网站。

参 考 文 献

程龙宇，2020. 电商平台农业供应链金融的创新模式探究：以京东农业供应链金融为例[D]. 南昌：江西师范大学.

郭福春，陶再平，2015. 互联网金融概论［M]. 北京：中国金融出版社.

何平平，范思媛，黄健钧，2023. 互联网金融（第2版）[M]. 北京：清华大学出版社.

江周全，2020. 我国互联网金融“穿透式”监管法律问题研究［D］. 武汉：华中师范大学.

廖理，2018. 全球互联网金融商业模式［M]. 北京：机械工业出版社.

牛瑞芳，2019. 互联网金融基础［M]. 北京：中国财富出版社.

青岛英谷教育科技股份有限公司，吉林农业科技学院，2018. 互联网金融概论［M]. 西安：西安电子科技大学出版社.

谭玲玲，2019. 互联网金融［M]. 北京：北京大学出版社.

天津市互联网金融协会，2021. 天津市互联网金融发展报告2021［M]. 北京：中国金融出版社.

吴庆念，2018. 互联网金融基础［M]. 北京：机械工业出版社.

谢平，2017. 金融互联网化新趋势与新案例［M]. 北京：中信出版社.

谢平，邹传伟，2017. 互联网金融风险与监管［M]. 北京：中国金融出版社.

许恋天，2019. 互联网金融“穿透式”监管研究［J］. 金融监管研究（3）：98-111.

杨岭，2018. 互联网金融基础［M]. 北京：经济管理出版社.

张惠兰，2019. 互联网金融运营实务［M]. 北京：中国人民大学出版社.

张建华，2016. 互联网金融监管研究［M]. 北京：科学出版社.

中国互联网金融协会，2021. 中国互联网金融年报（2020）[M]. 北京：中国金融出版社.

中国互联网金融协会，2022. 中国互联网金融年报（2021）[M]. 北京：中国金融出版社.

中国支付清算协会，2018. 中国支付清算行业运行报告2018［M]. 北京：中国金融出版社.